rororo

«Jede Nacht erlebe ich ein und denselben Traum: Ich laufe mit meinen beiden Töchtern einen staubigen Feldweg entlang, der sich endlos bis zum Horizont erstreckt. Irgendwann kommt immer der Moment, an dem ich über die Schulter schaue – und meine Töchter plötzlich verschwunden sind. Ich lasse den Blick in alle Himmelsrichtungen gleiten, doch kann ich weit und breit keine Spur mehr von ihnen entdecken. Sie sind wie vom Erdboden verschluckt.

Panisch fange ich an zu schreien, renne wie um mein Leben, aber bewege mich doch nur in Zeitlupe vorwärts. Erst als ich völlig außer Atem bin, entdecke ich am Horizont einen See, an dessen Ufer meine Töchter stehen und mir zuwinken. Erleichtert atme ich auf. Ich laufe ihnen entgegen, doch als ich meine Hand nach ihnen ausstrecken will, sind sie von einem Moment auf den anderen verschwunden. Ich weine und schreie ihre Namen in die endlose Weite. Bis ich ihre kleinen Körper wieder am Horizont entdecke, ihnen entgegeneile, doch keinen Meter vorankomme. So träume ich bis zum Morgen.»

Choi Yeong Ok studierte Theologie in Südkorea und arbeitete bei einer Menschenrechtsorganisation, bevor sie ihre eigene NGO gründete, die sich für die Anliegen körperlich behinderter Flüchtlinge einsetzt.

Fabian Kretschmer studierte Publizistik und Kommunikationswissenschaften in Wien, Shanghai und Seoul. Er arbeitet als freier Journalist für Zeitungen, Magazine und Onlinemedien abwechselnd in Wien und Seoul.

Choi Yeong Ok
Fabian Kretschmer
Mit Saebyul Hwang

SO ETWAS WIE GLÜCK

Acht Jahre auf der Flucht – mein langer Weg aus Nordkorea in die Freiheit

Rowohlt Taschenbuch Verlag

Originalausgabe
Veröffentlicht im Rowohlt Taschenbuch Verlag,
Reinbek bei Hamburg, August 2015

Redaktion Ulrike Gallwitz
Umschlaggestaltung ZERO Werbeagentur, München
Umschlagabbildung und Fotos der Autoren Heinrich Holtgreve
Satz Minion PostScript, InDesign,
bei Pinkuin Satz und Datentechnik, Berlin
Druck und Bindung CPI books GmbH, Leck, Germany
ISBN 978 3 499 62928 0

VORWORT

Nur selten ziehen Südkoreaner auf die Straße, um für die Menschenrechte ihrer Brüder und Schwestern nördlich der Grenze zu demonstrieren. Im Spätsommer 2012 tun sie es täglich, mehrere Monate lang, jeden Nachmittag vor der chinesischen Botschaft in Seoul.

China hat kurz zuvor erneut Dutzende Flüchtlinge aus Nordkorea in ihr Heimatland abgeschoben, darunter auch ein Kleinkind. Dabei ist längst hinreichend dokumentiert, dass den unfreiwilligen Rückkehrern dort langjährige Lagerhaft droht, im schlimmsten Fall gar die Todesstrafe. Als illegale Wirtschaftsflüchtlinge bezeichnet die Kommunistische Partei die rund 150 000 in China lebenden Nordkoreaner. Nur wenige von ihnen werden versuchen, mit Hilfe von Schleppern weiter bis nach Südkorea zu flüchten.

Park Sun-young initiiert damals die Proteste – eine ehemalige südkoreanische Abgeordnete, die sich nach ihrer Politiklaufbahn dazu entschlossen hat, ihr Wissen, Geld und Netzwerk dafür zu nutzen, ihren Traum von einer baldigen Wiedervereinigung zu erfüllen. Sie ist eine zierliche, besonnene Frau, doch an jenem Nachmittag lässt sich bereits erkennen, wie der emotionale Frust angesichts der eigenen Ohnmacht allmählich Überhand gewinnt. Die chinesische Botschaft wird von einer ganzen Horde von Polizisten umzingelt, es ist kein Durchkommen möglich, jeder Dialogversuch scheitert.

Als Reporter schieße ich Fotos von den Aktivisten, führe Interviews, mache Notizen. Nachdem sich die Menschentraube allmählich aufgelöst hat, winkt uns Park Sun-young spontan zu ihrem Auto hinüber. Überrascht nehmen wir – meine Übersetzerin und ich – auf der Rückbank Platz. «Ich möchte euch etwas zeigen. Das wird euch sicherlich interessieren», sagt Frau Park euphorisch, bevor sie den Motor startet. Ehe wir uns versehen, düsen wir bereits durch den Feierabendverkehr der Zehn-Millionen-Metropole Seoul.

Im satten Orange der tiefstehenden Abendsonne schlängeln wir uns an riesigen Glastürmen vorbei, aus denen die Angestellten zu Hunderten in Richtung U-Bahn-Schacht strömen. Wir biegen auf die Autobahn ein, lassen den Asphaltdschungel allmählich hinter uns und landen schließlich in dieser charakteristischen bewaldeten Hügellandschaft, die zwei Drittel der koreanischen Halbinsel bedeckt.

Als es bereits dämmert, erreichen wir einen malerischen Hang mitten im Niemandsland. Wir parken vor einem kahlen Rohbau von der Größe einer Turnhalle. Hier soll das späte Lebenswerk von Frau Park entstehen: eine Schule für nordkoreanische Flüchtlingskinder, die in Kleinstklassen lernen, psychologische Betreuung erhalten und sogar Sprachkurse in den USA absolvieren sollen. Vor allem aber sollen sie hier Selbstbewusstsein tanken, eine eigene Identität entwickeln, auch ein Stück weit Stolz auf ihre Herkunft. Bislang steht ihr Heimatland schließlich vor allem für ein grausames Terrorregime, hungernde Kinder und fremdgesteuerte Parteikader.

Als Vorbild könnte den Jugendlichen Choi Yeong Ok dienen. In grauen Gummistiefeln watet sie durch den Matsch der Baustelle. Eine Spur zu höflich verbeugt sie sich zur Begrüßung. Tatsächlich bin ich der erste Europäer, den sie in ihrem Leben trifft. Sobald die Schule fertig ist, sagt sie, werde sie hier als Lehrerin arbeiten. Sie könne den jungen Nordkoreanern die Integration in ihrer Wahlheimat erleichtern, weil sie selber eine von ihnen sei. Mit ihrer Geschichte möchte sie ihnen Hoffnung schenken.

Diese erzählt sie uns schließlich in ihrem kleinen Haus neben dem Schulgebäude. Aus dem einstündigen Interview entwickelt sich schnell ein bewegendes Gespräch, das bis weit nach Mitternacht reicht. Wir übernachten im Gästezimmer, verabschieden uns am nächsten Morgen und treten den Heimweg nach Seoul an. Im Bus tragen wir die Erzählung von Frau Choi in Gedanken weiter. Auch nach etlichen Wochen, als der Artikel über sie längst in der Zeitung erschienen ist, lässt sie uns nicht los. Schnell wird klar, dass keine noch so große Reportage-Seite ausreicht, um Choi Yeong Oks Lebensgeschichte zu erzählen. Glücklicherweise sieht das der Rowohlt Verlag genauso.

Aus unzähligen Interviews kristallisiert sich schließlich die Dramaturgie des Buches heraus. Dafür treffen wir uns vornehmlich in den anonymen Kaffeehausketten der Hauptstadt, in denen Studenten vor ihren Laptops büffeln, wo sie Selfies schießen und sich beim Café Latte über die neuesten Modetrends austauschen. Während wir am Nebentisch darüber reden, wie man das Gefühl, wochenlang nichts als Maisbrei essen zu können, akkurat in Worte fasst. Die parallele Existenz solch unterschiedlicher Lebensrealitäten erscheint oftmals surreal.

Rund 27000 Nordkoreaner leben mittlerweile im Süden, doch der Großteil von ihnen bleibt unsichtbar. Man muss schon genau hinhören, um das kantige Sprachidiom herauszuhören, das im Norden verwendet wird, oder den Kleidungsstil zu erkennen, der oft nicht der konformistischen Mode des Südens entspricht. Von den Einheimischen werden die Nordkoreaner meist für chinesische Migranten gehalten.

Natürlich sind Nordkoreaner Menschen wie du und ich. Diese banale Wahrheit wäre freilich keinerlei Erwähnung wert, wenn unser Bild von Nordkorea nicht wie von kaum einem anderen Land so stark auf vereinfachende bis absurde Klischees reduziert wäre: Die Negativschlagzeilen über Atombombentests, skurrile Haarschnitte und Gerüchte über angebliche Hinrichtungswellen werden der Realität im Land nicht ansatzweise gerecht.

Den Geschichten von nordkoreanischen Flüchtlingen zuzuhören ist eine Möglichkeit, sich dem Land auf humanitäre Weise zu nähern. Zwangsläufig muss man sich mit einer gewissen Ambivalenz abfinden können: Nordkorea hat viele Wahrheiten. Jeder Flüchtling liefert mit seiner individuellen Biographie ein weiteres Mosaikteilchen, aus deren Summe ein akkurates Bild entstehen kann – zumindest in Ansätzen.

Natürlich fliehen schon aufgrund der eingeschränkten Bewegungsfreiheit fast ausschließlich diejenigen aus dem Land, die an der Grenzregion zu China wohnen. Die erste große Flüchtlingswelle erfolgte während der Neunziger, als die Hungersnot jedes Jahr Tausende Nordkoreaner in das relativ wohlhabende China trieb. Die meisten von ihnen stammen vom unteren Ende der Gesellschaft und haben schier unmenschliche Leidensgeschichten zu erzählen.

Wer hingegen in Pjöngjang lebte, hat womöglich niemals hungern müssen, führte ein vergleichsweise abgesichertes Leben und erkannte die Ungerechtigkeit des Systems oft erst nach Jahren im Ausland. Viele kamen überhaupt erst auf die Idee zu fliehen, als sie in politische Ungnade fielen oder in die Mühlen der willkürlichen Justiz gerieten.

Die jüngere Generation der nordkoreanischen Flüchtlinge kann längst südkoreanische Poplieder mitsingen, liebt James-Bond-Filme und weiß ganz genau, wie man am Markt Geschäfte führt. Wiederum andere, wenn auch verschwindend wenige, bereuen es gar, in den Süden geflüchtet zu sein – etwa weil sie sich in ihrer Wahlheimat verschuldet haben, krank geworden sind und an ihrem Lebensabend zu ihrer Familie in den Norden zurückkehren wollen.

Tatsächlich führen viele der nordkoreanischen Flüchtlinge kein einfaches Leben. Sie kommen nicht mit dem Konkurrenzdenken in einer kapitalistischen Gesellschaft zurecht, finden keine Jobs, leben isoliert. Von den älteren Südkoreanern schwappt ihnen viel Misstrauen entgegen. Schließlich können sie sich noch an den blutigen Bürgerkrieg zu Beginn der fünfziger Jahre erinnern, als sich die beiden Völker auf dem Schlachtfeld gegenüberstanden. Dieses Feindbild wurde durch jahrzehntelange Propaganda weiter genährt.

Die jungen Südkoreaner hingegen interessieren sich meist gar nicht mehr für den Norden. Zu fremd sei ihnen das Land geworden, sagen sie oft. Das Zusammengehörigkeitsgefühl schwindet mit jeder neuen Generation. Die hat schließlich ihre eigenen Sorgen: den immensen Konkurrenzkampf, der bereits in der Schule beginnt, die miesen Jobaussichten, die teuren Mieten. Eine Wiedervereinigung wird da vor allem als Bedrohung für den über die letzten 50 Jahre hart erarbeiteten Wohlstand angesehen. Damals war Südkorea eines der ärmsten Länder der Welt, stand ungleich schlechter da als der unter den Japanern industrialisierte Norden. Mit Schweiß, Blut und Tränen schuftete sich das Land am Han-Fluss zu einer der größten Volkswirtschaften der Welt.

Choi Yeong Ok möchte mit ihrer Geschichte einen Teil dazu beitragen, dass dieses Zusammengehörigkeitsgefühl wieder anwächst. Gegen Ende des Jahres führen wir die Interviews in ihrer Wohnung fort. Wie die meisten Koreaner haust sie in einer riesigen Apartmentsiedlung, die mehr Einwohner zählt als eine deutsche Kleinstadt. Wie es die koreanische Tradition gebietet, sitzen wir auf dem geheizten Fußboden. Ganz egal wie vehement wir ablehnen, stets tischt Frau Choi etwas zu essen auf, und einen süßen Tee mit Honig gibt es meist dazu.

Wenn ihr Mann abends nach langen Schichten auf dem Bau zurückkehrt, ziehen wir uns vom Wohnzimmer in das enge Schlafzimmer zurück und sitzen zu dritt auf dem Bett, das uns als Arbeitstisch dient. Wie um ihr Leid zu bezeugen, liegen Choi Yeong Oks bloße Füße auf der Matratze, entstellt durch die Erfrierungen während der Flucht. Ihre körperlichen Narben werden für immer sichtbar bleiben, die seelischen wirken im Verborgenen fort.

Fabian Kretschmer

PROLOG: GOBI

Endlose Weite, bis zum Horizont in Weiß gehüllt. Mein tastender Blick kann keine Orientierung finden, sich an nichts festhalten in dieser unwirtlichen Winterlandschaft. Nur vereinzelt ragen ein paar ausgedorrte Schilfrohre aus dem Schneeteppich der Dünen. Auf verlorenem Posten stemmen sie sich dem heulenden Sandsturm entgegen. Mit jeder Böe peitscht er vereiste Körner gegen meine ungeschützten Wangen. Der Schnee reicht mir bis zum Schienbein und wird mit jedem Schritt tiefer. Ob mich meine Beine in ein neues Leben tragen, Richtung Wohlstand und Freiheit, da bin ich mir längst nicht mehr sicher. Es fühlt sich vielmehr an, als würde ich mich mit letzter Kraft in mein eigenes Grab schleppen.

Aus Nordkorea bin ich strenge Winter gewohnt, keine Frage, doch die Kälte der Wüste Gobi ist weit unerbittlicher als alles, was ich in meinen 40 Jahren bisher erlebt habe. Dabei ist es bereits Mitte April, und unsere Schlepper haben weder die zweistelligen Minusgrade erwähnt noch vor Schneestürmen gewarnt. Für meine frühlingshafte Kleidung aus China könnte ich mich verfluchen.

Der olivfarbene Anorak, nur leicht mit Watte gefüllt, ist machtlos gegen den mandschurischen Frost. Die Beine meiner schwarzen Stoffhose flattern offen im Wind. Die Sohlen meiner Turnschuhe sind angesengt und auf Höhe der Fußballen kaum dicker als ein Blatt Papier. Letzte Nacht bin ich achtlos am Feuer eingeschlafen, als meine frierenden Füße instinktiv die Wärme der Flammen gesucht haben. Seit Morgenanbruch spüre ich meine Zehen nicht mehr.

Als einziges Gepäckstück trage ich um meinen Hals eine kleine Damenhandtasche, gefüllt mit Gesichtscremes und Lotions. Wie absurd! Während ich den Tod vor Augen habe, klammere ich mich an nutzlose Kosmetika.

Unser Reservewasser und das Brot liegen längst unter einer dicken Schneedecke begraben. Wieso sollten wir unnötigen Ballast schleppen, hatten meine Freundin Soon Hee und ich leichtfertig gedacht. «Immer Richtung Norden, der Große Wagen am Himmel wird euch den Weg weisen», hatten die chinesischen Schlepper gesagt, als sie uns an der Landesgrenze aussetzten. «Spätestens nach einer Stunde Fußmarsch erreicht ihr die mongolischen Grenzposten. Die Soldaten werden euch zur koreanischen Botschaft bringen. Die haben täglich mit Flüchtlingen wie euch zu tun.»

In jener Nacht ließen wir uns von den Sternen leiten, hielten uns an unseren Kompass und fanden doch bis zum Morgengrauen nichts als Schnee und Wüste. Keine zwei Stunden später raubte uns ein Sandsturm die Sicht. Bittere Tränen rannen von meinen Wangen, die in der Nacht gefroren und von der gleißenden Mittagssonne verbrannt wurden. Meine Gesichtshaut war nur mehr eine einzige offene Wunde. Den Blick nach unten gerichtet, achtete ich auf jeden Schritt, den ich nach vorne setzte. Manchmal brach ich bis zur Hüfte in Pulverschnee ein. Dennoch hatte ich meine Zuversicht nicht verloren. Noch nicht. Hinter der nächsten Düne finden uns die Soldaten, ganz bestimmt.

Seit drei Tagen und drei Nächten irren wir nun schon

durch die Wüste. Nebeneinander stapfen wir stumm durch den knöcheltiefen Schnee, jeder in seinen eigenen Gedanken gefangen. Beiden ist uns längst klar, dass uns die Schlepper gelinkt haben. Doch wir lassen diese bittere Wahrheit nicht über unsere Lippen kommen. Den letzten Funken Hoffnung wollen wir um alles auf der Welt bewahren, denn mehr bleibt uns nicht. Aufgeben würde ich niemals. Längst bin ich nicht mehr nur für mich allein verantwortlich. In meinem Bauch trage ich seit sieben Monaten ein anbrechendes Leben.

«Warte auf mich», rufe ich Soon Hee zu, halte inne und ziehe meine Hose genau so weit über die Hüfte, wie es für mein Bedürfnis nötig ist. Meine Beine zittern vor Kälte, als ich in die Hocke gehe, um mich zu erleichtern. Als ich fertig bin, stehe ich auf und ziehe meine Hose wieder hoch – ohne nachzuschauen, denn in der Wüste gibt es weder Etikette noch Papier. Erst in der Bewegung spüre ich einen Gegenstand zwischen meinen Beinen. Als ich den Blick senke, schaue ich auf ein Neugeborenes, dessen kleine Gliedmaßen vor lauter Blutkrusten kaum auszumachen sind. Kopfüber hängt es in der Luft. Den kurzen Schrei, den es nackt in die Kälte ausstößt, werde ich nie vergessen: Schierer Schrecken hallt durch die Luft. Die Welt heißt meinen Sohn mit all ihrer apokalyptischen Naturgewalt willkommen. Die unfertigen Sinne meines Neugeborenen werden von tosendem Wind erschlagen. Während wir an der Klippe zum Tod stehen, habe ich soeben ein neues Leben geschenkt.

Für einen Augenschlag spüre ich nichts als Freude und Glückseligkeit. Endlich habe ich einen Jungen geboren, über den sich meine alten Eltern, wenn sie denn noch am Leben sein sollten, unendlich freuen würden. Er ist meinem Mann wie aus dem Gesicht geschnitten.

Schon bald weicht meine Euphorie einer Niedergeschlagenheit, die so allumfassend ist, dass sie meine körperlichen Schmerzen betäubt. Hier in der Wüste hat mein Sohn keine Überlebenschance – ein Kind, das noch nicht mal einen Namen hat.

Ohne nachzudenken, ziehe ich die Nabelschnur mit bloßen Händen aus meinem Körper, wobei der Mutterkuchen im Schnee landet. Meinen Sohn wickele ich in ein türkisfarbenes Halstuch, schmeiße die Kosmetika aus der Handtasche und versuche, ihn darin einzubetten. Während die Tasche von meinem Hals baumelt, umarme ich das Neugeborene mit meinem ganzen Körper, um es vor den Sturmböen zu schützen.

Ich stoße mit letzter Leibeskraft verzweifelte Schreie in alle vier Himmelsrichtungen aus, doch nichts kommt zurück außer meinem Echo. Wie viele Stunden, wie viele Minuten bleiben uns wohl, bevor mein Sohn vom Kältetod eingeholt wird? Ob er noch am Leben ist, vermag ich nicht zu sagen. Ich höre keine Schreie mehr, spüre keine Bewegungen. Hinter der nächsten Düne warten schon die Soldaten, ganz bestimmt.

Soon Hee läuft stumm neben mir her. Sie kennt mich gut genug, um zu wissen, dass kein Wort der Welt mich trösten würde. Im Schnee hinterlassen wir eine Fährte aus Blut und Tränen. Wir trauern um unser gemeinsames Kind. Meine Freundin Soon Hee ist für meinen Sohn ebenfalls so etwas wie eine Mutter. Diesen Pakt haben wir zu Beginn unserer Flucht geschlossen.

Vor Jahren musste sie sich ihre Gebärmutter entfernen lassen, dabei wollte sie seit jeher ein eigenes Kind haben. Ich würde ihr diesen Wunsch erfüllen, der ihr aus eigener Kraft verwehrt bleiben würde. Bevor wir in die Mongolei aufbrachen, legten wir eines Abends in einem Karaoke-Raum in Qingdao einen Schwur ab: Wir würden das Kind gemeinsam in Südkorea aufziehen und gemeinsam pflegen. Es sollte einmal in eine gute Schule gehen, Freunde fürs Leben finden und die Nachmittage sorgenfrei spielen können – eben eine ganz normale Kindheit verbringen, die wir niemals hatten. Von diesem Familienglück trennt uns nun die endlose Weite der Wüste. An nichts anderes dürfen wir jetzt denken, als lebendig hier herauszukommen – und zwar gemeinsam.

«Ich kann nicht mehr», sagt Soon Hee, als sie erschöpft im Schnee zusammensackt und mich mit geradezu besonnenen Augen ansieht. «Geh du fort, ich bleibe hier.» Ihr Gesichtsausdruck ist friedlich, voll innerer Ruhe. Mir wird bewusst, wie ernst es um sie steht. Es ist der Tod, dem sie ohne Widerstand in die Augen blickt. Meine Freundin Soon Hee hat ihren Überlebenswillen verloren.

Nein, Soon Hee, ich weiß, dass du mich überdauern wirst. Seit wir den ersten Schritt in diese verdammte Wüste gesetzt haben, stand das für mich fest. Ich weiß zwar von deinem schwachen Herz, doch dein Körper ist viel robuster und besser genährt als meiner. Deine positive, lebensfrohe Art hat uns schon durch etliche Krisen des Lebens gebracht. Nein, du wirst nicht in meinen Händen sterben.

Ich muss an den Vorabend unserer Flucht denken, bevor wir uns auf den Weg in die Mongolei machten. Du hast geweint, und ich wusste nicht, wieso. Du zeigtest stumm auf deine Kette. Der Kreuzanhänger fehlte. Jetzt bin ich es, die schwache und zierliche Yeong Ok, die gerade eine Geburt hinter sich gebracht hat und sich nun um dich kümmern muss. Ich werde dich zwingen müssen, dass du in der Gobi nicht elend stirbst.

«Denk an unseren Traum in Südkorea – du darfst jetzt nicht aufgeben. Wir haben es doch bald geschafft. Hinter der nächsten Düne kommt das Militär, ganz bestimmt», versuche ich sie zu ermutigen, doch vergeblich. Wie könnte ich ihren Willen zurückholen, da ich selbst im tiefsten Inneren jegliche Hoffnung fahrenließ?

Ich rede von Gott, zu dem Soon Hee seit ihrer Zeit in China täglich betet, erzähle ihr von den Kirchengemeinden in Südkorea, die sie mit offenen Armen willkommen heißen werden, in denen sie als freier Mensch aushelfen und Gutes tun kann – und wo sie endlich die Berufung in ihrem Leben finden wird, die sie so lange vergeblich gesucht hat. Schließlich erinnere ich sie daran, wie viel Leid wir auf unserem Weg bereits erleben mussten, wie viele Krisen wir gemeinsam durchgemacht haben, um an diesen Punkt in unserem Leben zu gelangen. Nun stünden wir kurz vor unserem Ziel, nur noch die nächste Düne, ganz bestimmt. Doch es hilft alles nichts. Soon Hee will einfach nicht mehr. Sie hat sich ihrem Schicksal ergeben. Ich werde dich nicht verlassen, so oder so, denke ich mit versiegender Kraft.

In meiner Verzweiflung kommt mir eine letzte Idee. «Da, sieh doch, das Schilf am Horizont! Dort können wir uns windgeschützt hinlegen und über Nacht Ruhe finden. Bis zum Morgengrauen wird man uns sicher entdeckt haben.» Selbst mit meinen Kräften am Ende, hieve ich Soon Hee wieder auf die Beine. Gemeinsam kämpfen wir uns ein letztes Mal durch die Schneedünen. Die Kälte hat nun auch jegliches Gefühl in meinen Oberschenkeln abgetötet. Als die Abenddämmerung einsetzt, erreichen wir den Schilfhain.

Ich lege uns aus Ästen einen Untersatz zurecht, der uns, das ahnen wir beide, als Sterbebett dienen soll. Ich liege in der Mitte, rechts neben mir Soon Hee und links mein Sohn. Ich spüre, wie hart sein regungsloser Körper bereits ist, wie dunkel die abgestorbene Haut.

Wir blicken in Richtung Himmel, auf das Firmament einer

sternklaren Nacht. Der Mondschein taucht die Schneedecke in ein schummriges Blau. Es ist derselbe Mond, es sind dieselben Sterne, die auch über meine zwei Töchter in Nordkorea wachen, sollten sie noch am Leben sein. Wenn nicht, würden wir uns bald an einem anderen Ort wiedersehen.

Neben mir höre ich, wie Soon Hees Atem schwer und schwach wird. Ihr Röcheln ist laut und stoppt abrupt. Ich höre nichts bis auf das Heulen des Windes. Soon Hees Nase, die vor Kälte rot angelaufen war, ist nur noch dunkel. Ihre Augen stehen weit offen, doch sie reagiert nicht auf meine Rufe. Eine Träne rinnt von ihrem leblosen Gesicht. Ich halte inne, nun ganz und gar auf mich allein gestellt. Niemand, der meine Schreie hört.

Die Panik hält jedoch nur kurz an. Die absolute Einsamkeit wandelt sich in ein Gefühl vollkommener Verbundenheit: mit Soon Hee und meinem Sohn, mit jeder Schneeflocke und jedem Stern am Himmel. Ich denke an meine Töchter in Nordkorea, denen ich zum Abschied einen halben Maiskolben in ihre winzigen Hände gedrückt habe. Mir erscheinen Bilder von meiner Großmutter, an deren Hand ich zu den Kartoffelfeldern gestapft bin, wo wir meine Mutter in der Mittagspause besucht haben. An ihr Lächeln, wenn sie uns von weitem erspäht hat.

Ich schließe die Augen und fühle einen inneren Frieden, wie ich ihn nie zuvor gekannt habe. Alles um mich herum erscheint in gleißendem Weiß. Mein Schmerz ist verschwunden. Mein Körper fühlt sich so leicht an, als ob ich jeden Moment abheben würde. Ich gleite davon, verliere jedes Gefühl von Raum und Zeit. Das Letzte, was ich spüre, ist die Wärme der Sonnenstrahlen auf meinen Augenlidern. Weiß.

EINS

MEINE KINDHEIT IN KAESONG

Am 17. Juni 1966 wurde ich als erste von drei Töchtern in Kaesong, Nordkorea, nur wenige Kilometer von der südkoreanischen Grenze geboren. Mein Name ist Choi Yeong Ok – im Koreanischen nennt man den Familiennamen immer an erster Stelle, als Vornamen besitzen wir in aller Regel einen Doppelnamen, den die Eltern meist mit großer Sorgfalt auf seine Bedeutung auswählen. Genau wie meine Schwestern trage ich ein «Yeong» im Vornamen, was in der traditionellen chinesischen Schrift Blume bedeutet. «Ok» steht für Perle. Meine zwei Brüder hingegen hießen mit erstem Vornamen «Chul», was sich mit Stahl übersetzen lässt. «Männer sollen stark wie Stahl sein», hat mein Vater immer gesagt.

Als mein Vater, Choi Ik Hwan, und meine Mutter, Lee Jeong Ok, sich kennenlernten, haben sie von einem gemeinsamen Künstlerdasein geträumt und von ihrer Liebe füreinander gezehrt. Meine Mutter war eine exzellente Minyo-Sängerin. Minyo ist eine Spielart der traditionellen koreanischen Volksmusik, die ursprünglich bei der Feldarbeit gesungen wurde, um die körperlichen Anstrengungen erträglicher zu machen. Mein Vater konnte sehr gut Gayageum spielen, eine koreanische Zither, die man im Sitzen spielt. In Nordkorea gibt es viele offizielle Feste, etwa zu den Geburtstagen von Staatsgründer Kim Il Sung, und auf solchen Feierlichkeiten haben meine Eltern oft zusammen musiziert. Dabei trugen sie stets die weitgeschnittenen Trachtgewänder, die wir Chosŏnot nennen. Die Tracht geht auf das 13. Jahrhundert zurück, als Korea noch von den Mongolen beherrscht wurde. Während die Männer bequeme, aus Hanf gewebte Hosen trugen, bestand die Kleidung der Frauen aus bunter Seide in kräftigen Farben, die mit zunehmendem Alter der Damen dezenter wurden. Wie ich später immer wieder in Erzählungen von Bekannten hörte, müssen meine Eltern begnadete Musiker gewesen sein.

Während sie abends musizierten, arbeiteten sie tagsüber gemeinsam in einem Eisenwerk. Dort hat sich mein Vater auch in meine Mutter verliebt. Sie war sehr beliebt wegen ihres sanftmütigen Charakters, dabei galt sie als ehrgeizig, gleichzeitig jedoch als überaus hilfsbereit und gewissenhaft. Wenn die Frauen des Landes am Geburtstag des «Großen Führers» Kim Il Sung zum Blumenpflücken an die Berghänge geschickt wurden, kam meine Mutter stets mit den prächtigsten Sträußen zurück, um sie zu Kim Il Sungs Ehren vor seiner Bronzestatue niederzulegen. Nicht zuletzt deswegen wurde sie Anfang der siebziger Jahre von der Partei als «sozialistisches Vorbild für die Nation» ausgezeichnet und durfte mit meinem Vater auf den Berg Paektu reisen, was eine große Ehre war. Mit über 2700 Metern ist der Paektu nämlich nicht nur die höchste Erhebung auf der koreanischen Halbinsel, sondern vor allem ein mythischer Ort für unser Volk: Der Sage nach liegt hier die Wiege der koreanischen Zivilisation, und wie wir in der Schule gelernt haben, hat Kim Il Sung vom Berg Paektu den Unabhängigkeitskampf gegen die japanischen Kolonialherren organisiert. Später soll hier auch sein Sohn Kim Jong Il geboren sein. Nur wenige Leute hatten das Privileg, diesen magischen Ort zu bereisen.

Meine Mutter war eher klein, doch für eine Frau außerordentlich drahtig. Ihr Gesicht war rundlich geformt und hatte einen etwas dunkleren Teint. Wenn ich heute alte Bilder von ihr sehe, staune ich immer wieder, wie stark wir uns doch ähneln. Sie strahlte eine warme Herzlichkeit aus, wie sie nur wenige Personen haben.

Als sie mit 22 von meinem Vater schwanger wurde, heirateten meine Eltern in ziemlicher Eile. Das war im Sommer 1960. Neun Monate später brachte sie meinen älteren Bruder Chul Nam auf die Welt. Damals schien die Liebe der beiden noch rein, doch schon bald sollte meine Mutter viel Kummer ertragen müssen wegen des groben Charakters meines Vaters.

Mein Vater war ein großgewachsener Mann mit breiten Schultern. Er hatte ein sehr «deutliches» Gesicht – so nennt man im Koreanischen die markanten Züge, wie sie mein Vater Ik Hwan aufwies: weit auseinanderstehende Augen, eine große Nase und ein längliches Gesicht. Dabei blickte er stets ernst, und seine stoische Mimik offenbarte kaum je eine leidenschaftliche Gefühlsregung. Gleichzeitig ging von ihm eine gehörige Portion Autorität aus, und auf mich wirkt er in der Erinnerung auch immer ein wenig angsteinflößend. Auch wenn wir vom Äußeren her keinerlei Ähnlichkeiten haben, so kann ich doch nicht leugnen, einige Charakterzüge von meinem Vater geerbt zu haben: Auch ich kann manchmal sehr aufbrausend sein, zuweilen auch aggressiv und stets sehr direkt.

Mein Vater arbeitete sein Leben lang als Elektroniker im Eisenwerk. In der Fabrik wurde Zubehör für die Armee hergestellt und repariert, darunter Einzelteile für Panzer oder Gewehre. Da in unserer Gegend – nur wenige Kilometer von der innerkoreanischen Grenze entfernt – viele Truppen stationiert waren, gab es eigentlich immer viel zu tun für ihn.

Nach harten Arbeitstagen ging er abends zur Entspannung oft angeln.

Eine der ersten klaren Erinnerungen an meine Kindheit gilt jedoch meiner Mutter, wie sie, bereits schwanger mit meinem künftigen Bruder, als Erntehelferin auf dem Land gearbeitet hat. In der Mittagspause besuchten wir sie immer auf den umliegenden Feldern der Bauern. Wir, das waren meine Großmutter, meine kleine Schwester Yeong Suk, die an ihrem Rücken hing, und ich, die an der Hand geführt wurde, da ich noch zu klein war, um festen Schrittes gehen zu können. Wenn wir am Feld angekommen waren, stillte meine Mutter meine kleine Schwester Yeong Suk. Ich erinnere mich noch, wie besorgt sie damals wirkte. Ich wusste natürlich nicht, was sie genau bedrückte, aber dass mit ihr etwas nicht stimmte, blieb mir nicht verborgen. Heute denke ich, es hatte sicher damit zu tun, dass sie oft Probleme hatte, genug zu essen für uns auf den Tisch zu bringen, auch hatte sie es nicht immer leicht mit unserem Vater.

Meine Großmutter stapfte in dieser Zeit aufs Feld hinaus und zog ein Stück Rettich aus der Erde. Diesen halbierte sie, zerrieb ihn mit einem Löffel, den sie stets bei sich führte, und legte die geriebene Rettichwurzel in meinen Mund. Dann traten wir auch schon wieder unseren Heimweg an. Es mag banal erscheinen, aber auch Jahrzehnte später muss ich immer wieder an Momente wie diesen denken: der halbe Rettich, zerrieben von meiner Oma, sorgsam in meinen Mund gelegt. Dieser Geschmack wird wohl nie aus meiner Erinnerung weichen. Die Zeit von damals kann ich nicht vergessen, solange ich lebe.

Ebenso gerne erinnere ich mich an meine Zeit im Kindergarten. Gerade wenn es zu Hause wieder mal Ärger gab, freute ich mich umso mehr darauf, mit den anderen Kindern spielen zu können. Da hat es mich nicht mal gestört, dass ich jeden Tag mehr als vier Kilometer laufen musste, und zwar ganz allein. Im Frühling hatte ich Spaß daran, auf dem Weg kleine Gräser zu pflücken, und im Herbst fing ich Libellen ein, die bei Nebelregen auf den Gräsern saßen. Wenn ich dann im Kindergarten ankam, waren meine Schuhe und Kleidung oft durchnässt, aber meine Erzieherin schimpfte nie, sondern zog mich liebevoll aus und kleidete mich in trockene Sachen ein. Sie sorgte sich wie eine leibliche Mutter um mich. Meine richtige Mutter hingegen war immerzu beschäftigt mit dem Haushalt und den Hilfsarbeiten auf dem Feld, weshalb sie sich nicht so viel um mich kümmern konnte. Vielleicht ist meine damalige Erzieherin jetzt schon zu alt, aber sollte sie noch am Leben sein, will ich sie eines Tages besuchen und ihr zeigen, was aus mir geworden ist. Auch wenn ich nichts Besonderes vorzuweisen habe, so wünsche ich mir doch, all jene aus meiner Kindheit wiederzusehen, die mir persönlich nahe waren und mir so viel Liebe schenkten.

In Kaesong hatte sich die Familie meines Vaters in den Wirren des Koreakrieges niedergelassen. Es ist die wichtigste Stadt an der südlichen Grenze zu Südkorea, und damals kam Kaesong, was den Wohlstand betrifft, gleich nach der Hauptstadt Pjöngjang. Kim Il Sung hatte mit Kaesong ein zweites Pjöngjang errichten wollen, und auch geschichtlich ist die Stadt sehr bedeutend, denn vom 10. bis zum 14. Jahrhundert war Kaesong der Hauptsitz des Königreichs Koryo, von dessen Namen sich die Bezeichnung «Korea» ableitet. Geographisch wurde die Stadt vor allem nach der Teilung Koreas interessant: Kaesong grenzt unmittelbar an den 38. Breitengrad, der die koreanische Halbinsel in Nord und Süd teilt. Wegen der direkten Nähe zum Süden wurde dort 2002 eine Sonderwirtschaftszone errichtet, in deren Fabriken nordkoreanische

Arbeiter als günstige Arbeitskräfte für südkoreanische Unternehmen arbeiten können. Für Nordkorea ist die Sonderwirtschaftszone eine der wenigen ertragreichen Möglichkeiten, um ausländische Währung ins Land zu schaffen.

Als ich aufgewachsen bin, war die Gegend um Kaesong noch stark landwirtschaftlich geprägt. Es gab kaum Industrie, sondern vornehmlich kleine handwerkliche Betriebe, von denen nur die wenigsten über Maschinen verfügten. Wir wohnten im Bezirk Panmun im 38. Ban. Jede nordkoreanische Stadt ist in solche kleinen Einheiten, Bans genannt, aufgegliedert. Mindestens 5 Parteien wohnten in einem gemeinsamen Haus, die Häuser waren durchweg einstöckig und länglich gezogen. Von vorne betrachtet, erinnerten sie in ihrer Form an eine Harmonika, weshalb sie auch Harmonika-Häuser genannt wurden.

Jedem Haushalt stand nur ein knapp 40 Quadratmeter großes Zimmer zur Verfügung, dort musste die gesamte Familie Platz finden. Auch in unserer Wohnung lebten zeitweise bis zu sieben Personen, und wenn meine Großmutter uns besuchte, waren es manchmal sogar acht, die nachts alle im selben Raum schliefen. Natürlich konnten meine Eltern so kein richtiges Eheleben führen, an Privatsphäre war nicht mal zu denken. In jedem Zimmer befand sich noch eine kleine Küchenzeile mit einem Kohleofen. Auch heute wird in meinem Heimatort noch mit Kohle geheizt, und zwar, wie in Korea üblich, in Form einer unterirdischen Fußbodenheizung.

Wir hatten das Glück, dass sich unser Zimmer am Ende des Hauses befand und mein Vater gute Kontakte zum Vorsitzenden unseres Bans pflegte. Der wohnte nämlich im selben Block. Wer sich gut mit ihm stellte, konnte etliche Vergünstigungen genießen. So durfte mein Vater eine Art Vorraum für uns anbauen, der noch mal fast die gleiche Wohnfläche bot wie unser eigentliches Zimmer. Die Materialien dafür musste er natürlich selber organisieren, doch in Nordkorea sind die Leute durch den ständigen Mangel sehr erfinderisch. Meinem Vater ging es dabei nicht nur um den dazugewonnenen Platz, unser neues Flügelzimmer bot noch einen weiteren Vorteil: Von nun an mussten wir den Hauseingang nicht mehr mit unserem Nachbarn teilen, sondern hatten eine separate Haustür. Die Wand mit der Tür zu unserem Nachbarn hatte mein Vater sogar eigens zugemauert. Unser Nachbar war zeitlebens ein schwerer Alkoholiker, der uns oft mit seinen Tobsuchtsanfällen den Schlaf raubte. Später erschlug er im Rausch seine Frau mit einer Axt und landete dafür im Gefängnis.

Das Schönste an den Häusern in unserer Gegend, zumindest jedoch das einzig Individuelle, war der kleine Vorgarten. In unserem wuchs eine Asiatische Kornelkirsche, ein großer Baum, an dessen Ästen im Herbst viele rote Früchte hingen. Auch im Innenhof neben dem Fenster blühten farbenprächtige Blumen. In Nordkorea gibt es praktisch kein Fleckchen Erde, das nicht irgendwie genutzt wird – überall, wo man etwas anbauen kann, wird das auch getan, natürlich auch in unserem Garten. Unter anderem haben wir dort Tabak angepflanzt, da mein Vater nach der Arbeit gerne geraucht hat. Am Anfang hat er die Tabakblätter noch selber geerntet, aber da er später in nahezu jeder freien Minute angeln ging, musste ich das fortan für ihn erledigen. Gegen Mittag hätten die Tabakblätter am meisten Nikotin, brachte er mir bei, deshalb ging ich immer während der Schulpause direkt nach Hause, erntete den Tabak und legte die Blätter zum Trocknen in die Sonne, noch bevor ich zu Mittag aß. Wenn mein Vater abends nach Hause kam, legte er seine Angelsachen ordentlich zusammen, während ich die Tabakblätter für ihn schnitt. In

Nordkorea werden die Tabakblätter übrigens auch «Cheongcho» genannt, was blaues Gras bedeutet. Weil es damals kein Zigarettenpapier gab, rollte ich das Cheongcho in Zeitungspapier. Mein Vater besaß für die Zigaretten eine extra Holzschachtel, deren Deckel kleine Löcher hatte. Dort habe ich dann die einzelnen Zigaretten reingesteckt, sodass sich mein Vater, wenn er eine rauchen wollte, einfach bedienen konnte.

Natürlich pflanzten wir auch unseren eigenen Kohl an, Rettich, Spinat und Pfeffer. In guten Jahren ernteten wir bis zu 15 Kilogramm Mais aus unserem Garten. So konnten wir unsere tägliche Essensration ein bisschen aufstocken. Damals war die staatliche Verteilung noch stabil, jedem Nordkoreaner stand vom Gesetz her eine gewisse Nahrungsration zu: Ein Arbeiter bekam damals rund 700 Gramm an Lebensmitteln, Hausfrauen und Kinder etwas weniger als 300 Gramm. Kleinkinder, die noch gestillt wurden, bekamen nichts. Die zugeteilte Nahrung bestand zu großen Teilen aus Mais und ein klein wenig Reis. Von der Essensration musste man dann noch eine Art Steuer abziehen, sodass einem Arbeiter am Ende vielleicht 630 Gramm übrig blieben, uns Kindern rund 240 Gramm – was dann für den ganzen Tag reichen musste. Damit die Mahlzeiten etwas üppiger wurden, mischten wir den Gerichten spezielle Gräser bei, die in Nordkorea Berggemüse genannt und von den Leuten eigenständig in der Natur aufgelesen werden. Wir haben wahlweise Reis mit Mais gemischt oder eine Reissuppe zubereitet. Eine Mahlzeit bestand meist nicht aus mehr als einer halben Reisschüssel. Das ist natürlich nicht viel, reichte aber immerhin zum Überleben. Die Leute lebten arm und bescheiden, aber niemand musste hungern, solange das Verteilungssystem stabil blieb. Nur die, die ihren Haushalt schlecht geführt haben, bekamen ernsthafte Probleme.

Es sollte jedoch nicht lange dauern, da hatten auch wir zunehmend Schwierigkeiten, tagtäglich genug Essen auf den Tisch zu bekommen – nicht so sehr wegen der mangelnden Versorgung durch den Staat, sondern vielmehr wegen der Arbeit meines Vaters. Uns wurde zum Verhängnis, dass er eine so wichtige Position in seiner Fabrik innehatte. Mein Vater war nämlich für die Verteilung der Elektrizität zuständig, und wenn er die verwehrte, konnten die Soldaten ihr Zubehör nicht bearbeiten lassen. Aus diesem Grund war jeder aus der Armee daran interessiert, sich gut mit ihm zu stellen. Oft standen die Soldaten unvermittelt vor unserer Haustür, um einen persönlichen Kontakt mit ihm herzustellen, und wann immer sie außerhalb der Arbeitszeiten kurzfristig Strom brauchten, kamen sie ebenfalls bei uns vorbei. Natürlich blieben sie dann manchmal länger zu Besuch, als sie eigentlich geplant hatten. Und sobald Essenszeit war, wurden die unangekündigten Gäste ganz selbstverständlich von uns eingeladen. Meine Mutter bereitete dann Spinat, Rettich und Reis zu sowie Kimchi, das koreanische Nationalgericht, welches traditionell bei jeder Mahlzeit mit serviert wird. So mussten wir manchmal selber hungrig zu Bett gehen, weil wir unsere ohnehin knappen Essensvorräte mit den Gästen teilten.

Für Außenstehende mag das unverständlich erscheinen, doch Gastfreundschaft wird in unserer Kultur großgeschrieben. Auch wenn wir selber kaum ausreichend zu essen hatten, kam es nicht in Frage, unseren Besuchern üppige Mahlzeiten zu verwehren. Selbst wenn die Soldaten nur kurz blieben, wollte meine Mutter sie nicht hungrig ihren Rückweg antreten lassen, weshalb sie ihnen immer etwas Proviant mitgab. Andernfalls hätte unsere Familie das Gesicht verloren.

Und dann war da noch die Leichtfertigkeit meines Vaters: Obwohl oft unsere Mägen knurrten, befahl er meiner Mutter trotzdem, Reis zu kochen, den er dann als Köder zum Angeln verwendete. Fast jedes Wochenende ging er zum See nach Dongchang-ri oder abends zum Limjin-Fluss. Meiner Mutter bereitete das große Sorgen. Manchmal jedoch, wenn mein Vater etwas fing, konnten wir auch Fisch essen. Jeden Juni bekam ich vom Staat zu meinem Geburtstag kleine Kartöffelchen geschenkt, woraus meine Mutter zusammen mit dem Fisch eine leckere Suppe kochte. Die meiste Zeit jedoch konnten wir uns nicht richtig satt essen.

ERZIEHUNG MIT DER RUTE

Das Angeln war nur einer von vielen Anlässen, aus denen sich meine Eltern stritten. Damals verstand ich noch nicht, dass mein Vater sein Hobby nur vorschob, um mit einer Kollegin aus seiner Fabrik fremdzugehen. Nicht zuletzt deswegen muss meine Mutter sich wohl immer weiter von ihm entfernt haben. Sie wurde zunehmend abweisender zu ihm, und die Auseinandersetzungen wurden schlimmer. Mein Vater wollte die Vorwürfe meiner Mutter nicht verstehen, sondern beschimpfte sie nur und schlug sie auch regelmäßig. Meine Mutter wehrte sich nie und sprach niemals darüber, sondern nahm alles stillschweigend hin. Wenn sie doch einmal etwas gegen meinen Vater sagte, machte ihn das nur noch wütender, und der häusliche Krieg eskalierte. Oft wurde er grundlos sauer, bedrohte meine Mutter mit einem Messer, hielt es ihr an die Kehle, als ob er sie gleich töten wollte. Wenn meine Geschwister und ich heulend dazwischengingen, schlug er uns mit der blanken Faust.

In Nordkorea ist es ganz normal, dass Väter ihre Kinder schlagen. Es heißt, dass die körperliche Züchtigung zur Erziehung dazugehört. Fast alle Eltern sind sehr streng zu ihren Kindern. Um sie richtig zu erziehen, schlagen sie ihre Zöglinge mit dem Gürtel, einer Peitsche oder manchmal auch mit der bloßen Faust. Mein Vater hat sich wohl auch darum gesorgt, dass wir Kinder vom rechten Weg abkommen könnten. Er schlug uns regelmäßig, genau wie er meine Mutter verprügelte.

Dabei waren wir keinesfalls verzogen oder gar frech. Schon als kleines Mädchen bemühte ich mich sehr, den hohen Anforderungen meiner Eltern Genüge zu tun: Ich half im Haushalt mit, kümmerte mich um meine jüngeren Geschwister, kochte Reis und lernte natürlich auch fleißig für die Schule. All das bewahrte mich jedoch nicht vor Schlägen.

Einmal war es ganz besonders drastisch. An diesem Tag spielte ich nach der Schule mit anderen Klassenkameraden, obwohl ich doch eigentlich Hausaufgaben erledigen sollte. Als ich mich auf den Heimweg machte, war die Sonne bereits untergegangen und mein Vater von der Arbeit heimgekehrt. Erbost fragte er mich, wo ich gewesen sei. Ich antwortete ihm aufrichtig, dass ich mit Freunden spielen war. Daraufhin schlug er mich mit voller Wucht mit einer Fliegenklappe, die auf mich damals bedrohlich wie ein Stahlrohr wirkte. Jeder Schlag hinterließ einen neuen blauen Fleck auf meinen dünnen Beinen. Er schlug und schlug immer wieder, hörte gar nicht auf – bis ich es nicht mehr aushielt und raus in den Garten flüchtete, den die Nacht bereits in tiefe Finsternis gehüllt hatte. Ich versteckte mich in der Hundehütte, in der ich schließlich neben dem Nachbarshund einschlief. Am nächsten Morgen, nachdem mein Vater zur Arbeit gegangen war, schlich ich mich heimlich ins Haus, schnappte meinen Rucksack und ging ganz normal zur Schule.

Zu jener Zeit nahm uns meine Mutter nach langem Überlegen mit zu ihrem Bruder nach Kaesong, um dort vor den Eskapaden meines Vaters Unterschlupf zu finden. Mein Onkel war schockiert, als er ihr geschwollenes Gesicht sah. Natürlich wollte er sofort wissen, was passiert war. Doch meine Mutter brach nur stumm in Tränen aus, war nicht imstande zu antworten. Also erzählte ich ihm alles, was ich wusste, berichtete über meinen gewalttätigen Vater, seine fürchterlichen Tobsuchtsanfälle. Am Anfang konnte er mir nicht glauben, aber als meine Mutter anfing zu nicken, verschlug es auch ihm die Sprache.

Unbedingt wollte er uns nach Hause begleiten. «Wenn du jetzt mitkommst, dann passiert noch etwas Schlimmes», deutete meine Mutter an. Dicke Tränen liefen immer noch an ihren Wangen herunter, die Angst stand ihr förmlich ins Gesicht geschrieben. Also gingen wir alleine zurück – und auch an diesem Abend wurden wir wieder geschlagen. Wo wir uns denn so spät herumgetrieben hätten, wollte mein Vater erbost wissen. Nichtigkeiten wie diese reichten schon aus, um ihn die Beherrschung verlieren zu lassen.

Am nächsten Morgen kam mein Onkel jedoch tatsächlich zu Besuch, und zwar unangekündigt. Natürlich bemerkte er die blauen Flecken an unseren Körpern. Kurzerhand zitierte er meinen Vater nach draußen vor die Tür. Ich habe nie erfahren, welche Standpauke er ihm genau gehalten hat, aber seit diesem Tag schlug uns mein Vater seltener.

Mit sechs Jahren wurde ich eingeschult. Für die meisten ein freudiges Ereignis, hege ich jedoch an diesen Tag überhaupt keine guten Erinnerungen. Da mein Vater immerfort in der Fabrik beschäftigt war und meine Mutter zur Arbeit aufs Feld musste, ging ich wohl oder übel ganz alleine zu meinem ersten Schultag. Während die anderen Kinder alle heiter und händchenhaltend von ihren Eltern begleitet wurden, standen meine Freundin Yeong Hee und ich als Einzige wie verloren in der Menge. Ich musste damals viel weinen. Natürlich nahmen meine Freundin und ich es unseren Eltern übel, dass sie uns ganz alleinließen, und auf dem Nachhauseweg schmiedeten wir Pläne, wie wir uns für diese Schmach revanchieren könnten.

Das Schulsystem in Nordkorea ist vom Aufbau her gar nicht so anders als in anderen Ländern auch. Die Unterrichtsstunden dauern jeweils 45 Minuten, es gibt eine vierjährige Volksschule und danach besucht man für weitere fünf Jahre eine Mittelschule. In die Volks- und Mittelschule muss jeder gehen, sie sind gesetzlich verpflichtend und umsonst. Ab dann hängt es vom ideologischen Hintergrund der Familie ab, ob man eine Oberschule – in Nordkorea auch Fachschule genannt – besuchen kann. Daran anschließend gibt es natürlich noch die Universität, an der ein Studium meist länger als drei Jahre dauert. Wer schon nach der Mittelschule abschließt, kann damit in der Landwirtschaft oder im Kohlebergbau arbeiten. Gerade der Bergbau ist jedoch in Nordkorea eine sehr gefährliche Arbeit. Höhergestellte Berufe bleiben Akademikern vorbehalten.

Als ich eingeschult wurde, hat man in Nordkorea erstmals eine 10-jährige Pflichtschulzeit eingeführt. Zudem gab es in meinem Jahrgang noch eine weitere Besonderheit: Zum ersten Mal wurden Mädchen und Jungen gemischt in eine Klasse gesteckt. Unsere Schule hatte über 2000 Schüler, allein meine Klasse bestand aus über 40 Kindern.

Unser Stundenplan enthielt die üblichen Schulfächer, wie Mathe, Geographie, Biologie, Koreanisch und Musik. Doch natürlich gibt es auch einige Besonderheiten im nordkoreanischen Bildungssystem, die man wohl nirgendwo anders in dieser extremen Ausprägung findet. Zum Beispiel wird von der ersten Klasse an jeder Schüler in politischer Ideologie unterrichtet. Diese Art von Bildung begleitet jeden Nordkoreaner sein Leben lang. So haben auch wir als Allererstes in der Schule einen Gruß gelernt, den alle im Land bis an ihr Lebensende immer wieder aufsagen müssen: «Danke für Vater Kim Il Sung, danke für unseren lieben Führer Kim Jong Il!»

Ein weiteres Spezifikum, mit dem wir schon in der Volksschule vertraut wurden, war die sogenannte Kritikbühne, eine Art öffentliches Schuldtribunal. Das Prinzip der Kritikbühne funktionierte immer gleich: Wenn man einen Fehler begangen hatte – und oft reichte schon der leiseste Verdacht –, dann wurde man aufgefordert, seine Reflexionen und Schuldeingeständnisse aufzuschreiben und anschließend auf einer öffentlichen Versammlung, eben dieser Kritikbühne, vorzulesen. Die Vergehen, wegen der man auf der Kritikbühne landete, waren ebenso weitreichend wie willkürlich. Wenn man etwa beim Wassertrinken Geräusche machte und schlürfte, dann konnte das bereits als Grund ausreichen.

An Samstagen gab es in allen Schulhallen Nordkoreas eine kleine Sitzung, zu der jeder aus der Klasse im Publikum anwesend sein musste. Von den Klassenkameraden wurde erwartet, dass sie während der Geständnisse der «Übeltäter» weitere Kritik übten, etwa: «Gestern habe ich dich ebenfalls beobachtet, wie du mit unordentlichen Klamotten zur Schule kamst.» So wurde die Kritikbühne immer auch ausgenutzt, um ungeliebte Schulkameraden zu verpetzen und andere öffentlich zu denunzieren. Zusätzlich zu der wöchentlichen Sitzung fanden im Monatsrhythmus noch größere Kritikbühnen statt, und einmal im Jahr wurde die Hauptkritikbühne veranstaltet. Zu den beiden großen Sitzungen musste die gesamte Schule erscheinen, also bei meiner Mittelschule immerhin rund zweitausend Schüler. Nicht nur in der Schule gab es Kritikbühnen, sondern auch auf der Uni, am Arbeitsplatz und in den Wohngemeinschaften des Bans – also praktisch immer und überall.

Auf die Kritikbühne zu müssen war eine große Schande. Wenn man bei größeren Vergehen zur dritten monatlichen Sitzung musste, hatte man im Anschluss neun Monate Zeit, um Reue zu zeigen und sein Verhalten zu bessern. Wenn man daran scheiterte, musste man auf der Hauptkritikbühne weiter büßen und erhielt auch einen offiziellen Vermerk – ähnlich einem Eintrag in der Polizeiakte. Im schlimmsten Fall konnte man auf der Kritikbühne zu bis zu zwei Jahren Zwangsarbeit verurteilt werden. Dort seine Unschuld beweisen zu wollen ist nahezu sinnlos. Wer jedoch darauf beharrt, wird als uneinsichtig beurteilt – und nur noch härter ins Verhör genommen.

Kritikbühnen führten natürlich zu einem Klima der ständigen Paranoia und Missgunst. Auch innerhalb der eigenen Familie. Einmal landete unser Nachbar, der Alkoholiker war, auf der Kritikbühne. Im Rausch hatte er wieder einmal über die Partei gelästert und dass es bei vielen Dingen an allen Ecken und Enden fehlen würde. Seine Ehefrau hatte nicht dichtgehalten, sondern ihn, ohne zu zögern, an die Behörden verraten. Viele Male habe ich erlebt, wie Eltern ins Gefängnis mussten, weil sie von ihren eigenen Kindern verraten wurden.

Ein weiteres Fach hieß übersetzt so viel wie «Kommunismusmoral». Dort lernten wir unter anderem, dass man die älteren Mitmenschen respektieren und ehren soll. Auch dieses Fach wurde jeden Tag mindestens einmal unterrichtet.

Und dann gab es noch das Fach Revolutionsgeschichte. Während meiner gesamten Schullaufbahn handelte es ausschließlich von der Kim-Familie, vor allem von Kim Il Sung und seinem Sohn Kim Jong Il. Wir lernten, wie der spätere Staatsgründer Nordkoreas bereits mit elf Jahren über den Yalu-Fluss nach China geschwommen war, um für die Unabhängigkeit Koreas zu kämpfen. Das war am 1. März 1923, noch heute kann ich all die Geschichtsdaten wie aus der Pistole geschossen herunterbeten. Ein ganzes Schulbuch handelte nur von der Mutter Kim Il Sungs und ihren Heldentaten. Im Unterricht wurde uns eingebläut, warum es so wichtig ist, dass man der Kim-Familie die Treue hält und dass die Loyalität zur Partei Vorrang hat gegenüber dem persönlichen Wohl. Revolutionsgeschichte wurde täglich unterrichtet, an manchen Tagen auch mehrmals. Selbst nach der Unterrichtszeit mussten wir oft noch zwei weitere Stunden Revolutionsgeschichte pauken. Das nordkoreanische System zu durchlaufen bedeutet eine derart manipulative Gehirnwäsche, dass es auch heute noch unzählige Menschen gibt, die ihr Leben geben würden, nur um das Regime zu schützen.

Auch die von Kim Il Sung entwickelte Juche-Ideologie ist Teil der Revolutionsgeschichte. Zwar leitet sich diese Gesellschaftstheorie aus dem Kommunismus ab, widerspricht ihm aber in vielen Aspekten. Im Mittelpunkt steht die Unabhängigkeit und Autarkie Nordkoreas, sowohl in politischer, wirtschaftlicher als auch militärischer Hinsicht. Deshalb bleibt

Nordkorea auch so isoliert. Das Logo der Juche-Ideologie zeigt nicht nur Hammer und Sichel, sondern auch einen Pinsel in der Mitte. Dies ist insofern bedeutsam, als in Nordkorea nicht nur die Arbeiter und Bauern ins System mit einbezogen werden, sondern im Gegensatz zum Kommunismus auch die Intellektuellen. Vom Volk wird dabei absoluter Gehorsam gegenüber dem Führer erwartet – bis zum Tod. Selbstmorde werden in Nordkorea als größtmögliche Sünde angesehen, denn das eigene Leben gehört einzig dem Herrscher Kim.

In der Juche-Lehre gibt es einen ganz zentralen Satz: «Nur ich verfüge über mein Geschick, nur ich kann über mein eigenes Schicksal bestimmen.» Nach diesem philosophischen Prinzip lebe ich noch heute.

MEIN KLEINER BRUDER CHUL HO

Als ich in die vierte Klasse ging, wurde meine Mutter plötzlich noch mal schwanger – und mein Leben dadurch unverhofft schwieriger. Ich erinnere mich noch gut, wie ich eines Tages von der Schule nach Hause kam und meine Mutter in der Küche entdeckte: Ihr Gesicht war leichenblass, sie konnte sich kaum ohne Hilfe bewegen und nicht einmal schmerzfrei sitzen. Ihr Bauch war zu der Zeit bereits sichtlich angewachsen. Ich fragte sie, was mit ihr los sei, aber sie beruhigte mich nur und sagte, es sei alles in Ordnung. Mein kindlicher Instinkt verriet mir, dass dem nicht so war.

Ich hatte derart große Angst um sie, dass ich zu meinem Vater in die Fabrik rannte, um ihm davon zu berichten, dass Mama ins Krankenhaus müsse – doch dieser reagierte nur genervt und knurrte mich mürrisch an, dass er noch arbeiten würde. Ich solle gefälligst zurück nach Hause gehen. Dabei sah ich genau, dass mein Vater bereits seine Freizeitkleidung trug und jeden Moment Feierabend sein musste. Da er jedoch am nächsten Tag angeln gehen wollte, bereitete er noch in Ruhe seine Angelausrüstung vor. Nach Familienpflichten stand ihm jedenfalls – wie so oft – nicht der Sinn. Vielleicht nahm er mich einfach nicht ernst, aber wahrscheinlich kümmerte es ihn auch nicht besonders, wie es meiner Mutter ging.

Ich weinte laut und kann gar nicht mehr sagen, weshalb genau: War es wegen der Unmenschlichkeit meines Vaters oder wegen meiner Mutter, die zu Hause höllische Schmerzen durchleiden musste? Erst Jahre später, als ich bereits selber Mutter geworden war, konnte ich mir vorstellen, wie traurig sie gewesen sein muss angesichts ihres miserablen Lebens.

Wieder zu Hause angekommen, war meine Mutter gerade am Rettichschneiden, als plötzlich gelbe Flüssigkeit mit Blut vermengt ihre Beine herunterlief. Damals wusste ich noch nicht, dass das ihr Fruchtwasser war. Aus meinem Unwissen heraus überkam mich unglaubliche Angst, dass meine Mutter gleich sterben würde. Sie hatte Wehen und biss sich in die Finger, um die qualvollen Schmerzen auszuhalten. Ich hing an ihrem Hals und schrie: «Mami, bitte stirb nicht!» Meine Großmutter, die in ihrem Leben selber zwölf Kinder gebar, saß stoisch daneben, schließlich konnte sie in der Situation auch nicht viel tun. Ich weinte mich am Schoß meiner Großmutter aus, während sie meiner Mutter gut zuredete, um von den Schmerzen abzulenken und ihr das Gebären zu erleichtern.

Schließlich hörte unsere Nachbarin, die Mutter von meinem Schulkameraden Sung Chul, das Geschrei und eilte zu uns ins Haus, um nach dem Rechten zu sehen. Meine Mutter lag da bereits schreiend auf dem Boden, in der Luft hing ein stechender Geruch nach Urin und Blut. Sobald der Kopf des Babys zu sehen war, befahl mir Sung Chuls Mutter, ich solle eine Schere holen. Sie half beim Entbinden und trennte die Nabelschnur ab.

Obwohl ich noch ein Schulkind war und nicht recht realisiert habe, was da gerade geschehen war, habe ich mich wahnsinnig darüber gefreut, dass meine Mutter die Tortur überlebt hatte. Als sie endlich ihr Kind in den Armen halten konnte, weinte sie ganz leise. Damals dachte ich, meine Mutter würde wegen der Schmerzen weinen, aber heute vermute ich, dass sie vor allem deswegen traurig war, weil mein Vater nicht mal bei der Geburt dabei war. Erst als Sung Chuls Mutter meine Mutter notdürftig versorgt hatte, kam er von der Arbeit nach Hause. Er würdigte seinen neugeborenen Sohn kaum eines Blickes, sondern schritt ins Nebenzimmer und legte sich hin. Am nächsten Morgen ging er dann, wie er es bereits geplant hatte, zum Angeln. Mich hat zumindest beruhigt, dass mein Bruder wohlauf war. Damals konnte ich noch nicht wissen, dass ich das Leben von Chul Ho, der schon unter so schweren Umständen auf die Welt kam, selbst einmal weiter erschweren würde.

Als mein Bruder zwei Jahre alt war, gingen meine und Sung Chuls Mutter an einem kalten Wintertag im Februar in die öffentliche Badeanstalt. Wir Kinder blieben derweil alleine zu Haus. Kurz bevor sich meine Mutter auf den Weg machte, hatte sie meinen Bruder gestillt, sodass eigentlich nichts passieren konnte, bis sie wieder vom Baden zurückkam. Sie sagte mir noch, dass ich mich fein um ihn kümmern solle.

Wie lange war meine Mutter schon aus dem Haus, als es geschah? Vielleicht waren es zwanzig Minuten, ich saß jedenfalls gerade über meinen Hausaufgaben, als Chul Ho plötzlich zu weinen anfing. Ich war noch sehr jung, gerade elf Jahre alt, und wusste nicht recht, wie ich ihn beruhigen konnte. Mein Bruder schrie immer lauter. Es half auch nicht, dass ich ihn in den Arm nahm. Völlig überfordert mit der Situation, kam mir plötzlich ein rettender Gedanke: Vielleicht hatte Chul Ho ja Hunger und wollte gefüttert werden! Also gab ich ihm schnell den Rettich-Reis, den meine Mutter kurz zuvor gekocht hatte. Den aß er auch ganz brav und schlief nach dem Essen sofort ein. Doch nur wenig später wachte er wieder auf und fing sofort wieder zu weinen an. Ich nahm natürlich an, dass er wieder Hunger hätte, und gab ihm erneut von dem Reis – doch diesmal aß er nichts davon, sondern spuckte den ersten Bissen gleich wieder aus. Endlich kam meine Mutter zurück vom Bad, während mein Bruder noch immer wie am Spieß schrie.

Als ich ihr berichtete, was passiert war, reagierte sie äußerst erschrocken und legte ihre Hand auf die Stirn meines Bruders: Er hatte sehr hohes Fieber. Sie nahm ihn sofort auf den Rücken und schleppte ihn zum Krankenhaus – doch da war es bereits zu spät. Der Rettich-Reis lag ihm im Magen, und dass Chul Ho sofort nach dem Essen wieder eingeschlafen war, hatte schlimme Auswirkungen. Er hatte sich eine ernste Lebensmittelvergiftung eingefangen. Im Krankenhaus hat ein Arzt meinem Bruder eine Ringerlösung injiziert, doch mit der Spritze die Vene nicht richtig getroffen, sondern einen Nerv gestreift. Als unerwartete Nebenwirkung haben sich seine Adern verengt. All das hatte zur Folge, dass die Füße meines Bruders nicht weiterwuchsen und er eine Kinderlähmung davontrug. Seine Gesundheit war unwiderruflich zerstört.

Meine Mutter nahm meinen Bruder in den Arm und weinte, mein Vater verdrosch mich mit dem Ledergürtel, bis mein Körper mit blauen Flecken übersät war. Ich heulte ebenfalls und rief nach meinem Bruder. Auch wenn ich jetzt daran denke, über 30 Jahre später, zittere ich noch am ganzen Körper. Wegen seiner Gehbehinderung hinkte Chul Ho sein Leben lang und konnte auch später nicht richtig sprechen. Seit jenem Tag hatten meine Mutter und ich ein schlechtes Gewissen meinem Bruder gegenüber, das mich noch immer auf Schritt und Tritt begleitet. Es fühlt sich an, als ob ein großer Stein in meinem Herzen eingemeißelt wäre. Und bei dem Gedanken an die Geschehnisse empfinde ich mich oft schlechter als ein Mensch. Und das war nicht das einzige Leid, das ich meinem Bruder zugefügt habe.

Damals haben wir in unserem Heimatdorf noch ganz traditionell mit Kohle geheizt. In unserer Küche gab es eine Öffnung für unseren Kohleofen und darüber eine Eisenabdeckung. Wenn wir den Ofen heizten, schlossen wir danach stets den Herd mit der Eisenabdeckung.

An einem Tag, nur wenige Monate später nach der Magenvergiftung, war ich wieder alleine zu Hause mit meinem Bruder. Ich saß über meinen Hausaufgaben und bemerkte nicht, dass Chul Ho in die Küche krabbelte. Plötzlich hörte ich einen fürchterlichen Schrei, der mich bis ins Mark erschauern ließ. Blitzschnell rannte ich in die Küche, wo ich meinen Bruder auf dem heißen Herd sitzen sah. Sein Hintern war vollständig verbrannt und mit Blasen übersät. Im ganzen Haus roch es nach seiner verkohlten Haut. Mein Bruder war ganz blass vor Schreck und schrie ohne Unterbrechung. Ein Schrei, den ich heute noch nachts in meinen Träumen höre.

Alles passierte unglaublich schnell: Ich weinte vor Entsetzen und mein Bruder vor Schmerzen. Ich war furchtbar erschrocken, umarmte meinen Bruder, heulte und schrie immer wieder nach Hilfe. Als meine Mutter endlich zurückkam, hat sie Chul Ho sofort mit Dachs-Öl eingestrichen, was seinen Schmerz lindern sollte, und eilte dann mit ihm ins Krankenhaus. Während der Arzt die verbrannte Haut vom Körper abzog und die Wunde desinfizierte, schrie mein Bruder so laut, dass ich mir sicher war, er würde jeden Moment sterben. Auch der Arzt war sprachlos und musste sichtlich mit seinen Gefühlen kämpfen. Ein kleines Kind mit solchen Verbrennungen habe er noch nie gesehen, wiederholte er mehrere Male fassungslos. Die Wunde sah auch nicht wie eine normale Wunde aus, sondern ähnelte rohem Fleisch. Chul Hos Hintern war nahezu komplett verbrannt. «Chul Ho braucht jetzt unbedingte Bettruhe», ermahnte uns der Arzt. Auch er war den Tränen nahe.

Dieses Jahr wäre mein Bruder 43 Jahre alt geworden. Wegen meiner Sünden habe ich mich immer bemüht, ihm zu helfen, und habe mich gewissenhaft um ihn gekümmert. Natürlich machte ich mir große Sorgen, ob er mit seinem versehrten Körper jemals eine Frau finden würde. Selbst wenn man kerngesund ist, ist es schwierig, in Nordkorea zu überleben – doch als körperlich Behinderter, wie soll man es da schaffen? Ohne Hilfe von der Familie ist eine Behinderung ein direktes Todesurteil, denn vom Staat erhält man keinerlei zusätzliche Unterstützung.

Lange nach meiner Flucht, als ich bereits in Südkorea lebte, versuchte ich, Chul Ho ausfindig zu machen, doch vergeblich. Durch meine Tochter erfuhr ich dann die schreckliche Wahrheit: Er ist verhungert. Die genauen Umstände konnte ich nicht herausfinden und werde diese Ungewissheit wohl mit ins Grab nehmen müssen. Die Nachricht über seinen Tod ließ mich meine Ohnmacht als Nordkoreanerin noch einmal auf tragische Weise spüren. Ohne die Chance, mich jemals von der auf mich geladenen Schuld ihm gegenüber befreien zu können, hat Chul Ho diese Welt verlassen. Die diktatorische Herrschaft von Kim Jong Il hat meinem Bruder das Leben geraubt.

DER TAG, AN DEM UNSERE FAMILIE ENDGÜLTIG IN DIE BRÜCHE GING

Am 19. Dezember 1978, ich erinnere mich noch ganz genau an das Datum, stand ein Gesangswettbewerb an unserer Schule bevor. Wir Schüler waren schon in freudiger Erwartung und nutzten den Großteil der Unterrichtszeit und auch die Nachmittage für die gemeinsamen Proben.

In einer Mittagspause war ich auf dem Heimweg zusammen mit einigen Klassenkameraden an der Schlittschuhbahn unseres Ortes stehen geblieben, auf der gerade ein Turnier stattfand. Plötzlich eilte ein weiterer Schulkamerad herbei, der mir keuchend aus der Ferne zurief, dass meine Schwester Yeong Suk gerade in einen Autounfall verwickelt worden war und ins Krankenhaus gebracht wurde. Ich bat meine Freunde, sofort zu mir nach Hause zu gehen und meinem Vater Bescheid zu sagen, damit er schnell ins Krankenhaus kommen konnte. Meiner Mutter, so schärfte ich ihnen ein, sollten sie erst einmal nichts von dem Unfall sagen. Dann rannte ich mit meinem Klassenkameraden Bae Kyeong Shil ins Krankenhaus, so schnell mich meine Beine trugen.

Auf dem Weg berichtete mir Kyeong Shil die schrecklichen Details: Meine Schwester sei von einem Militärwagen angefahren worden, der einem Divisionsgeneral gehören sollte.

Als wir im Krankenhaus ankamen, eröffnete man uns, dass Yeong Suk bereits in der Notaufnahme lag. Hand in Hand betrat ich mit Kyeong Shil diese und sah dort meine Schwester regungslos in einem Bett liegen. Mit ihrer bleichen Haut und den starren Gesichtszügen sah sie aus wie eine Leiche – ob sie bloß ohnmächtig und noch am Leben war, vermochte ich nicht zu erkennen. Neben Yeong Suk saß ein Soldat, der bitterlich weinte. Ich erkannte sofort, dass er hinter dem Steuer des Autos gesessen und meine Schwester angefahren haben musste.

Eine Zeitlang standen wir fassungslos dort, ohne ein Wort zu sagen. Bis meine Eltern nach quälend langen Minuten endlich ins Zimmer eilten. Meine Mutter weinte fürchterlich, als sie ihre regungslose Tochter sah. Nach und nach traten immer mehr Generäle ins Zimmer, allesamt hochrangige Vertreter der Division des Fahrers, die ihr Beileid bekundeten und meine Mutter baten, sich zu beruhigen. Doch meine Schwester war noch so jung und bis eben ein kerngesundes Mädchen gewesen – wie soll man sich da beruhigen?

Es war ein totales Durcheinander, alles passierte unglaublich schnell. Die Ärzte der Notaufnahme betraten das Zimmer und verkündeten die Hiobsbotschaft: Meine Schwester hatte ein schweres Schädel-Hirn-Trauma erlitten und war noch an Ort und Stelle gestorben. Meine Mutter sank ohnmächtig zu Boden, während mein Vater die bereits kalte Leiche meiner Schwester umarmte und weinend ihren Namen schrie. Als ich wieder halbwegs klare Gedanken fassen konnte, wies mich mein Vater an, wieder zur Schule zu gehen, und schob mich rücklings zur Tür. Aber da hatte ich bereits bemerkt, dass große Tränen seine Wangen herunterrannen – etwas, was ich noch nie bei ihm gesehen hatte und auch nie wieder sehen sollte. Mein Vater hatte furchtbare Schuldgefühle, es kam ihm so vor, als habe er selbst seine Tochter in den Tod geschickt. Erst später erfuhr ich den Grund dafür.

Am Morgen vor dem Unfall hatte meine Schwester ihn um ein wenig Geld gebeten. Sie hatte von der Schuldirektion den Auftrag bekommen, in den Wochen zuvor wiederverwertbaren Müll, Metallreste und Hasenleder aufzusammeln. An diesem Tag nun würde die Aufgabenerfüllung der Schüler bewertet werden. In Nordkorea ist es ganz normal, solche Treuedienste für den «Großen Führer» zu erbringen. Schulklassen, Universitätsstudenten, Frauenbündnisse – eigentlich jeder bekommt ab und an solche Arbeiten aufgetragen. Die Materialien werden dann fürs Militär verwendet, auch um damit Waffen zu produzieren. Wenn man das aufgetragene Pensum nicht erfüllt, bedeutet das in den Augen der Parteibeamten, dass man den Führer Kim Il Sung nicht ausreichend ehrt, und so muss man auf die Kritikbühne gehen oder darf später nicht in die Partei eintreten. Die Vorgaben lagen jedoch meist derart unerreichbar hoch, dass es Usus war, die restlichen Materialien für teures Geld am Markt einzukaufen. Natürlich hatte auch meine Schwester Angst davor, auf der Kritikbühne beschimpft zu werden, weil sie nicht genug eingesammelt hatte. Also ging sie zu unserem Vater und bat um Hilfe. Doch anstatt ihr das benötigte Geld zu geben, prügelte er sie windelweich, woraufhin Yeong Suk weinend und gedankenverloren zur Schule trottete – und schließlich in den Unfall geriet.

Ich hatte immer gedacht, dass mein Vater der böseste und kaltherzigste Mensch der Welt wäre, zu keiner Träne fähig. Und so konnte ich in diesem Moment nur schwer glauben, dass ebenjener Mensch gerade neben mir wie ein Schlosshund weinte. Er kauerte wie ein Häufchen Elend im Krankenhauszimmer. Durch den Tod meiner Schwester veränderte er sich grundlegend. Nie wieder hat er uns Kinder geschlagen, auch unsere Mutter verschonte er seither mit seinen Wutausbrüchen.

Der Soldat, der meine Schwester angefahren hat, hieß Kim Myeong Seon und muss damals Ende zwanzig gewesen sein. Über mehrere Ecken erfuhren wir, dass er ein schweres Leben hinter sich hatte. Sein Vater war bereits vor seiner Geburt gestorben, und als er zwei Jahre alt wurde, verstarb auch seine Mutter. Daraufhin wurde er von einer Familie adoptiert, lebte jedoch als Waisenkind in steter Verachtung. Nach der Schule trat er seinen Wehrdienst an, der in Nordkorea über zehn Jahre dauert. Als der Unfall passierte, stand er schon am Ende seiner Wehrpflicht. Nur drei Monate später hätte er aus dem Militärdienst entlassen werden sollen.

Als mein Vater von seinem Schicksal erfuhr, hatte er trotz allem Mitleid mit dem jungen Mann, denn er erinnerte ihn an seinen ältesten Sohn, Chul Nam, der im gleichen Alter und ebenfalls beim Militär war. Er wollte Myeong Seon vor dem Gefängnis bewahren, denn dort würde er mit ziemlicher Sicherheit lebenslänglich weggesperrt werden. Das strenge Gesetz, so meinte mein Vater, könne unser Leid auch nicht lindern. Also versuchte er, ihn ausfindig zu machen, aber da saß Myeong Seon bereits in Haft. Anscheinend war es schon zu spät – doch mein Vater beließ es nicht dabei.

Nach der Beerdigungszeremonie, an der auch viele hochrangige Militärs meiner Schwester die letzte Ehre erwiesen hatten, bat mein Vater unsere Verwandten sowie die anwesenden Mitarbeiter seiner Fabrik um eine Bittschrift. Jeder bekundete dort mit seiner Unterschrift den Willen, dass der Fahrer trotz des Todes meiner Schwester am Leben bleiben sollte. Mein Vater hatte schon im Vorfeld der Beerdigung viele Leute persönlich besucht und um die Bittschrift gebeten, sodass er am Ende eine ganze Reihe an Unterschriften beisammenhatte. Offensichtlich zeigte die Aktion Wirkung: Nach zwanzig Tagen in Haft entließ man Myeong Seon schließlich aus dem Gefängnis. Aufgrund der Bittschriften wurde er begnadigt.

Nach seiner Freilassung holte ihn sein Divisionsgeneral zusammen mit meinem Vater ab und brachte ihn zu uns nach Hause. Als er unser Heim betrat, ging er sofort auf die Knie, nahm die Hand meiner Mutter, schaute zu Boden und flehte mit brüchiger Stimme: «Bitte bringen Sie mich um!»

Meine Eltern schwiegen, trösteten ihn schließlich und sprachen ihm gut zu. Jetzt, da er aus dem Gefängnis sei, so wiederholten sie mantraartig, hätte er nichts mehr zu befürchten. In dieser Nacht ließen sie Myeoung Seon sogar in der Mitte zwischen sich schlafen, hielten jeder eine Hand von ihm fest umschlungen. Während Myeong Seon geborgen wie ein Kleinkind einschlief und zumindest für wenige Stunden die Fürsorge spürte, nach der er sich sein Leben lang sehnte, konnten meine Eltern in jener Nacht kein Auge zudrücken. *Für irgendjemanden auf der Welt mag dieser Tag der schönste seines Lebens gewesen sein, für andere schien die Zeit vor lauter Schmerz stillzustehen.*

Am nächsten Tag versprach Myeong Seon, dass er meine Eltern wie seine eigenen behandeln, sich um sie kümmern und auch regelmäßig Briefe schreiben werde. Aber er kam nie wieder zu uns und schickte auch keine einzige Nachricht. Vielleicht hatte er ein zu schlechtes Gewissen und schämte sich für seine Tat. Doch natürlich finde ich sein Verhalten trotz allem bedauerlich. Was sollten meine Eltern nur von ihm halten? Ein schlechter Mensch sei er, unverschämt und unbarmherzig, sagte meine Mutter einmal. Danach hat sie nie wieder über ihn gesprochen.

Studieren ist in Nordkorea längst nicht selbstverständlich, sondern den bessersituierten Familien vorbehalten. Um an einer Universität zugelassen zu werden, muss man nicht nur ein gutes Abschlusszeugnis vorweisen können, sondern sollte auch zumindest ein Familienmitglied bei der Partei haben. Zudem muss man nachweisen, dass die eigene Familie keinen Bezug zu Südkorea hat. Den Kindern von ehemaligen Kriegsgefangenen, Kollaborateuren mit den japanischen Besatzern oder einstigen Großgrundbesitzern blieb dieses Privileg daher verwehrt.

Ich konnte mich nach der Schulzeit zumindest für eine Ausbildung an der Fachhochschule für Leichtindustrie in Kaesong einschreiben. Auch wenn die zweijährige Ausbildung an der Fachhochschule nicht mit einem Studium an der Universität gleichzusetzen war, sondern eher einer Berufsschule ähnelte, nahm ich mir fest vor, diese Chance zu nutzen und möglichst fleißig zu lernen. Gleich zu Beginn des ersten Semesters, am 10. März 1982, beging ich jedoch einen schwerwiegenden Fehler – und zwar bei der Feldarbeit.

Jeden Frühling wurden die Studenten des Landes einberufen, um bei den Bauern in der Landwirtschaft zu arbeiten. Einerseits sollten wir so bei der Einhaltung der Produktionsvorgaben helfen, andererseits vom einfachen Leben der Bauern lernen. Obwohl ich eher schmächtig war und sich mein Körper nur schwer an die harte Arbeit gewöhnte, strotzte ich nur so vor Ehrgeiz und Tatendrang. Die Felder befanden sich ganz in der Nähe des Friedensdorfes Panmunjeom, das für lange Jahre den einzigen innerkoreanischen Grenzübergang bildete. Wenn wir unsere Augen gen Süden richteten, konnten wir südkoreanisches Land erblicken.

Während wir dort die Felder bestellten, vernahmen wir aus der Ferne nostalgische Volkslieder aus Lautsprecheranlagen. «Am Ufer hängen die Äste der Trauerweiden / das blaue Wasser fließt hinfort», erklang die kristallklare Stimme einer Sängerin, zu der unsere ganze Klasse inbrünstig mit einstimmte. In Nordkorea ist das nichts Ungewöhnliches: Selbst in abgelegenen Landstrichen wird die Bevölkerung jeden Morgen um sechs Uhr früh beschallt. Meist wird politische Propaganda vermeldet, oder es werden patriotische Lieder zur Erbauung der Moral gespielt. Wir arbeiteten und sangen im Takt der Folklore.

Nach der Arbeit sammelten wir uns wieder zum Abendessen in unserer Unterkunft. Dort wurden wir jedoch zu unser aller Erstaunen ins örtliche Propagandabüro gerufen. Da wir den ganzen Tag überaus fleißig waren, rechneten wir mit lobenden Worten von unseren Vorgesetzten – und waren dementsprechend erstaunt, als wir den Konferenzraum betraten und bereits alle Professoren versammelt vor uns saßen: mit ernsten Mienen, die Augen auf uns gerichtet.

«Wenn jemand von euch weiß, was ihr falsch gemacht habt, soll derjenige unverzüglich hervortreten», mahnte einer aus der Runde. Da wir alle keinen blassen Schimmer hatten, was hier vor sich ging, rührte sich auch niemand. Daraufhin erhob der Fachhochschulleiter seine Stimme und stellte dieselbe Frage, diesmal jedoch in deutlich schärferem Ton. Natürlich wusste noch immer keiner von uns, was wir uns hatten zuschulden kommen lassen. Schließlich ließ er die Katze aus dem Sack: «Wer von euch hat heute auf dem Feld die Lieder mitgesungen?»

Wir schauten uns ratlos an, wohl wissend, dass wir alle

gemeinsam mit angestimmt hatten. Niemand konnte ahnen, dass hier die Wurzel allen Übels lag. Die geheimnisvollen Melodien kamen nämlich aus Südkorea – wahrscheinlich vom Militär, das direkt hinter der Grenze Lautsprecher aufgestellt hatte, um Gegenpropaganda in den Norden zu senden. Unser Unwissen schützte uns freilich nicht vor der üblichen Strafe: In endlosen Berichten mussten wir unser Verhalten kritisieren und Besserung geloben. Von der Sozialistischen Jugend und der Abteilung für Staatssicherheit in unserer Stadt wurden wir auf die Kritikbühne geladen. In meiner Akte wurde schriftlich vermerkt, dass ich südkoreanische Lieder gesungen hatte. In Nordkorea ist das alles andere als eine Jugendsünde und kann weitreichende Konsequenzen für die berufliche Zukunft haben.

Natürlich gibt es auch heitere Anekdoten aus meiner Studentenzeit – etwa über Kim Swu Ho, der uns im Fach Revolutionsgeschichte unterrichtete. Er ist mir besonders lebhaft in Erinnerung geblieben, was vor allem mit seiner äußeren Erscheinung zu tun hat, die sich deutlich von allen anderen Kollegen abhob. Sein Gesicht war länglich gedehnt, der Kiefer stand hervor, und die Augen waren kleine Schlitze. Als Heranwachsende konnte ich mich ohnehin über alles Mögliche amüsieren, aber wann immer ich Herrn Kim sah, musste ich mir vor Lachen regelrecht den Bauch halten. Irgendwann nannten wir ihn alle nur noch «den Dachs», in Anlehnung an sein Äußeres. Es hätte mir von vornherein klar sein sollen, dass unsere geheimen Witzeleien nicht unbemerkt bleiben würden. In Korea sagt man: «Wer einen langen Schwanz nach sich zieht, wird auch irgendwann erwischt.» Und prompt zitierte mich Herr Kim eines Tages nach Unterrichtsschluss in sein Büro.

Vorsichtig öffnete ich die Tür, doch noch ehe ich mich's

versah, kam mir etwas entgegengeflogen, wahrscheinlich ein Papierkügelchen. Ohne Zweifel sollte mir diese «Attacke» als Vorwarnung dienen. Als ich aufsah, fiel mein Blick als Erstes wieder auf das längliche Gesicht von Herrn Kim, und auch wenn ich mir hoch und heilig geschworen hatte, mich endlich zu beherrschen, musste ich wieder furchtbar lachen. Ich fand mich selber töricht dabei, nur konnte ich einfach nicht anders.

«Wer von euch hat mir diesen komischen Spitznamen gegeben?», fragte der Lehrer ohne erkennbare Regung. Anscheinend war er bestens über unsere Streiche informiert. Doch anders als erwartet klang seine Stimme gar nicht bösartig, eher neugierig. «Den haben wir uns ausgedacht, weil Sie im Unterricht immer so streng sind!», entgegnete ich ihm. Als die Worte bereits verhallt waren, merkte ich erst, dass ich damit natürlich auch meine Mitschuld zugab. Verlegen wartete ich auf meine verdiente Strafe, doch Herr Kim ließ mich zappeln. «Bin ich wirklich so hässlich?», fragte er, ohne dass seine Worte Ironie erkennen ließen. «Für mein Aussehen bist du zwar nicht verantwortlich, aber weil du einen schlechten Einfluss auf deine Mitschüler ausübst, muss ich dir dennoch eine kleine Strafe geben», sagte er schließlich. Diese fiel jedoch vergleichsweise mild aus: die übliche Buße auf der Kritikbühne, vor allen Studenten und Lehrern. Natürlich habe ich versprochen, dass ich so was nicht wieder tun werde – und habe mich auch bis jetzt daran gehalten. Ich war froh, denn für das Verspotten von Lehrern hätte ich auch ohne weiteres der Schule verwiesen werden können.

Nach der Fachhochschule erhielt ich ein Zertifikat als Textilingenieurin und wurde in eine Textilfabrik im Bezirk Panmun eingeteilt, wo ich als einfache Weberin gearbeitet habe. In der Fabrik konnte ich mich mit vielen Kolleginnen anfreunden und fühlte mich das erste Mal seit langer Zeit wirklich glücklich. Frei von der Aufsicht meiner Familie, konnte ich auch die ständigen Schuldgefühle für ein paar Stunden am Tag vergessen. Ich war zu stark beschäftigt, um ständig über meine Vergangenheit zu grübeln. Außerdem fühlte es sich gut an, endlich etwas Sinnvolles für die Gemeinschaft tun zu können. Die Arbeit gab mir Hoffnung, dass sich endlich alles zum Besseren wenden würde.

Mit den Kolleginnen stahlen wir manchmal in der Mittagspause Gurken von den umliegenden Feldern. Einmal verzehrten wir so viele davon, dass ich danach fürchterliche Magenschmerzen bekam. Auch Auberginen und Kopfsalat ließ ich damals heimlich mitgehen – als meine Eltern Wind davon bekamen, haben sie mich wüst beschimpft. Ihre Erziehung beruhte auf dem Prinzip der Redlichkeit, auch kleinere Vergehen waren in ihren Augen eine unverzeihliche Sünde. Moralisch zu handeln gilt in Nordkorea als höchstes Gut.

Die flüchtigen Glücksmomente bei der Arbeit konnten mich letztlich nicht über die bittere Erkenntnis hinwegtrösten, die mit zunehmendem Alter immer deutlicher hervortrat: Während ich als kleines Mädchen die Schmerzen des Lebens einigermaßen ertragen konnte, empfand ich mein Leid als heranwachsende Frau nur mehr erdrückend. Meine Situation schien unabänderlich, ich hegte keinerlei Hoffnung, die auf mich geladene Schuld jemals abbüßen zu können. Doch natürlich konnte ich damals nicht ahnen, in welch tiefe Abgründe mich mein Schicksal noch stürzen sollte.

EINE LIEBESGESCHICHTE

Mit 22 Jahren erlebte ich endlich meine erste Romanze, und die kam gleich im Doppelpack: Einer meiner Verehrer hieß Yun Yeong Nam, war ein Jahr älter als ich und der erste Sohn eines Fischfabrikanten. Sein rundliches Gesicht strahlte Vertrauen und Verantwortungsbewusstsein aus. Er besaß ein ruhiges Gemüt und hatte eine soziale Ader. Mit 1,70 Meter war Yeong Nam eher klein geraten, doch seine muskulöse Statur täuschte über diese Tatsache hinweg. Als ich ihn kennenlernte, diente er bereits als Doktor beim Militär. Wie jeder männliche Nordkoreaner musste er einen zehnjährigen Wehrdienst ableisten – als einer von über einer Million Armeekräften im Land. Da er immer wieder in der Fabrik meines Vaters zu tun hatte und er diesen auch ab und an zu Hause besuchte, lernten wir uns auf diesem Wege ein wenig kennen.

Im Grunde waren es nur flüchtige Begegnungen, bei denen wir kaum mehr als banale Floskeln und freundliche Blicke austauschten, dennoch kümmerte sich Yeong Nam ausgesprochen liebevoll um mich: Wenn ich krank wurde, brachte er mir von seiner Truppe heimlich Medikamente mit, und wann immer er beim Militär neue Kleidung bekam, hat er auch etwas für mich zur Seite gelegt, obwohl das natürlich streng verboten war. Damals war dies einer der versteckten Wege unter jungen Leuten, seine Gefühle mitzuteilen: Junge Soldaten schenkten heimlich ihre ausrangierte Militäruniform ihrer Geliebten. Wir Frauen gingen damit zum Schneider und ließen die Kleidung an unsere Körpermaße anpassen. Monatelang lief ich stolz mit Yeong Nams Uniform durch die Straßen unseres Ortes. Mein Vater hatte mich sogar schon als künftige Braut an Yeong Nam versprochen – im Übrigen ohne mir das mitzuteilen. Nur eine Bedingung musste Yeong Nam erfüllen: Erst wenn er die Parteimitgliedschaft erhielt, dürfte er mir einen Heiratsantrag machen. Für eine abgesicherte Zukunft ist die Parteimitgliedschaft in Nordkorea essenziell, schließlich ist sie für unprivilegierte Familien die einzige Leiter zum sozialen Aufstieg. Am zuverlässigsten qualifiziert man sich dafür, indem man sich während des Wehrdienstes als loyaler Soldat erweist. Yeong Nam war bereits als Parteianwärter nominiert worden und war sich seiner Sache dementsprechend sicher – auch was mich betraf.

Das änderte sich ein wenig, als er von einem Mitstreiter erfuhr: Kim Won Sung wollte ebenfalls um meine Hand anhalten, was mir jedoch auch verborgen blieb. Wie Yeong Nam diente Won Sung beim Militär – als Fahrer der achten Batterie innerhalb der sechsten Kompanie – und war daher ebenfalls oft bei uns zu Besuch. Die Truppen von Won Sung und Yeong Nam befanden sich ausgerechnet am selben Berg, wenn auch an gegenüberliegenden Hängen. Da hörten die Gemeinsamkeiten der beiden aber auch schon auf. Vom Charakter hätten sie unterschiedlicher nicht sein können. Won Sung war ein übermütiger Mensch, jemand, der sich über nichts im Leben Sorgen zu machen schien. Er war groß gewachsen und hatte ein längliches, fast weibliches Gesicht.

Um mich, die ich gar nichts Besonderes bin, kämpften also zwei Männer – und im Grunde wollten die beiden das Fell des Bären verteilen, noch bevor sie ihn überhaupt erlegt hatten. Während Kim und Yun meine Gunst bereits als ausgemachte Sache betrachteten, ahnten sie nicht, dass mir eigentlich keiner von den beiden wirklich gefiel. Zumindest nicht so sehr, dass ich für sie meine geliebte Heimat verlassen wollte. Nach der Hochzeit hätte ich der Tradition gemäß bei meiner

Schwiegerfamilie leben müssen. Das wäre vor allem bei Won Sung ein großes Problem für mich, denn sein Heimatort lag im äußersten Norden, am anderen Ende des Landes. Nach Heiraten stand mir außerdem noch gar nicht der Sinn. Ich war gerade Anfang zwanzig, wollte mich endlich in dieser Gesellschaft beweisen – und nicht gleich von den Zwängen der einen Familie in die nächste geraten.

Wann immer sich die beiden Männer über den Weg liefen, gab es Streit, wie mir zu Ohren kam – zuerst eher beiläufig, dann immer offener. Sie beschimpften sich, manchmal flogen auch die Fäuste. Bis ihr Zwist schließlich eskalierte.

Eines Abends kam ein Soldat aus dem Bataillon von Yun Yeong Nam, um eine Nachricht für meinen Vater zu überbringen. Wir wunderten uns natürlich, warum Yeong Nam nicht wie sonst auch persönlich erschien. «Kamerad Yun braucht Bettruhe. Er hat sich eine Verwundung zugezogen», erzählte uns der junge Soldat, ohne jedoch mit den genauen Umständen herauszurücken. Erst später hörte ich, dass der Streit zwischen Yeong Nam und Won Sung am Vorabend aus dem Ruder gelaufen war. Plötzlich hatte Won Sung sein Messer gezückt und zugestochen – dabei hatte er Yeong Nams rechten Oberarm getroffen. Ihren Vorgesetzten gegenüber hatten sie die Angelegenheit als Unfall deklariert, schließlich ging es hier nicht nur um ihre männliche Ehre. Kämen die wahren Hintergründe von Yeong Nams Verletzung heraus, würden ihnen Disziplinarmaßnahmen und Schlimmeres drohen.

Solche Fehden um das Herz einer Geliebten sind in Nordkorea keine Seltenheit. Da die Männer alle über eine Dekade lang beim Militär leben, ist ihr Umgang oft von den rauen und archaischen Sitten dort geprägt. Sie denken ganz traditionell, dass sie in Liebesbeziehungen das alleinige Sagen hätten.

Frauen bleibt da oft nur die Statistenrolle – so fühlte ich mich jedenfalls. Mir erschien das Drama umso unnötiger, da ich ja selber gar nicht nach meinen Gefühlen gefragt wurde. Auch bin ich sowohl Won Sung als auch Yeong Nam nur flüchtig zwischen Tür und Angel begegnet. Mehr als unschuldige Blicke tauschten wir nicht aus, niemals waren wir zu zweit – zumindest noch nicht.

DIE ZWANGSARBEIT

Nach dem Tod meiner kleinen Schwester litt meine Mutter zunehmend an Depressionen. Ihre Niedergeschlagenheit wurde von Tag zu Tag schlimmer. Manchmal lag sie wochenlang wie gelähmt in der Wohnung. Da kam das Angebot von Kim Won Sung gerade recht: Weil er sich während seines Militärdienstes nicht von seiner Truppe wegbewegen durfte, bat er meine Eltern, ein paar Dinge von seinem Zuhause im Norden des Landes abzuholen. Im Gegenzug dürften sie dort ein paar Tage Urlaub verbringen – und, wie ich damals noch nicht wusste, würden so auch ihre potenzielle Schwiegerfamilie kennenlernen. Mein Vater zeigte sich von der Idee sofort begeistert. Ihr gemeinsamer Ausflug nach Hoeryong im Nordosten des Landes war für meine Eltern die erste Gelegenheit seit ihren Flitterwochen, zu zweit zu verreisen, ohne Verwandtschaft besuchen zu müssen. Ihr Reiseziel Hoeryong lag nur wenige Kilometer vom Fluss Tuman entfernt, der die koreanische Halbinsel von China trennt.

Mein Vater hoffte, der Umgebungswechsel würde meine Mutter ablenken und auf andere Gedanken bringen, denn zu

Hause dachte sie tagein, tagaus nur an die verstorbene Yeong Suk. Er fragte bei den Behörden um eine Reiseerlaubnis an und bekam sie glücklicherweise auch sofort. Das war alles andere als selbstverständlich. In Nordkorea gibt es schließlich keine Bewegungsfreiheit. Jeder noch so kurze Besuch im Nachbarort wird genauestens dokumentiert. An jenem Nachmittag habe ich meine Eltern mit Kim Won Sung morgens zum Bahnhof in Kaesong begleitet. Der Abschied fiel mir nicht schwer. Ich freute mich für meine Eltern, dass sie nach all den Jahren endlich einmal reisen durften.

Als Won Sung und ich wieder vom Bahnhof bei mir zu Hause angekommen waren, bat ich ihn, schnell zur Truppe zurückzukehren. Ich wusste um die strengen Regeln beim Militär. Doch stattdessen wollte er lieber ein bisschen Alkohol trinken, um sich gegen den eiskalten Wind zu wappnen – und die rare Chance nutzen, ohne elterliche Aufsicht ein wenig Zeit mit mir zu verbringen. Bei uns zu Hause gab es immer ein paar Flaschen Soju, den traditionellen koreanischen Reisschnaps, den meine Mutter brannte, um auf dem Markt etwas dazuzuverdienen, damit wir die knappen Essensrationen vom Staat ein wenig aufstocken konnten. Nachdem Won Sung in der Küche eine ganze Flasche leergetrunken hatte, begleitete ich ihn zur Tür und verabschiedete mich von ihm. Mittlerweile war es bereits dunkel geworden, und nachdem ich Won Sung hinter unserem Garten abbiegen sah, legte ich mich neben meinen kleinen Geschwistern zum Schlafen hin.

Am frühen Morgen weckte mich ein lautes Klopfen. Ich schreckte auf und huschte sofort zur Tür. Vor unserem Haus erkannte ich die Vorgesetzten von Won Sung. Nachdem ich die Tür geöffnet hatte, erklärten sie mir, dass Kim Won Sung nicht zur Truppe erschienen war, und wollten von mir wissen, wo er sich aufhielt. Noch mit zerzausten Haaren, Schlaf in den Augen und im Pyjama gekleidet, erzählte ich ihnen, dass er zwar gestern bei mir zu Hause gewesen, aber, nachdem wir meine Eltern am Bahnhof abgesetzt hatten, gegangen war. Sie schauten misstrauisch und betraten einfach die Wohnung – ohne ihre Schuhe auszuziehen, wie es die koreanische Höflichkeit gebietet.

Ich hatte nichts zu verheimlichen, deshalb beschwerte ich mich nicht. Doch dann folgte der Schock: Im Nebenzimmer lag Won Sung unter der Decke und schlief tief und fest wie ein Stein. Für die Soldaten schien die Szene eindeutig: Ich hatte mit ihm unter einer Decke genächtigt. Dabei hatte ich zu dem Zeitpunkt, auch wenn ich bereits 22 war, noch nicht einmal mit einem Mann Händchen gehalten. Ich fühlte mich zu Unrecht verdächtigt und war stumm vor Scham. Won Sung musste nach unserem Abschied wieder über die Lehmmauer in unseren Garten gesprungen und heimlich in die Wohnung eingestiegen sein. Die Tür war ja nicht abgeschlossen, wie es bei uns in der Gegend üblich war. Für die Soldaten jedoch sah die Situation freilich ganz anders aus. Sie beschimpften mich und nahmen Won Sung mit zur Truppe zurück. Mir war klar, dass die Angelegenheit damit noch nicht vorbei sein würde.

Keine zwei Stunden vergingen, da wurde ich bereits von Vertretern der nordkoreanischen Jugendorganisation abgeholt. Man sagte mir, dass ich als «schlechtes Mädchen» vermerkt worden war. Auch verfluchte man mich als «revisionistische Delinquentin» und behandelte mich wie einen Hund. Indem ich einen Soldaten verführt habe, hätte ich gegen die guten Sitten verstoßen. Außerehelicher Geschlechtsverkehr stand in Nordkorea unter Strafe, Liebesbeziehungen galten als bourgeois und dekadent.

Als ich in der Sicherheitsbehörde von Panmun verhört wurde, habe ich das erste Mal in meinem Leben einer Respektsperson widersprochen. Was hätte ich auch machen sollen? Ich wurde schließlich zu Unrecht verdächtigt. Ich beharrte auf meiner Unschuld, schrie und stritt mit den Beamten, aber auch hier wollte man mir nicht einmal zuhören. Mein Widerstand verstärkte den Zorn der Beamten nur noch. Schließlich versuchten sie mich zu zwingen, ihre Kritikdokumente, die sie bereits verfasst hatten, zu unterschreiben. Dies wäre einem Geständnis gleichgekommen.

Ich jedoch schrieb nur nieder, was wirklich geschehen war. Den Beamten stieß das übel auf, denn sie glaubten sich ja im Recht. Immer und immer wieder musste ich meinen Bericht neu aufsetzen. Mit dieser Taktik versuchten sie, mich über die Dauer des Verhörs zu zermürben. «Wenn du uns weiter anlügst, dann kommst du ins Gefängnis», drohten sie mir und legten wieder ihren fertigen Bericht vor, den ich nur noch zu unterschreiben bräuchte. Als ich mich weigerte, wurde ich über Nacht in eine Zelle gesperrt. Erst am nächsten Abend durfte ich gegen zehn Uhr nach Hause gehen, um meinen kleinen Geschwistern etwas zu Essen zu machen. Am nächsten Morgen musste ich in der Früh wieder dort sein – und das Prozedere fing von vorn an.

Nach zehn langen Tagen gab ich bei einem der Verhöre schließlich nach. Körperliche Gewalt wandten sie zwar keine an, auch zwangen sie mich nicht direkt zum Geständnis. Hätte ich jedoch weiter auf der Wahrheit beharrt, wäre ich wohl niemals aus den Verhören entlassen worden. «Wenn Sie mir unterstellen, ein schlechtes Mädchen zu sein, dann werde ich das Schicksal annehmen und mit Kim Won Sung zusammenleben. Wenn ich wegen dieser Angelegenheit Nachteile bekomme, dann tragen allein Sie die Schuld daran!», warf ich ihnen an den Kopf. Um nach außen die Schande für mich und meine Familie abzumildern, schwor ich vor den Sicherheitsbeamten meine Liebe zu Won Sung, obwohl ich ihn eigentlich nicht besonders mochte. «Ja, ich werde ihn eines Tages heiraten», versprach ich den Beamten, um sie zu beruhigen. Wie schicksalhaft meine Worte waren, ahnte ich damals noch nicht.

Am nächsten Nachmittag kehrten meine ahnungslosen Eltern von ihrer Reise zurück. Ich schämte mich umso mehr, als ich bereits wusste, was nun folgen würde: Wenn sie weiterhin zu ihrer Tochter stünden, würden auch sie eine Strafe bekommen. In Nordkorea war es üblich, dass nicht nur der Angeklagte für seine Vergehen verurteilt wurde, sondern auch dessen nahe Verwandte. Und in der konfuzianischen Tradition sind in erster Linie immer auch die Eltern für das Fehlverhalten ihrer Kinder verantwortlich.

Am härtesten traf es meine Mutter: Sie hätte, so stand es in der Anklage, ihre Tochter schlecht erzogen und sei in ihren elterlichen Pflichten gescheitert. Obwohl sie bereits körperlich geschwächt war, wurde sie gemeinsam mit mir zu Zwangsarbeit verurteilt. So mussten wir beim Aufbau einer neuen Sporthalle in unserem Bezirk mithelfen. Sechs Monate lang schufteten wir täglich bis zu 15 Stunden. Doch geklagt hat meine Mutter nie, auch hat sie niemandem gesagt, wie schwer ihr die Arbeit tatsächlich fiel. Im Gegenteil: Sie sprach mir gut zu, dass ich mir für meine Aufrichtigkeit kein schlechtes Gewissen einreden lassen solle. Sie glaubte mir. Mit ihren aufbauenden Worten hat sie mich sehr getröstet. Doch meine Wut gegen die Leute, die meine Mutter und meine Familie so sehr leiden ließen, wuchs stetig an. Die Arbeit auf der Baustelle war die eine Sache, denn die endete schließlich nach einem halben Jahr. Der Ruf unserer Familie blieb jedoch auch darüber hinaus nachhaltig lädiert.

Auch Kim Won Sung wurde freilich bestraft: Er durfte bis

auf weiteres das Militärgelände nicht mehr verlassen und musste regelmäßig auf der Kritikbühne erscheinen. Nach einem Jahr wurde er schließlich unehrenhaft vom Militärdienst entlassen. Yun Yeong Nam bin ich danach noch ein paar Mal zufällig über den Weg gelaufen, doch das Thema Heirat war infolge meines Skandals für ihn vom Tisch. Auch wenn er wusste, dass ich nichts mit Won Sung gehabt hatte, schien es für ihn undenkbar, mir weiterhin Avancen zu machen, schließlich würde er damit den Ruf seiner Familie gefährden. Ich habe mich monatelang so sehr geschämt, dass ich auf der Straße mit gesenktem Blick lief.

In jenen Wochen dachte ich erstmals an Selbstmord, denn all meine Träume in dieser Gesellschaft schienen von nun an für mich verschlossen. Mir war klar, dass ich nach der Affäre mit Kim Won Sung niemals in die Partei würde eintreten dürfen, obwohl ich bereits am Ende meiner Probezeit stand. Hätte ich mir nur ein weiteres Jahr nichts zuschulden kommen lassen, dann hätte man mir die Mitgliedschaft zugesichert. Ohne Parteimitgliedschaft blieb mir jedoch der einzige Weg verwehrt, jemals sozial aufzusteigen. Ich glaubte an das System, an unseren Führer, an unsere Partei. Mit eisernem Willen wollte ich meine Loyalität zu meiner Heimat unter Beweis stellen, doch nun fühlte ich mich abgewiesen und all meiner Hoffnung beraubt – wie ein Kind, das von seinem innig geliebten Vater verstoßen wurde.

Etwa 30 bis 40 Prozent der Bevölkerung durften damals in die Partei eintreten, vor allem Männer genossen dieses Privileg. In meinem ganzen Bekanntenkreis gab es nur einen, der es bis dahin geschafft hatte: mein älterer Bruder Chul Nam. Er war schon als kleines Kind sehr stur, und wenn er sich etwas vorgenommen hatte, dann setzte er auch alle Hebel dafür in Bewegung. Ich war gerade einmal zwölf Jahre alt, als er seinen Militärdienst antrat. Ich erinnere mich noch gut an die Tränen, die meine Mutter vergoss, nachdem Chul Nam am Bahnhof seine Soldatenuniform übergezogen hatte. Bei der Armee stieg er schon bald als Scharfschütze in eine Spezialeinheit auf und erhielt auf diesem Wege auch die Parteimitgliedschaft. Meine Eltern platzten vor Stolz, denn nun würde er einmal die Chance haben, eine größere Wohnung zugeteilt zu bekommen, würde bei der Essensverteilung bevorzugt werden oder vielleicht einmal in Pjöngjang leben dürfen. Ganz egal wie hart ich auch arbeiten würde, mir würden diese Privilegien für immer verwehrt bleiben.

Zum ersten Mal in meinem Leben verspürte ich schieren Hass auf die Leute, die all die Grundfesten meiner Ideale zerstört hatten, nach denen ich erzogen worden war. Meine Wut richtete sich jedoch niemals gegen das System, in dem ich lebte. Das wäre mir damals nicht in den Sinn gekommen. Wie auch? Ich hatte ja keinen blassen Schimmer, wie es anderswo zuging.

Und nach Südkorea zu gehen, das erschien mir damals unvorstellbarer als eine Reise zum Mond. Was ich über unser Nachbarland lernte, klang mehr als schaurig: Die Straßen dort seien voll mit Bettlern, die keine Kleidung und nichts zum Essen hätten. Leichen würden offen herumliegen. Es herrsche ein korrupter Kapitalismus, in dem keiner vernünftig leben könne. All das hörten wir bereits als Kinder in der Schule, später bekamen wir es in der Uni und danach auf der Arbeit eingebläut. Im Fernsehen liefen Spielfilme, in denen reiche Großgrundbesitzer aus Südkorea mit geladenen Pistolen durch die Straßen liefen und wahllos Menschen kidnappten und als Sklaven hielten. Ihre Augen funkelten, als wären sie vom Wahnsinn besessen. Die Armen hingegen kauerten vor ihren Büchsen, um für Nahrung und ein paar Münzen zu betteln. Die Einzigen mit Arbeit ließen sich an Baustellen ausbeuten. Am Ende der Handlung starben sie meist alle: entweder totgeprügelt beim Betteln oder überrollt von einem rücksichtslosen Autofahrer. In Nordkorea sieht und hört man nur solche Erzählungen über Südkorea – sonst nichts. Wie alle anderen glaubte auch ich einfach alles, was der Staat uns zeigte. Daher habe ich gedacht, dass Südkorea ein menschenunwürdiger Ort wäre. Zudem kannte ich niemanden persönlich, der meine Sicht hätte widerlegen können. Wer würde schon freiwillig in ein solches Land flüchten, über das er tagtäglich all diese Schreckensmeldungen hörte?

AUF DEM MEER

Damals wollte ich nur möglichst weit weg von zu Hause und meinen sorgenvollen Alltag vergessen. Da sich Nordkorea über weite Strecken wie ein riesiges Gefängnis anfühlt, gibt es eigentlich nur einen Ort, an dem man wirkliche Freiheit spüren kann: das Meer.

Ohne die Erlaubnis meiner Eltern habe ich mich eines Tages heimlich beim Leiter der Panmun-Fischereigenossenschaft vorgestellt und ihn darum gebeten, in seinem Zuchtbetrieb arbeiten zu dürfen. Wenn ich ein Jahr lang an die Küste verschwinden würde, so hoffte ich damals, dann könnte ich auch dem Druck von Kim Won Sung entfliehen, ihn eines Tages heiraten zu müssen. In der Zwischenzeit würde er sich mit Sicherheit eine andere Auserwählte suchen.

Da der Chef der Fischereigenossenschaft ein langjähriger Bekannter meines Vaters war, durfte ich tatsächlich dort anheuern. Natürlich war der Mann im ersten Augenblick sehr überrascht, aber als ich ihm die Hintergründe meiner schmerzhaften letzten Monate erzählte, konnte er meinen verwirrten Gemütszustand verstehen und willigte schließlich ein. Zudem versprach er mir hoch und heilig, meinem Vater nichts von meinen Plänen zu verraten. In wenigen Tagen würde sich bereits die Mannschaft für die Aquakultur sammeln, also sollte auch ich schon mal meine Sachen packen. Zum ersten Mal in meinem Leben sollte ich also auf mich alleine gestellt sein – ohne dass meine Eltern oder Lehrer über mich wachten. Gleichzeitig stand ich natürlich auch unter immensem Druck, den Vertrauensvorschuss von meinem künftigen Chef einzulösen.

Unter der 46-köpfigen Crew gab es außer mir gerade einmal zwei Frauen: Eine war fürs Kochen zuständig, die andere kümmerte sich um die Buchhaltung. Der Chef wies mich an, ebenfalls in der Küche als Assistentin auszuhelfen. Ich war jedoch immer noch emotional so sehr aufgewühlt, dass ich unbedingt auf dem Meer arbeiten wollte. Schließlich hatte ich nicht all die Strapazen auf mich genommen, um am Ende dreckige Teller in einer kleinen Küchenzeile zu spülen. Ich blieb so lange stur, bis mein Chef am Ende kaum eine andere Wahl hatte, als meinen Wunsch stillschweigend zu akzeptieren. Wahrscheinlich war er auch ein wenig beeindruckt von meiner forschen Art. Wir reisten 50 Kilometer westlich, bis wir die Küste erreichten. Am Vormittag stand ich bereits vor meinem künftigen Arbeitsplatz: einem kleinen Ruderboot aus Holz. Es war das erste Mal in meinem Leben, dass ich ein Schiff mit eigenen Augen sah. Innerlich kam ich aus dem Staunen kaum mehr raus, doch nach außen hin versuchte ich möglichst abgebrüht zu wirken.

Anfangs musste ich erst einmal lernen, wie man ordentlich rudert, doch machte ich schon bald große Fortschritte, denn mein Arbeitseifer schien ungebremst. Meine Hände waren mit Dutzenden Blasen gepflastert, die immer wieder aufplatzten. Trotzdem habe ich niemals lockergelassen und wurde für meinen eisernen Willen auch fürstlich entlohnt: Jeden Morgen breitete sich vor meinen Augen die endlose Weite des Gelben Meeres aus, und das erfrischte auch mein Innenleben merklich. Den Horizont erweiterte es allemal: Von unserem Zuchtplatz aus konnten wir in der Ferne die südkoreanische Insel Baekryeong-do erkennen. Regelmäßig knatterten Helikopter aus dem Süden über unseren Köpfen vorbei, manchmal so nah, dass wir die Pilotengesichter im Cockpit erspähen konnten. Am Horizont übten die Schiffe der Marine – an beiden Seiten der Grenze – ihre Manöver. Sie erinnerten uns daran, dass unser Feind vor der Haustür lauerte.

Gezüchtet haben wir alles Mögliche, etwa Meersalat, Algen, Muscheln und Seetang. Jeden Morgen fuhren wir zu unserem Netzgehege, säten den Frühling über Samen und fuhren im Herbst die Ernte ein. Es war ein hartes, aber genügsames Leben. Stets habe ich mit doppeltem Eifer gearbeitet, egal ob es geschneit, geregnet oder gestürmt hat. So war es nur logisch, dass ich nach etwas mehr als einem halben Jahr bereits zum Kapitän befördert wurde und mein eigenes Boot zugeteilt bekam, die Nummer 3931, auf dem ich künftig für eine Mannschaft von sechs Seeleuten verantwortlich zeichnete. Für eine Frau war eine solch verantwortliche Position mehr als ungewöhnlich. Stolz ist gar kein Ausdruck für das, was ich damals fühlte!

Fehler durfte ich mir in meiner neuen Position keine erlauben, denn auf offener See kann sich selbst die kleinste Unachtsamkeit rächen. In Nordkorea sagt man deshalb auch, dass Fischer und Bergmänner ein Tigerfell am Rücken tragen. Damals stand ich jedoch in der Blüte meiner Jugend und spürte nur wenig Furcht. Ich arbeitete so hart, dass ich im Grunde gar nicht merkte, wie ich nach und nach in meine Rolle hineinwuchs. Auch meine Crew ließ sich von meiner Euphorie anstecken, zumal sich unsere Mühe schon bald auszahlte: Beim Algensammeln lieferte unser Schiff stets die besten Erträge ab, und das brachte der gesamten Mannschaft viel Lob von unserer Behörde ein. Landesweit wurden wir zur fleißigsten Crew gekürt. Doch unser Erfolg kam nicht von alleine: Mehrmals schrammten wir haarscharf an lebensbedrohlichen Situationen vorbei – einmal so dramatisch, dass es mir im Rückblick wie ein Wunder vorkommt, heil davongekommen zu sein.

Jener Apriltag im Frühjahr 1989 fing ganz gewöhnlich an: Wie immer bereitete ich morgens im Speicher den Proviant für die Fahrt zu. Später holten wir gemeinsam mit den Matrosen ein paar Vorgesetzte von der Partei ab, die mit uns gemeinsam aufs Meer fahren wollten, um die Arbeit unserer Crew zu begutachten. Als wir gegen Vormittag in See stachen, stürmte es bereits ordentlich, und die Wellen erreichten eine Höhe von anderthalb Metern. Eigentlich hätten wir mit einem Schiff unserer Größe gar nicht losfahren dürfen, doch da der hohe Wellengang unsere Zucht wegzuschwemmen drohte, mussten wir dringend unsere Ernte sichern und die Fischfangstellen überprüfen.

Diese erreichten wir zunächst ohne größere Schwierigkeiten, doch als wir mit unserer Arbeit anfingen, bemerkte ich, wie die Wellen immer stärker gegen den Bug peitschten. Als ich aufschaute und auf die anderen Fischfangstellen um uns herum blickte, war weit und breit kein Schiff mehr zu sehen. Alle waren sie bereits in den sicheren Hafen zurückgekehrt.

Auch vom Grenzschiff, das ununterbrochen am Übergang zum südkoreanischen Gebiet patrouillierte, fehlte weit und breit jede Spur. Die Küste erstreckte sich schemenhaft vor uns, fast drei Kilometer entfernt. War es für uns möglicherweise zum Umkehren bereits zu spät?

In jenem Moment knallte eine besonders kräftige Welle gegen unsere Backbordseite, die das Schiff derart erschütterte, dass meine Seemänner an Bord wortwörtlich durch die Luft gewirbelt wurden. Den jüngeren Matrosen stand die Panik förmlich ins Gesicht geschrieben. Der Sturm trieb uns immer weiter ins offene Meer. Niemand von uns wusste, wie wir reagieren sollten. Sollten wir versuchen umzukehren, oder sollten wir auf offener See ausharren oder uns gar auf die nahegelegene südkoreanische Insel retten? Auch für mich als Kapitän war es eine gänzlich neue Erfahrung, in solch einer ernsten Situation das Steuer in der Hand zu halten. Schließlich fokussierte ich all meine Energie auf einen einzigen Gedanken: Wir mussten schnellstmöglich den Hafen erreichen, koste es, was es wolle. Wir ruderten gegen die Wellen an, als ginge es um unser Leben. Und das tat es auch: Sollten wir in südkoreanisches Gewässer abdriften, würden wir sicher sofort verhaftet und – davon waren wir damals überzeugt – als Kriegsgefangene hingerichtet werden.

Zum Glück hatte ich meinen Assistenzkapitän Cha Dong Wook mit an Bord. Er war zwar gut zwei Jahre junger als ich und stand damit in der konfuzianischen Hierarchie deutlich unter mir, aber dennoch waren wir mittlerweile ein eingespieltes Team. Beide hatten wir einen sehr starken Willen und waren fest davon überzeugt, mit unserer Sturheit alles schaffen zu können.

Ich wies Dong Wook an, das Ruder zu übernehmen, während ich mit den restlichen Seemännern das Meerwasser mit Holzkübeln aus dem Schiff schöpfte. Als größter Feind entpuppte sich jedoch nicht der Wellengang, sondern unsere Panik: Vor allem die Vorgesetzten litten höllische Angst und mussten sich vor lauter Übelkeit übergeben. Sie konnten nicht mehr gerade stehen und kauerten auf allen vieren an Deck. Es dauerte nicht lange, da fiel bereits der erste Seemann erschöpft zu Boden. Wenig später traf es auch einen unserer Vorgesetzten. Selbst Dong Wook befand sich am Rande seiner Kräfte.

Während die Wellen um uns herum ohne Erbarmen wüteten, schrie einer der Vorgesetzten mit todernster Miene: «Wir dürfen auf keinen Fall in feindliches Gewässer gelangen. Eher werden wir sterben!» Sollte unser Schiff nämlich in die Fänge der südkoreanischen Marine geraten, müsste der komplette Fischereibetrieb aufgelöst werden. Zu groß wäre das Risiko, dass unser südlicher Nachbar brisante Informationen durch uns bekommen würde. Der einzige Weg, dem zu entkommen, wäre der Freitod. Für uns alle stand fest: Bevor wir uns von der südkoreanischen Marine gefangen nehmen ließen, würden wir eher ins eiskalte Wasser springen.

So wie Kapitän Park Yeong Deok, von dessen Heldentat wir in der Schule lernten. Wegen seines selbstlosen Einsatzes wurde er von uns als Volksheld gefeiert. Anfang der siebziger Jahre geriet er mit seinem Schiff zwischen die Fronten. Die südkoreanische Marine umzingelte die Eindringlinge und stand nur wenige Minuten davor, sie gefangen zu nehmen, da sie in feindlichem Jagdgewässer gefischt hatten. Die Situation schien ausweglos. Kapitän Park wollte jedoch auf jeden Fall vermeiden, dass das Porträt des geliebten Führers Kim Il Sung, das in jedem nordkoreanischen Schiff hängt, in Feindeshand gerät. Also nahm er das Bild herunter, griff sich den Anker, knotete das Seil fest um seinen Körper und schmiss sich mit Kim Il Sungs Abbild in die Wellen. Sein Märtyrertod wurde in unseren Schulbüchern in heroischer Sprache gefeiert. Im Fach Kommunismus-Moral erinnerten wir uns an jenen Kapitän Park Yeong Deok, der uns als Vorbild gezeigt hatte, wie man seine Treue dem Führer gegenüber unter Beweis stellen konnte. Auch wir waren dazu bereit.

Doch natürlich hoffte ich, dass wir nicht zu dieser letzten Maßnahme greifen müssten. Mit meinen gerade mal 22 Jahren wusste ich jedoch auch nicht, wie wir diese schwierige Situation meistern konnten, aber mit der Hilfe meines Assistenzkapitäns, so dachte ich, hätten wir vielleicht eine Chance. Wichtig war vor allem, die Nerven nicht zu verlieren.

Den anderen Matrosen befahl ich, weiter das Wasser aus dem Boot zu schöpfen. Dong Wook hatte ich eine Pause verordnet, denn mir war klar, dass wir seine Kraftreserven später noch bitter nötig haben würden. Alleine versuchte ich mich nun an den Paddeln, aber dies überforderte mich heillos. Sobald wir einen Meter vorwärtskamen, schmiss uns die nächste Welle wieder zwei Meter zurück. Im Hintergrund konnte ich schemenhaft erkennen, dass sich an Land bereits eine Traube von Menschen angesammelt hatte, die wie wild mit den Armen zu uns rüberwinkten. Noch immer war die Küste knapp zwei Kilometer entfernt.

Wenn ich jetzt zurückblicke, kann ich mir nicht erklären, wie ich solche Kräfte aufbringen konnte, da ich doch so jung und schmächtig war. Doch die Angst, dass meine gesamte Crew ertrinken könnte, ließ mich über mich hinauswachsen. Die wahre Heldentat hat jedoch mein Assistenzkapitän vollbracht.

«Ruder einfach weiter, egal was passiert», rief mir Dong Wook zu, bevor er sich eigenhändig ein Seil um die Hüften schwang und mit dem Anker ins Meer sprang. Dort schwamm er mehrere Meter nach vorne und ließ den Anker zu Boden, dann nutzte er die Zugkraft des Seils, um das Schiff nachzuziehen. Zum Schluss zog er den Anker wieder aus dem Meeresboden und wiederholte die ganze Prozedur. Mit Dong Wooks Einsatz und unserer Ruderkraft bewegten wir uns so tatsächlich Stück für Stück vom Fleck. Ich hatte mir zuvor niemanden vorstellen können, der in einer solchen Situation derart mutig war. Doch Dong Wook war so furchtlos, weil er keinen Gedanken an sein eigenes Leben verschwendete. Er wollte seinem Führer und seiner Partei unbedingt die Treue halten – bis zum Tod, wenn es erforderlich wäre. Auch ich dachte damals so.

Aber auch Dong Wooks Reserven waren irgendwann aufgebraucht. Ich sah, wie seine Kräfte zunehmend schwanden. In einer Kurzschlussreaktion drückte ich einem Seemann, der noch bei klarem Verstand schien, meine Paddel in die Hand und flehte ihn an, dass er nicht aufhören solle zu rudern. Dann sprang auch ich ins dunkle Meer, um Dong Wook zu helfen. Wir realisierten dabei gar nicht, wie kalt das Wasser tatsächlich war und wie leichtfertig wir mit unserem Leben umgingen. Uns trieb ein absolutes und blindes Pflichtgefühl an. Mit unmenschlicher Kraft konnten wir gegen die Wellen ankämpfen und kamen schließlich, nach drei Stunden, die sich wie mehrere Ewigkeiten anfühlten, zu Tode erschöpft am Strand an.

Erleichtert atmeten wir auf. Uns liefen allesamt Freudentränen die Wangen hinunter. Viele Leute sind zu uns ins Meer gesprungen und haben uns umarmt – manche mit einem Lächeln im Gesicht, andere mit Tränen. Sie zogen unsere erschöpften Körper an Land. Später stießen auch hochrangige Militärs und die Leiter der umliegenden Betriebe zu uns, um uns für unsere Heldentat zu loben. Gleichwohl endete unser

Arbeitstag wie gewöhnlich: Nach der Schicht putzten wir unser Schiff und traten den Heimweg an.

Innerlich fühlte ich mich stark wie ein Mann, doch mein Körper war nun mal der einer zierlichen Frau. Nur logisch, dass sich mein jugendlicher Überschwang irgendwann rächen musste. Als ich zu Hause in meinem kleinen Arbeiterwohnheim ankam, mich geduscht hatte und gerade die Zimmertür öffnen wollte, wurde mir schwarz vor Augen. Noch ehe ich realisierte, was vor sich ging, fiel ich ohnmächtig zu Boden. Als ich wieder zur Besinnung kam, lag ich erschöpft im Bett, neben mir wachten meine Matrosen und unser Vorsitzender, alle mit Tränen im Gesicht. Sobald ich meine schweren Lider für einen kurzen Augenblick öffnete, freuten sie sich. Die ganze Nacht über lag ich mit über 40 Grad Fieber in meinen durchnässten Laken. Trotz allem wollte ich bereits am nächsten Morgen wieder zur Arbeit. Meine Crewmitglieder versuchten natürlich mich zurückzuhalten, aber meine Gedanken kreisten einzig um die Partei und meinen Führer. Für sie wollte ich etwas leisten und nicht nutzlos herumliegen. Letztendlich konnte ich mich durchsetzen und trat am nächsten Tag ganz normal meinen Dienst an – fast so, als wäre nichts gewesen. Umso geschwächter ich körperlich war, desto euphorischer feuerte mich mein Geist an. Tatsächlich fühlte ich mich in jenem Moment froh wie seit langer Zeit nicht mehr. Durch das Opfer, das ich brachte, konnte ich endlich meine Loyalität gegenüber der Partei und unserem Führer unter Beweis stellen. Wie wir in der Schule gelernt hatten: *Das Wohl unseres Staates steht über meinem eigenen. Ich gelobe treu zu sein, auch wenn es meine Knochen zermalmt.*

In der darauffolgenden Nacht stürmte es wieder, und die Wellen rissen unsere restlichen Algen- und Meersalatbestände fort. Als ich davon hörte, war ich verzweifelt. Unsere Zuchtbestände waren hinüber, die Ernte eines ganzen Frühjahrs zerstört. Wie viel Mühe hatten wir darauf verwendet, das Saatgut in eiskalten Wintertagen zu pflanzen, wie liebevoll hatten wir uns monatelang um unsere Bestände gekümmert! Und nun schwemmten die Wellen all unsere Mühe auf einen Schlag fort. Wir versuchten, unsere Zucht bestmöglich wieder aufzubauen, pflanzten erneut Algen und Seetang an, doch natürlich hatten wir Schwierigkeiten, unsere Produktionsvorgaben einzuhalten. Erst bei der nächsten Ernte konnten wir unserer Firma wieder großen Erfolg einbringen.

Manchmal frage ich mich, wie wir nur so werden konnten: zu jungen Menschen, die ihren eigenen Willen aufgaben und sich blind einem totalitären Regime unterordneten. Von Kindheit an wurden wir einer ständigen Gehirnwäsche unterzogen, sodass unsere Loyalität zum System uns gar dazu brachte, trotz Todesgefahr in eiskalte Wellen zu springen. Aus meiner jetzigen Sicht kann ich nicht mehr begreifen, wie ich mich damals so dumm und kopflos verhalten konnte. Anders kann man es wohl nicht bezeichnen.

Ein Erklärungsansatz, um diesen ganz normalen Wahnsinn zumindest ansatzweise zu verstehen, bietet das Prinzip der totalen Eigenständigkeit, auf der die nordkoreanische Juche-Ideologie basiert. Das ganze Land ist vollkommen nach innen gerichtet, die Wirtschaft dient allein der Autarkie des eigenen Volkes. Dieses wiederum ist nahezu komplett von der äußeren, als bedrohlich empfundenen Welt abgeschnitten. Jeder von uns sollte sich mit seiner Arbeit zu 100 Prozent identifizieren können. Sowie mit der Idee, dass sich Nordkorea in einer imperialistischen Welt aus eigener Kraft heraus behaupten müsse. Dafür musste ein jeder sein Bestmögliches geben, um allen im Land ein zufriedenstellendes

Leben zu ermöglichen. Wenn wir also die Ernte verloren, wussten wir genau, dass es unser Heimatvolk direkt treffen würde.

Andererseits ist die Juche-Ideologie auch der Grund, warum so viele Nordkoreaner trotz der langjährigen Hungersnot in den neunziger Jahren ihrem Regime weiterhin die Treue hielten. Für die nationale Unabhängigkeit nahmen wir sogar einen knurrenden Magen in Kauf, denn die blutigen Jahre der japanischen Kolonisation, in der die Herrscher die koreanische Kultur auslöschen wollten, blieben uns stets in schmerzhafter Erinnerung. Und unsere Seelen an die Amerikaner zu verkaufen, wie es aus unserer damaligen Sicht die Südkoreaner taten, das wollten wir erst recht nicht.

Die Prinzipien der Juche-Ideologie lernten wir ab der ersten Klasse. Ich erinnere mich noch ganz genau an die Worte der Lehrer: «Man muss der Partei treu sein, auch wenn der eigene Körper dabei zugrunde geht. Dem Führer muss man ergeben sein, ganz egal wie groß die Anstrengungen auch sein mögen!» Auf diesem Grundsatz basierte unsere Weltanschauung, unser Alltag, unser Leben.

So arbeiteten wir also weiter, als sei nichts geschehen, und nachdem wir im darauffolgenden Juli unsere Zucht geerntet hatten, konnte ich erstmals für einen Urlaub heimfahren. Während meines Jahres auf dem Meer hatte ich oft an zu Hause gedacht, aber als ich mich dann auf dem Heimweg befand, konnte ich mich nicht recht freuen. Daheim müsste ich möglicherweise wieder meinen Verehrer Kim Won Sung sehen. Ein Gedanke, der mich stark unter Druck setzte. Mit Leuten, die ich nicht in mein Herz geschlossen hatte, wollte ich eigentlich keine Zeit mehr verschwenden. Und was würde passieren, wenn ich ihn nicht von der Liebe zu mir abbringen konnte?

Doch natürlich hatte ich keinen anderen Ort, an den ich gehen konnte, als mein Zuhause. Als ich vor unserer Wohnungstür stand, freuten sich meine Eltern sehr, gleichzeitig konnten sie ihre Enttäuschung über mich jedoch nicht gänzlich verbergen. In der konfuzianischen Erziehung steht der Gehorsam des Kindes gegenüber seinen Eltern an erster Stelle. Dass ihre 22-jährige Tochter alleine aufs Meer gezogen war, ohne ihnen auch nur ein Sterbenswort zu sagen, müssen sie als größtmöglichen Vertrauensverstoß gedeutet haben. Und durch meinen Vorgesetzten bekamen sie schließlich auch in allen Details mit, wie gefährlich meine Arbeit war. Das wäre selbst für die Söhne nicht gewünscht gewesen, für eine Tochter galt das natürlich umso mehr. Im Grunde konnte ich ihre Sorgen ja verstehen. Trotz allem nahmen sie meine Entschuldigung letztlich an, wofür ich ihnen sehr dankbar bin. Nachdem wir uns versöhnt hatten, verlebten wir ein paar friedliche Tage zusammen.

Doch das Glück sollte nicht lange anhalten. Mitte Juli fing plötzlich mein Bein an, furchtbar zu schmerzen. Ich konnte kaum mehr laufen, geschweige denn ruhig sitzen. Unter der Haut entzündete sich das Fleisch und fing an zu eitern. Die ersten zehn Tage nahm ich Tabletten, doch meine Schmerzen wurden nicht besser – im Gegenteil. Nun gesellte sich zu meinen Beschwerden auch noch hohes Fieber, bis ich schlussendlich wie im Delirium nur noch wirre Wortfetzen vor mich hin fabulierte. Mir ging es hundeelend.

Noch am selben Tag hievte mich mein Vater auf einen Ochsenkarren seiner Fabrik und eilte mit mir zum Krankenhaus. Als wir dort ankamen, musste der Chirurg nicht lange überlegen, um seine Diagnose zu stellen: Ich müsste gleich an Ort und Stelle operiert werden, andernfalls müsste er mein Bein amputieren. Für meine Mutter kam die Nachricht wie ein Schock, mein Vater flehte den Arzt an, er solle mein Leben retten. Krankenhäuser blieben für unsere Familie seit jeher ein traumatischer Ort.

Als ich in den Operationssaal gebracht wurde, folgten mir meine schluchzenden Eltern auf Schritt und Tritt. Wegen der Mangelversorgung, die natürlich auch im Gesundheitswesen an allen Enden zu spüren war, konnte ich für den Eingriff nicht betäubt werden. Der Doktor hat die Wunde aufgeschnitten und den Eiter herausgezogen. Ich hatte entsetzliche Schmerzen, doch es half alles nichts: Irgendwie musste ich die Operation auch ohne Narkose durchstehen. Die Schmerzen waren unbeschreiblich.

Am Abend nach dem Eingriff besuchte mich mein jüngerer Bruder Chul Ho gemeinsam mit meinem Verehrer Kim Won Sung. Die anderen Patientinnen in meinem Zimmer fanden meinen Verehrer sehr süß, machten ihm schöne Augen und fragten, ob er eine Freundin hätte. Mir war die Situation äußerst unangenehm.

Damals hat man in Nordkorea keine Wunden nähen können, weshalb meine Wunde immer wieder mit einfachem Stoffverband gestopft wurde, bis sie allmählich verheilte. Erst nach einem ganzen Monat durfte ich raus, aber immerhin konnte ich dann mit beiden Beinen das Spital verlassen. Eine dunkle, kreisrunde Narbe an meinem linken Oberschenkel erinnert mich heute noch an diese Zeit.

Zu eben jener Zeit, als mein Bein langsam verheilte, wurde Kim Won Sung aus dem Militär entlassen. Nach seinem Wehrdienst zog er wieder zu seiner Familie nach Sechun, im äußersten Nordosten des Landes, ganz in der Nähe eines riesigen Kohlebergwerks und der Grenzstadt Hoeryong. Die koreanische Sitte gebietet es, dass der älteste Sohn bei den Eltern wohnt und sich um ihr Wohlergehen sorgt, und da Won Sung ein Einzelkind war, fiel ihm diese Rolle zu. Ich war erleichtert – mit Sicherheit würde er sich nun erst einmal eine Arbeit suchen, um seine Eltern zu unterstützen und genug Geld für die Familiengründung anzusparen. In der Zwischenzeit würde er sicher eine Frau aus seinem Heimatort finden. Ich hegte die Hoffnung, von nun an wieder in Frieden leben zu können, doch nur wenige Monate später, am 4. Februar 1990, holte mich die Vergangenheit ein – in Form eines ganz gewöhnlichen Briefes.

Geschrieben war dieser in einem nüchternen Tonfall, so als handle es sich bloß um eine lapidare Randnotiz. Der Inhalt jedoch ließ uns aus allen Wolken fallen: Won Sungs Eltern benachrichtigten uns, dass ich ihren Sohn am 5. März heiraten würde, also in gerade einmal einem Monat. Die Hochzeit sollte bei uns zu Hause stattfinden. Ihre Worte ließen keinen anderen Rückschluss zu, als dass es sich um eine längst beschlossene Sache handelte, die keinen Widerspruch duldete. Tatsächlich aber hatten sie weder mir vorher etwas gesagt noch die Angelegenheit mit meinen Eltern besprochen. Regelrecht absurd war das! Nach der Entlassung aus dem Militär hatte Won Sung nichts mehr von sich hören lassen – für mich ein klares Signal, dass er von seinen an mich gestellten Ansprüchen ablassen würde. Nun aber sollten wir den Bund der Ehe eingehen. Ich reagierte schockiert und sprachlos, genau wie meine Eltern.

Doch was hatte ich dem entgegenzusetzen? Damals herrschte ein äußerst konservativer Geist: Da uns immer noch unser Liebesskandal anhaftete, musste ich Won Sung letztlich zum Ehemann nehmen, allein schon um das Gesicht meiner Eltern zu wahren. Während der Verhöre bei der Sicherheitsbehörde hatte ich schließlich meinen Willen bekundet, ihn zu heiraten, auch wenn ich insgeheim gehofft hatte, dass Gras über die Sache wachsen und Won Sung eine andere Frau finden würde. Natürlich hätte ich den Antrag auch ablehnen können, doch damit wäre der Ruf unserer Familie endgültig ruiniert gewesen. Das konfuzianische Erbe kann für den Einzelnen schnell zur erdrückenden Last werden. Von der ersten Begegnung an hat mir Won Sung nichts als Unglück gebracht. Als ob der Himmel meine Gedanken gelesen hätte, regnete es den gesamten Frühling über ungewöhnlich stark, und bittere Tränen benetzten mein Gesicht.

Zumindest hielten uns die Hochzeitsvorbereitungen auf Trab. Viel Zeit zum Nachdenken blieb mir nicht, denn es galt Lebensmittel vom Markt zu besorgen, die traditionellen Nudelgerichte zu präparieren und neue Bettwäsche zu kaufen – die Liste an Besorgungen schien endlos. Meine künftigen Schwiegereltern sollten schließlich einen tadellosen Eindruck von mir und meiner Familie bekommen. Zum Glück halfen mir Freundinnen und Kolleginnen bei den Vorbereitungen, denn meine Mutter lag in dieser Zeit durchweg im Bett. Schon die kleinsten alltäglichen Dinge machten ihr zu schaffen. Sie kränkelte nicht nur, sondern war auch mental angesichts der anstehenden Hochzeit nachhaltig erschüttert. Für sie fühlte es sich an, als würde man ihr ihre geliebte Tochter entreißen –

und sie ans andere Ende der Welt entführen. So muss sie das empfunden haben – Hoeryong lag schließlich am anderen Ende von Nordkorea, und weiter als bis zur Landesgrenze reichte unser Horizont ohnehin nicht. Dort würde ich dann nach den Regeln einer fremden Familie leben müssen, denn nach der Heirat gehört man als Tochter der Familie des Mannes an, der man zu gehorchen und zu dienen hat. Damals hatten wir nicht einmal ein Telefon, die Post dauerte ewig, und das Reisen war teuer, beschwerlich und nur mit offizieller Genehmigung erlaubt.

Am 5. März, jenem Tag also, an dem sich Won Sungs Familie angekündigt hatte, warteten wir gespannt auf ihre Ankunft – endlos und vergebens. Viele weitere Tage verstrichen ohne ein Lebenszeichen von ihnen. Insgeheim hoffte ich bereits, dass sie es sich mit der Hochzeit möglicherweise anders überlegt hatten. Doch zwei Wochen später kamen sie dann bei uns in Kaesong an: um halb fünf in der Früh, allesamt mit einem Lächeln im Gesicht. Sie hatten ihre Reiseerlaubnis von den Behörden verspätet erhalten, erklärten sie uns.

Mein künftiger Schwiegervater war ein pummeliger Mann mit einem freundlichen Lächeln. Er schien überaus glücklich, dass sein Sohn endlich heiraten würde, und konnte es gar nicht erwarten, bis die Ehe auch gesetzlich vollzogen war. So wollte er gleich als Erstes unsere Hochzeit bei der Verwaltung anmelden. Uns schien das wenig sinnvoll zu sein: Wieso sollte man vor der eigentlichen Hochzeitsfeier schon die Heirat registrieren lassen? Obwohl meine Familie dagegen war, drängte uns der Schwiegervater dazu, bei Sonnenaufgang zum Amt loszuziehen.

Zuerst besuchte ich jedoch noch einen Friseur und riet auch Won Sung, sich die Haare schneiden zu lassen, schließlich sollten wir uns bei der Hochzeit von unserer besten Seite zeigen. Won Sung, der allen beweisen wollte, dass er es in der Zwischenzeit zu Geld gebracht hatte und sich die neueste Mode leisten konnte, trug seine Jeans und eine verspiegelte Sonnenbrille auf der Straße. Als wäre es ein schlechtes Omen, wurde er auf dem Weg zum Friseur prompt von Sicherheitsbeamten aufgegriffen und verhaftet. Erst als ich eine Strafe von 80 Won – einen gesamten Monatslohn! – für meinen künftigen Bräutigam zahlte, wurde er freigelassen.

In Nordkorea gibt es strenge Gesetze, und diese werden auch rigide überwacht: Wenn man etwas aus dem Ausland nachahmt, wird man dafür verächtlich als «reaktionärer Delinquent» beschimpft. Die Leute werden scharf daraufhin kontrolliert, ob sie Dinge besitzen, die in Nordkorea verboten sind. Schließlich soll die eigene Bevölkerung nicht vom Kapitalismus beeinflusst, ergo verdorben werden. Won Sung fiel daher mit seiner Jeanshose und der Sonnenbrille aus China auf wie ein bunter Hund – dieser Anblick wirkte bei uns im Süden des Landes in etwa so befremdlich wie Neonlichter oder Dollarscheine. Anders jedoch im Norden: Dort gab es schon damals einen regen, wenn auch illegalen Grenzhandel zu China. Nicht nur mit Lebensmitteln wurde dort gehandelt, auch die neueste Mode aus China war überaus begehrt. Mittlerweile schmuggeln die Grenzgänger auch aktuelle Blockbuster aus Südkorea ins Land, ebenso chinesische Handys, die dann einen Draht zur Außenwelt bilden. Natürlich werden nicht nur Produkte hinein-, sondern auch außer Landes geschmuggelt, wenngleich die Regierung gerne den Mantel des Schweigens darüberbreitet. Synthetische Drogen sind der Exportschlager Nordkoreas, Amphetamine werden kiloweise nach China verschoben. Eine Menschenrechtsorganisation will vor zwei Jahren gar ein Opiumfeld auf nordkoreanischem Boden entdeckt haben.

Unsere Hochzeit verlief dann sehr simpel, denn in Nordkorea gibt es keine Zeremonie im eigentlichen Sinn. Gegen Mittag hatten wir im Hof unseres Harmonika-Hauses Essen und Getränke angerichtet. Es gab Nudelgerichte, Reiskuchen und selbstgebrannten Soju. Nachdem wir Hochzeitsfotos mit unseren Eltern und Geschwistern hatten machen lassen, warteten wir draußen, um unsere Gäste zu begrüßen. Nach und nach trudelten Freunde, Nachbarn und Arbeitskollegen ein, um zu gratulieren und auf das Brautpaar anzustoßen. Als niemand Neues mehr kam, war die Feier auch schon vorbei.

Nach den Festlichkeiten musste ich mich in mein neues Leben verabschieden. «Bitte kümmern Sie sich gut um unsere Yeong Ok», mahnte mein Vater seinen frischgebackenen Schwiegersohn vor der Abreise. Als er sich umdrehte, sah ich im Augenwinkel Tränen seine Wangen hinunterrollen. Wahrscheinlich meldete sich sein schlechtes Gewissen für all die Dinge, die er mir in meiner Jugendzeit angetan hatte. Damals konnte ich mich zum ersten Mal ein wenig in die Lage meiner Eltern hineinversetzen, die im Grunde immer nur mein Bestes gewollt haben. Ein gängiges Sprichwort in Nordkorea lautet auch: «Wer mit der Rute spart, verzieht das Kind.»

WEISSE BLÜTEN

Auf jedem Ast sprießen kleine Blüten,
Überall blühen sie hübsch.
Für wen ist die weiße Blüte erstrahlt?

Den Winter hat sie überdauert,
Gegen strengen Wind angekämpft,
Um jedem Freude zu bereiten
Und Glück zu spenden.
Erblüht sie heute auch?

Sie schlägt ihre Wurzeln in die Erde,
Hält still ihren Platz,
Um in Schönheit zu erstrahlen
Und in jedem Herzen
Hoffnungsfunken zu setzen.

In frischem Frühlingsduft
Blühen heute und auch morgen
hübsche weiße Kirschblüten.

ZWEI

MEIN NEUES LEBEN IN HOERYONG

Mit versöhnlichen Gedanken hatte ich mich von meinem Vater verabschiedet. Da er arbeiten musste, konnte er nicht nach Hoeryong mitkommen. Meine kränkelnde Mutter und meine vier Jahre jüngere Schwester Yeong Sun aber begleiteten mich für die ersten Tage zu meiner neuen Familie. Am 24. März stiegen wir in den Zug und kamen am 27. nachts um halb fünf am Bahnhof von Hoeryong an. Die Zugfahrt zog sich endlos, denn nachdem wir die erste Strecke mit einer Dampflokomotive zurückgelegt hatten, wechselten wir in einen elektrischen Zug, der aufgrund des Strommangels alle paar Kilometer halten musste und regelrecht durch die Landschaft schlich. Diese war über weite Strecken von malerischer Schönheit: Unberührte Berge wechselten sich mit Waldhängen und bis zum Horizont reichenden Feldern ab. Genießen konnte ich den Anblick jedoch nicht, da unser Abteil so überfüllt war, dass ich mich kaum um die eigene Achse drehen konnte.

Nachdem wir in Sechun, einem kleinen Vorort von Hoeryong, angekommen waren, brachte uns die Familie aus Platzmangel bei den Nachbarn unter. Der erste Schock folgte am nächsten Morgen: Nach unserer endlosen Odyssee quer durchs ganze Land frühstückte Won Sungs Familie in aller Ruhe, ohne uns auch nur einen Bissen anzubieten. Erst als sie fertig gespeist hatten, kam Won Sung herüber, um uns zu fragen, ob wir bereits gegessen hatten. Als wir dies verneinten, reichte er uns eine kleine Mahlzeit aus dem, was übrig geblieben war. In der koreanischen Kultur bedeutete dies eine extreme Respektlosigkeit meiner Familie gegenüber. Man sagt zwar, dass die Beziehung zur Schwiegerfamilie häufig schwierig ist, doch in meinem Fall war sie von Beginn an eine Katastrophe. Das Benehmen von Won Sungs Eltern verstieß gegen jede Höflichkeit. Es schien, als ob sie nun erst ihr wahres Gesicht zeigen würden.

Vielleicht sind solche Sitten hier in Hoeryong ja gebräuchlich, dachte ich anfangs noch in meiner Gutgläubigkeit, doch natürlich waren sie das nicht. Unternehmen konnte ich jedoch wenig, schließlich war ich jetzt mit Won Sung verheiratet und so bereits als neues Familienmitglied angereist. Doch die Gewissheit in uns verhärtete sich, dass ich mit der Heirat möglicherweise einen schweren Fehler begangen hatte.

Über meinen Schwiegervater konnte ich mich dabei eigentlich nicht beschweren. Er war an und für sich ein umgänglicher Mensch, zudem Mitglied in der Partei. Tagsüber leitete er eine Müllerei, in der Schwerbehinderte arbeiteten. Die Wurzel allen Übels lag bei meiner Schwiegermutter, die beileibe kein einfacher Mensch war: Selbst belanglose Kleinigkeiten nahm sie sofort persönlich, reagierte empfindlich, oft gar cholerisch. Ständig suchte sie Streit, auch wenn es nur um Nichtigkeiten ging. Wahrscheinlich litt sie unter einem Minderwertigkeitskomplex, ausgelöst durch die Geburt ihrer Tochter, die geistig und körperlich behindert auf die Welt gekommen war. Diese konnte mit ihren zwanzig Jahren nicht einmal alleine auf Toilette gehen und musste in einem eigenen Zimmer wohnen, in dem es ständig nach Urin und Kot roch. So vermutete meine Schwiegermutter ständig alles und jeden gegen sich.

Was sollten wir also tun? Zu dritt hielten wir an jenem Morgen eine Krisensitzung ab: Meine Mutter schlug sich auf die Brust, als Zeichen ihres Kummers. Ihr bereitete meine ungewisse Zukunft große Sorgen, doch letztendlich willigte sie ein, dass ich mich auf die neue Situation einlassen würde. Meine Schwester Yeong Sun weinte bittere Tränen und bat mich, mit nach Hause zurückzukommen. Ich nahm ihre Worte sehr ernst, denn meine Schwester war schon immer sehr verantwortungsbewusst und überaus reif für ihr Alter. So hat sie sich vorbildlich um meinen behinderten Bruder Chul Ho gekümmert, später auch um meine alternden Eltern. In diesem Fall musste ich ihre Bitte jedoch ablehnen. Ich hatte ein schlechtes Gewissen meinen Eltern gegenüber, die sich doch so bemüht haben, mich anständig zu erziehen. Wäre ich einfach zurückgekehrt, wäre das für sie sehr beschämend gewesen. Das hängt vor allem mit der konfuzianischen Tradition zusammen: Wenn man gegen die Regeln der Gesellschaft verstößt, werden zuallererst die Eltern beschuldigt, in ihrer Erziehung versagt zu haben. Trotzdem wäre es vielleicht klüger gewesen, die Schmach in Kauf zu nehmen.

Am ersten Tag nach meiner Ankunft besorgte meine Schwiegermutter für mich auf dem Markt fünf Meter Stoff für ein neues Kleid. Heimlich schnitt sich jedoch meine Schwägerin Bong Ok einen Meter davon für einen Schal weg. Wann immer ich später mit dem Kleid auf die Straße ging, zeigten die Leute mit den Fingern auf mich – und es war ihnen nicht zu verübeln, denn ich trug einen viel zu kurzen Rock, der mir kaum übers Knie reichte. So fing mein Leben bei der Schwiegerfamilie an.

Am Nachmittag des ersten Tages trudelten die Dorfbewohner bei uns ein, um die von weit her angereiste Schwiegertochter zu begutachten. Ich fühlte mich wie ein exotisches Tier im Zoo. Es kamen rund 20 Gäste, darunter viele Nachbarn, doch niemand von ihnen gratulierte uns herzlich, geschweige denn dass sie sich wirklich mit uns gefreut hätten. Stattdessen schienen sie sich eher über uns lustig zu machen. Wieder versuchte ich mir in meiner naiven Art einzureden, dass dies mit den regionalen Eigenheiten zusammenhängen könnte. Tatsächlich ist der Menschenschlag im Norden des Landes direkter, fast ein wenig aggressiver, was sich auch im rauen Dialekt widerspiegelt. Doch der wahre Grund hinter dem kühlen Empfang war ein anderer, wie ich erst später begriff. Niemand aus dem Dorf mochte meine Schwiegereltern, denn ihnen eilte ein schlechter Ruf voraus. Meine Schwiegermutter war als grantige alte Frau verschrien, und meinem Schwiegervater kreideten es die Leute an, dass er eine außereheliche Affäre mit der Frau eines Nachbarn hatte. Nachdem ich bei ihnen eingezogen war, hat mich niemand auf der Straße gegrüßt, geschweige denn ein Gespräch mit mir angefangen. Stattdessen wurde ich bei jeder Gelegenheit gemieden. Selbst nach einem Jahr kannte ich niemanden so richtig. Oft blieb ich einfach nur zu Hause.

Doch auch innerhalb der vier Wände gestaltete sich mein Alltag mehr als mühsam. Um fünf Uhr in der Früh stand ich auf, heizte mit Kohle die Wohnung und bereitete das Frühstück zu. Quasi im Alleingang schmiss ich den Haushalt und kümmerte mich auch um meine behinderte Schwägerin. Mein Mann arbeitete im angrenzenden Kohlebergwerk und schob überwiegend Nachtschichten. Oft täuschte er vor, krank zu sein, oder erfand andere kreative Ausreden, warum er angeblich zu Hause bleiben musste. Dies war sicher zum Teil seiner Faulheit geschuldet, doch zweifelsfrei war seine Arbeit unter

Tage gefährlich, hart und wenig beliebt. Die erste Generation an Kumpeln bestand überwiegend aus politisch Abtrünnigen, die nach dem Koreakrieg in den äußersten Nordosten des Landes umgesiedelt worden waren.

Die Gegend rund um Hoeryong ist jedoch nicht nur für ihre Kohlebergwerke bekannt. Gerade im Ausland löst der Name der Grenzstadt Erinnerungen an eines der dunkelsten Kapitel Nordkoreas aus: Zehn Kilometer nordöstlich von Hoeryong, in einem weiten Tal, befindet sich eine Strafkolonie mit über 50 000 Gefangenen, der Großteil von ihnen sind politisch in Ungnade Gefallene. Im Strafarbeitslager Nummer 22 müssen die Insassen wie Sklaven auf Feldern oder in Kohlebergwerken schuften, und zwar bis an ihr Lebensende. Es ist nicht bekannt, dass je ein Gefangener das Lager lebend verlassen hätte, und jedes Jahr sollen dort fast zweitausend Menschen ihr Leben lassen – durch Mangelernährung, Erschöpfung oder Hinrichtungen. Auf Karten ist das Lager nicht verzeichnet, denn das Regime leugnet seine Existenz. Bis zu 700 Meter hohe Berge verdecken das Gelände.

Oft werde ich gefragt, ob wir damals von solchen Lagern gewusst hätten. Offen geredet wurde darüber nicht, dafür war die Angst zu groß, selbst verhaftet zu werden. Als ich noch im Süden des Landes wohnte, wusste ich von keinen politischen Arbeitslagern und habe nie von Hinrichtungen gehört. Heute weiß ich jedoch, dass die Erschießungen dort heimlich geschahen, denn nahe der Grenze wäre die Gefahr zu hoch gewesen, dass die Gräuel vom südkoreanischen Militär entdeckt würden. Wenn Leute verschwanden, dann sagte man bei uns in Kaesong, dass sie auf eine unbewohnte Insel verschleppt worden wären. Natürlich ahnte ich zumindest im Ansatz, was damit gemeint sein könnte.

Eines Nachts traf es unsere Nachbarsfamilie: Kim Su Jeong,

der in einer Fabrik zur Herstellung von Waschmaschinen arbeitete, seine Gattin, die Hausfrau war, und ihre beiden kurz vor der Einschulung stehenden Kinder. Kurz nach Mitternacht kamen ein Polizeiwagen und ein kleiner Transporter vors Haus gefahren. Die Sicherheitskräfte nahmen nicht nur die Familie mit, sondern luden auch den gesamten Haushalt samt Möbeln auf den Transporter. Für die Nachbarn, die während der Abholung tief und fest geschlafen hatten, muss es am nächsten Morgen ausgesehen haben, als ob die Kims vom Erdboden verschluckt worden wären. Wir wussten es freilich besser – doch was wir in dieser Nacht gesehen hatten, behielten wir für uns. «Man sollte sich niemals mit mehr als zwei Leuten gleichzeitig unterhalten» lautet ein Sprichwort in Nordkorea. Es spiegelt die Angst wider, dass hinter jedem Bekannten ein potenzieller Spitzel lauern könnte.

Als ich Jahre später bei meinen Schwiegereltern in Sechun wohnte, sah ich die Gefangenen vom Straflager manchmal vom Bahnhof aus, wie sie die maroden Gleise reparierten. Reden konnte ich natürlich nicht mit ihnen, denn sie waren stets von Wächtern umzingelt. Doch an ihren dreckigen Nylon-Lumpen, doppelt und dreifach geflickt, erkannte ich sie bereits von weitem.

Damals dachte ich, es wäre ganz normal, wenn Leute ins Arbeitslager geschickt werden. Genau wie Verbrecher ins Gefängnis müssen, sollten ideologische Verbrecher eben zur Umerziehung in eigens zu diesem Zweck geschaffene politische Lager gesteckt werden. Unseren «Großen Führer» zu beleidigen oder sich über ihn lustig zu machen fühlte sich für uns in etwa so an, als würde man Gott höchstpersönlich durch den Dreck ziehen. Kim Il Sung war unser Gott, und so hätten wir auch niemals etwas in Frage gestellt, was er angeordnet hatte.

MEINE ERSTE TOCHTER SUN HEE

Mit jedem Tag fiel es mir schwerer, bei meiner Schwiegerfamilie zu leben. Die Tage verstrichen nur langsam und boten wenig Zerstreuung. Zu allem Überfluss wurde ich dann auch noch ungewollt schwanger, was meine Situation komplett auf den Kopf stellte.

Einen Monat vor dem erwarteten Geburtstermin setzten bereits die Wehen ein. Stechende Schmerzen im Unterleib zwangen mich auf den Boden. An jenem Abend – es war der 2. Dezember 1990 – gab es wie so häufig mal wieder keinen Strom. Als einzige Lichtquelle mussten wir uns mit der Grubenlampe von Won Sung begnügen, die er sonst bei seiner Arbeit unter Tage verwendete. Panisch rief ich meine Schwiegermutter zu Hilfe. Sie würde bestimmt wissen, was zu tun sei, hoffte ich. Schließlich hatte sie allzu oft vor mir geprahlt, wie sie einst an der medizinischen Fakultät der renommierten Kim-Chaek-Universität in Pjöngjang studiert hatte, wo sie auch ihren späteren Mann kennenlernte und wegen der Affäre mit ihm von der Uni verwiesen wurde. In diesem Moment aber, bei der Geburt ihrer ersten Enkelin, schien sie genauso ratlos wie ich. Hastig rief mein Schwiegervater einen Arzt der nächsten Frauenklinik, mit dessen Hilfe ich mein erstes Kind gebären sollte. Abends um halb zehn kam meine liebe Sun Hee dann endlich auf die Welt.

Statt sich jedoch zu freuen, murrte meine Schwiegermutter nur. Sie hatte sich einen Enkel gewünscht, denn in ihrer Familie waren Söhne selten. Später setzte auch bei mir das schlechte Gewissen ein, keinen Jungen geboren zu haben. In jenem Moment aber war ich einfach froh, trotz des frühen Zeitpunktes ein gesundes Kind auf die Welt gebracht zu haben.

Meine Schwiegermutter hatte sich noch nicht einmal um eine Decke für das Neugeborene gekümmert. Also mussten wir improvisieren und eine Unterhose meines Schwiegervaters nehmen, sie halbieren und um meine Sun Hee wickeln. In der schummrigen Dunkelheit wirkte das Baby, eingehüllt in den weißen Stoff, wie ein lebloses Bündel. Es war ein befremdliches und gleichzeitig angsteinflößendes Gefühl. Ich musste an meine Eltern denken, die ihr erstes Enkelkind, egal ob Mädchen oder Junge, sicher nicht so kalt und gleichgültig behandelt hätten. Eine tiefe Einsamkeit überkam mich, doch niemand war in meiner Nähe, um mich zu trösten.

Da früher in Korea viele Säuglinge schon kurz nach der Geburt starben, feiert man traditionell noch vor dem ersten Geburtstag das 100-Tage-Fest. Als es bei Sun Hee so weit war, beauftragte mich meine Schwiegermutter, bei der Arbeitsstelle ihres Mannes Nudeln zu holen. Mein Schwiegervater wurde wegen seiner Sekretärsstelle in der örtlichen Kommunalpartei bei der Essensverteilung ab und an bevorzugt behandelt. An jenem Tag gab es jedoch wieder mal einen Stromausfall. Die Teigmaschine für die Nudeln stand still, weshalb ich mehrere Stunden auf das Essen warten musste. Ich ahnte bereits, dass Sun Hee zu Hause am Weinen sein würde, doch konnte ich auch nicht einfach mit leeren Händen zurückkommen.

Plötzlich tauchte meine Schwiegermutter bei der Essensausgabe auf, auf ihren Armen die schreiende Sun Hee. Ohne Vorwarnung beschimpfte sie mich vor allen Leuten: Warum ich das Baby so lange ohne Aufsicht gelassen hätte, obwohl es so stark geweint habe. Tiraden voller Schimpfwörter schossen aus ihrem Mund. Die Leute um mich herum, die die Umstände kannten, versuchten meiner Schwiegermutter zu erklären, warum ich so lange bei der Essensverteilung warten musste, aber sie hörte vor lauter Wut gar nicht richtig zu. Stattdessen drückte sie mir Sun Hee an die Brust und ließ mich mit ihr allein. Ich fühlte mich gedemütigt und von meiner eigenen Schwiegermutter vor all den Leuten bis auf die Knochen bloßgestellt.

Ich stillte meine Tochter und wartete darauf, dass sie sich endlich ein wenig beruhigte. Als ich schließlich meine Ration zugeteilt bekam, trug ich sie auf dem Rücken und einen 15 Kilogramm schweren Sack voll Nudeln auf dem Kopf. Zu Hause angekommen, sah ich an den Schuhen vor der Wohnungstür, dass mein Mann und mein Schwiegervater bereits von der Arbeit zurück waren. Sicher hatte meine Schwiegermutter die beiden bereits genauestens informiert, was am Vormittag vorgefallen war. Ohne meine Version der Geschichte anzuhören, gab mir mein Mann mehrere kräftige Ohrfeigen. Weinend wollte ich mich erklären, doch er war nun mal ein Muttersöhnchen und hörte mir erst gar nicht zu. Für die beiden war ich eine Rabenmutter, die ihr Neugeborenes vernachlässigt hatte. Mein Schwiegervater saß nur feige da, ohne mich in Schutz zu nehmen. Meine Gedanken waren derart düster, dass ich die ganze Nacht wach lag.

Am nächsten Morgen bereitete ich in gedrückter Stimmung das Frühstück zu. Nachdem alle zur Arbeit gegangen waren, legte ich Sun Hee gegen zehn Uhr vormittags wieder zum Schlafen hin und ging raus, um ein wenig frische Luft zu schnappen. Ziellos streifte ich umher, meine Gedanken voller dunkler Wolken. Beim Bahnhof in der Nähe unseres Hauses setzte ich mich auf eine Bank und weinte stumm vor mich hin. Mein Blick streifte in die Ferne. Wieder vergaß ich die Uhrzeit – auch dass bald die Mittagspause anbrechen und mein Mann von der Nachtschicht im Kohlebergwerk zurückkommen würde. So ließ sich meine Schwiegermutter, kaum dass er zu Hause war, bei ihm darüber aus, dass ich das Kind wieder alleine gelassen hätte und einfach verschwunden wäre. Plötzlich tauchten die beiden am Ende der Straße auf. Offensichtlich waren sie auf der Suche nach mir. Als sie mich am Bahnhof sitzen sahen, zählte mein Mann in einer Kurzschlussreaktion eins und eins zusammen: Sicher wollte ich das Baby und die Familie verlassen und zurück in meine Heimat Kaesong flüchten. Er beschimpfte mich, schlug und trat wie wild auf mich ein und ließ auch nicht von mir ab, als ich bereits wimmernd am Boden kauerte. Ich hielt die Hände vor mein Gesicht wie ein Schutzschild, doch gegen seine Schläge war ich machtlos. Zwar versuchten Passanten, meinen Mann aufzuhalten, aber er war derart außer sich vor Wut, dass niemand ihn stoppen konnte. Als er von mir abließ, lag ich ohnmächtig auf dem Boden.

EIN NEUANFANG

Als ich die Augen öffnete, blickte ich auf eine weiß verputzte Decke. Sofort meldete sich ein höllischer Schmerz in meinem linken kleinen Finger, der ganz offensichtlich gebrochen war – es fühlte sich so an, als würde jemand mit einem Vorschlaghammer auf mich eindreschen. Vorsichtig drehte ich meinen Kopf nach links und blickte in das besorgte Gesicht einer Frau, die vom Alter her meine Mutter hätte sein können. Immer noch benommen, schloss ich meine Augen wieder. Allmählich kamen die Erinnerungen zurück: Sie war die Frau von der Essensverteilung, die mich wohl am Bahnhof gesehen und ins Krankenhaus gebracht haben musste.

«Kannst du mich verstehen?», fragte sie mich besorgt. Sie schien liebenswürdig und erweckte sofort mein Vertrauen. Mit brüchiger Stimme erzählte ich ihr von all meinem Kummer: warum ich überhaupt nach Hoeryong gekommen war, dass mich meine Schwiegereltern schlecht behandeln würden und mein Mann mich immer wieder schlug. Während meiner Schilderungen bekam auch sie feuchte Augen. «Warum hast du dich nicht vor deiner Heirat besser über die Familie informiert?», fragte sie, ohne ihren Worten jedoch einen vorwurfsvollen Ton zu verleihen. «Wie hätte ich das tun können?», entgegnete ich. «Meine Heimat Kaesong liegt am anderen Ende des Landes.»

Insgeheim stellte aber auch ich mir diese Frage. Zwar hatten meine Eltern meine Schwiegereltern auf ihrem Kurzbesuch in Hoeryong ein wenig kennengelernt, sie hatten damals jedoch einen guten Eindruck von ihnen bekommen. Wenn sie geahnt hätten, wie ich bei ihnen behandelt werden würde, hätten sie mich sicher nicht ziehen lassen. Durch das Gespräch mit der Frau beruhigte ich mich etwas. Sie war sehr warmherzig und von sanftem Gemüt. «Warte ein paar Tage ab und erhole dich ein bisschen. Ich verspreche dir, dass ich alles in meiner Macht Stehende tun werde, um mich für dich einzusetzen.»

Ihren Worten ließ sie sogleich Taten folgen. Mit meiner Geschichte ging sie umgehend zur Partei und beantragte dort, dass ich mit meinem Mann und unserem Kind getrennt von den Schwiegereltern leben konnte. Und tatsächlich: Ohne große Schwierigkeiten bekam sie sogleich eine Genehmigung für eine eigene Wohnung für uns zugeteilt. Mit dem Dokument kam sie zu uns und teilte meinem Mann mit, dass er auf Anweisung der Partei mit mir und dem Kind das Haus der Schwiegereltern verlassen sollte. Wenn er sich weigern würde, müsste er getrennt von mir und Sun Hee wohnen. Letztlich willigte er ein.

Meine Schwiegereltern waren außer sich vor Wut, dass sie wegen mir ihren einzigen Sohn aus ihrer Obhut verlieren würden. Da jedoch die Order von der Partei kam, konnten sie nichts dagegen sagen. An ihren Blicken war abzulesen, wie sehr sie sich bemühen mussten, sich zu beherrschen. Erst als die Frau die Tür hinter sich zugezogen hatte, fauchte mich meine Schwiegermutter hasserfüllt an: «Mit so einer hinterhältigen Schwiegertochter war ja klar, dass irgendwann etwas derart Beschämendes passieren würde!»

Für unseren Umzug kamen dann eigens hochrangige Parteivorsitzende, um uns beim Transport zu helfen. Viele Einrichtungsgegenstände hatten wir jedoch nicht. Und von den wenigen Dingen, die ich von meinen Eltern als Mitgift zur Hochzeit bekommen hatte, behielten meine Schwiegereltern das Geschirr für sich. Dennoch war ich frohen Mutes, dass sich zumindest einige meiner Probleme lösen würden, sobald wir unseren eigenen Haushalt hätten. Wir wohnten nun gut 20 Minuten Fußmarsch von den Schwiegereltern entfernt, in einem Harmonika-Haus mit fünf Nachbarfamilien. Unsere Wohnung hatte die üblichen zwei Zimmer inklusive Küchenzeile und Außentoilette. Annehmlichkeiten, wie sie in Südkorea selbstverständlich sind, gab es für uns nicht: Um heißes Wasser zu bekommen, musste ich es am Gasherd aufkochen, und der alljährliche Winterfrost setzte den Lehmwänden jedes Jahr ordentlich zu.

Keine drei Monate nach der Geburt von Sun Hee wurde ich ein zweites Mal schwanger. Dabei wollte ich weder ein zweites Kind, noch hatten wir es geplant. Manchmal nimmt das Leben verschlungene Wege, deren Ziel man erst später erkennt.

Natürlich gab es auch Zwang in unserer Ehe. Kim Won Sung arbeitete ja kaum und war dementsprechend viel zu Hause. Während er nichts mit seiner Energie anzufangen wusste, war ich am Abend meist müde und erschöpft von der Feldarbeit oder dem Pflücken des Berggemüses. Nacht für Nacht forderte Won Sung sein Eherecht ein, aber mein Körper wollte nach langen Tagen harter Arbeit einfach seine Ruhe. Nicht selten verschaffte er seinen Forderungen gewaltsam Nachdruck. Oder er schlug mich, wenn er nicht bekam, was er wollte.

Mir stand nach nichts weniger der Sinn, als die traumatischen Erfahrungen der ersten Geburt ein zweites Mal durchmachen zu müssen. Auch quälte mich innerlich das Bild, wie mich meine gehässige Schwiegermutter bei einer zweiten Tochter erniedrigen würde. Lieber wollte ich den Embryo abtreiben lassen, als mit dieser ständigen Schmach zu leben. Wenn man einen Arzt kannte, war das in Nordkorea eine ganz unkomplizierte Sache, ganz anders als in Südkorea, wo Abtreibungen hochgradig illegal sind. In Nordkorea hingegen wurden damals von zehn Schwangerschaften sicher zwei bis drei abgebrochen. Viele der Frauen waren unverheiratet und wollten sich mit einer außerehelichen Geburt nicht ihre Zukunft verbauen. Wer bereits ein Kind hatte, konnte sich oftmals kein zweites leisten, da es ohnehin nur wenig zu essen gab. Abtreibungen waren für uns damals kaum mehr als ein herkömmlicher medizinischer Eingriff.

Natürlich hing die hohe Abtreibungsrate auch mit den erzkonservativen Moralvorstellungen zusammen: Von Sexualkunde hatten wir in der Schule niemals gehört, und nur wenige wussten überhaupt um die Möglichkeiten der Verhütung. Kondome gab es damals weit und breit keine zu kaufen. Allerdings konnte man sich beim Arzt eine Spirale einsetzen lassen, zumindest wenn man von dieser Möglichkeit wusste – und den Mut aufbrachte, mit diesem Anliegen zum Frauenarzt zu gehen.

«Dein Bauch ist doch schon jetzt so groß», sagte meine Schwiegermutter zu mir, als sie von meinem Abtreibungswunsch erfuhr. «Das ist ein gutes Zeichen – diesmal wird es bestimmt ein Junge, das spüre ich!» Hätte sie mir nicht zugeredet, hätte ich mich sicher nicht umstimmen lassen. Doch so entschied ich mich, das Kind zu bekommen. Im Nachhinein bin ich meiner Schwiegermutter dankbar dafür.

Eins stand jedoch für mich von Anfang an fest: Mein zweites Kind wollte ich unbedingt in Anwesenheit meiner leiblichen Mutter gebären. Damals kannte ich ein paar Mitarbeiter der Sicherheitsbehörde, durch die ich tatsächlich eine der seltenen Reiseerlaubnisse nach Kaesong ergattern konnte. Eine gute Woche vor dem erwarteten Geburtstermin konnte ich den Zug nehmen, und auch wenn die beschwerliche Reise ein Risiko für die Schwangerschaft darstellte, wollte ich mich unbedingt in der Geborgenheit meiner Familie wissen. Endlich würde ich sie wiedersehen.

Am 26. November 1991 bekam ich in der Nacht erste Unterleibsschmerzen. Früh um sieben kam dann bei meinen Eltern zu Hause meine zweite Tochter Eun Hee auf die Welt. Ich nahm sie in den Arm und musste weinen. Wieder hatte ich eine Tochter geboren, obwohl doch meine Schwiegereltern sehnsüchtig auf ihren ersten Enkelsohn warteten. Schließlich waren es die Söhne, die sich später um die Eltern kümmerten, den Familiennamen fortführten und das Erbe bekamen. Ich fühlte mich schuldig.

Meinen Vater bat ich, länger in Kaesong bleiben zu dürfen. Doch Anfang März hieß es in den Lautsprecherdurchsagen und im Fernsehen, dass eine Invasion der südkoreanischen Armee kurz bevorstehen würde und jeder Einwohner umgehend zu seinem gemeldeten Wohnsitz zurückkehren müsse. Jetzt war es also so weit, dachte ich lakonisch. Noch mehr als die Weltpolitik machten mir meine Schwiegereltern zu schaffen, die sicher von mir enttäuscht sein würden. Gezwungenermaßen machte ich mich früher als geplant auf den Heimweg. In Hoeryong angekommen, erfuhr ich nichts als Kälte und Ablehnung.

FÜR EIN PAAR DOLLARSCHEINE

Mit Eun Hees Geburt wurden auch meine Anstrengungen größer, genug Essen auf den Tisch zu bekommen. Ein weiteres Kind in der Familie bedeutete schließlich auch: ein zusätzlicher Kopf, der gefüttert werden musste.

Mein Mann war immer schon nicht gerne zur Arbeit gegangen. Das war zu seiner Militärzeit bereits so, und wenn ich mir seine Eltern anschaute, dann war diese Disziplinlosigkeit wohl in den Familiengenen verankert. Regelmäßig musste Won Sung wegen seiner unzähligen Fehltage auf die Kritikbühne, mehrere Male wurde ihm dort übelst mitgespielt. Geholfen hat es alles nichts, selbst die Schläge der Sicherheitsbeamten verfehlten ihre Wirkung. Ihm schien all das nicht viel auszumachen. Seinen Töchtern und mir dafür umso mehr.

Natürlich wurde jeder Fehltag von Won Sung genauestens vermerkt. Wenn wir uns alle 15 Tage für die staatliche Essensverteilung vor dem Parteigebäude von Sechun anstellten, dann erhielt Won Sung eben auch nur die Ration, die er sich tatsächlich durch seine Arbeit erwirtschaftet hatte. Manchmal ging er jedoch nur jeden dritten Tag in das Bergwerk – und erhielt dementsprechend nur ein Drittel bei der Essensausgabe. Schlimmer noch wirkte sich seine Spielleidenschaft aus: Beim Kartenspielen wettete er Abend für Abend mit seinen Freunden um Geld, Alkohol und Zigaretten. Wenn er den Einsatz nicht bezahlen konnte, dann tauschte er schon mal Haushaltsgegenstände von uns ein. Ich merkte das, wenn wieder mal ein Topf fehlte oder eine Pfanne verschwunden war. Ein ums andere Mal musste ich nachts heimlich von den anderen Feldern stehlen, um für die Schulden meines Mannes aufzukommen. Es war beschämend.

Hätte ich mich von ihm scheiden lassen sollen? Damals wäre mir dieser Gedanke nicht mal im Traum gekommen, gleichwohl ich auch heute für Won Sungs Verhalten keine einzige mildernde Entschuldigung übrig habe. Wie auch! Ein Mann, der nicht davor zurückschreckte, seinen eigenen Kindern den letzten Bissen wegzuessen, den sie von unserer alten Nachbarin aus Mitleid geschenkt bekamen. Doch eine Scheidung hätte das nicht gerechtfertigt. Ein solch beschämendes Verhalten zuzugeben hätte uns direkt ins soziale Aus katapultiert.

Über meine Schwiegermutter bekam ich zu jener Zeit ein Stück Land am Berghang, etwa von der Größe einer

Schwimmbahn, das ich gemeinsam mit den Ban-Leitern aus unserer Ortschaft mit Kartoffeln und Bohnen bestellen konnte. Jeden Morgen wanderte ich die paar Kilometer auf die Hügel, mit Eun Hee auf dem Rücken und Sun Hee an der Hand. Genau wie vor zwanzig Jahren, als wir meine Mutter auf dem Feld besucht hatten: meine Großmutter, meine kleine Schwester Yeong Suk und ich.

Sobald sich die Sonne senkte, machten wir uns wieder auf den Weg ins Tal. In unserem Ort gab es im Grunde wenig Möglichkeiten zur Zerstreuung. Nachdem die Dämmerung angebrochen war, wurde unser Dorf in tiefe Dunkelheit gehüllt. Die Stromausfälle häuften sich, und gegen Ende der neunziger Jahre gab es nur mehr für drei Stunden am Tag Elektrizität, verteilt auf die Essenszeiten. Sobald es das Wetter erlaubte, sammelten sich die Leute draußen auf der Straße vor ihren Häusern. Die Männer hockten beim Kartenspielen zusammen, und wir Frauen tauschten den neuesten Tratsch aus. Mit Anbruch der Dunkelheit gingen wir nach Hause und früh zu Bett.

In einer Frühlingsnacht, es muss bereits nach zwölf gewesen sein, erspähte ich Lichtreflexionen im Hof. Erschrocken rannte ich zum Fenster. Von dort sah ich, wie Flammen aus der Nachbarswohnung peitschen. Unser Harmonika-Haus bestand aus fünf Haushalten in einem langen, flachen Gebäude. Das Feuer drohte, auf die anderen Wohnungen überzugreifen. Sofort rannte ich barfuß raus und schlug Alarm, doch zu dieser späten Stunde schliefen die meisten bereits tief und fest. Also hetzte ich von Tür zu Tür und scheuchte die Leute aus ihren Betten. Alle kamen sie in Unterwäsche und barfuß auf die Straße gelaufen. Sobald sie die Flammen sahen, wich die Schlaftrunkenheit einem heftigen Adrenalinschub. Einige begannen, hysterisch zu schreien.

Von der Familie am Ende des Hauses, aus deren Wohnung die Flammen schlugen, fehlte jedoch weit und breit jede Spur. Dort lebte die Familie von Hae Yeon, einem 16-jährigen Jungen, der von uns allen für seine Intelligenz und seinen höflichen Umgang bewundert wurde. Er stammte aus einer privilegierten Familie, die früher in Pjöngjang gewohnt hatte. Seine Tante genoss dort als Malerin die große Ehre, Porträtarbeiten von Kim Il Sung und Kim Jong Il anfertigen zu dürfen. Der Vater von Hae Yeon hatte einen Abschluss von der renommiertesten Uni des Landes, der Kim-Il-Sung-Universität, und die Mutter arbeitete in der Administration des Pjöngjanger Staatstheaters. Doch das Schicksal der Familie nahm einen tragischen Verlauf, als sich Hae Yeons Vater während einer Geschäftsreise nach China in die USA absetzen wollte. Der Erzählung nach wurde sein Taxifahrer in Peking misstrauisch und setzte ihn nicht bei der US-Botschaft ab, sondern brachte ihn zur nächsten Polizeistation. Als die Polizisten seine wahre Identität herausfanden, wollten sie Hae Yeons Vater am nächsten Morgen auf Wunsch der nordkoreanischen Regierung wieder in sein Heimatland abschieben. Noch in der Nacht bat Hae Yeons Vater um eine Decke, die ihm auch vorm Schlafengehen in seine Zelle gereicht wurde. Sobald die Wärter ihn in seine Nachtruhe entließen, riss er die Watte aus der Decke heraus und stopfte sich so viel auf einmal in seinen Rachen, dass er daran erstickte. Nach seinem Tod wurde die restliche Familie nach Hoeryong abgeschoben, wo die Mutter eine Arbeit im Kohlebergwerk zugewiesen bekam. Dort schob sie auch gerade eine Nachtschicht, als in der Wohnung das Feuer ausbrach.

Ich rüttelte an der Tür, doch sie blieb verschlossen. Wenig später eilten Männer vom Sicherheitsrat und Soldaten zu Hilfe. Sie brachen ohne Zögern die Tür auf – nur wenige

Minuten bevor Teile des Hauses zusammenstürzten. Von der Türschwelle aus konnte ich am Boden unter einer Decke die Umrisse eines reglosen Körpers erspähen. Als die Soldaten die Leiche bargen, war sie bereits schwarz wie Kohle. Die ganze Nacht über sollte der Gestank von verbranntem Fleisch in der Luft liegen. Erst am nächsten Morgen erfuhren wir die grausamen Details.

Mit dem nahenden Sonnenaufgang begannen die Aufräumarbeiten. Schon früh kam die Vermutung auf, dass jemand bereits vor dem Brand in die Wohnung eingebrochen sein musste. Die aufgefundene Leiche stellte sich wenig überraschend als Hae Yeon heraus. Doch eins stimmte mit seinen Überresten nicht: Sowohl die Handgelenke als auch die Fußknöchel fehlten. Die kompletten Ascheberge wurden durchsucht, aber die Extremitäten waren unauffindbar. Durch die Obduktion kam schließlich heraus, dass sie gewaltsam abgetrennt worden waren und Hae Yeon bereits vor Ausbruch des Feuers getötet worden war. Wer beging nur so einen grässlichen Mord – und wofür?

Nach drei Tagen wurde uns der erste Täter präsentiert: Es war ein Klassenkamerad Hae Yeons, der offenbar wusste, dass in der Wohnung der Familie ein paar amerikanische Dollars herumlagen. Eine Woche später wurde ein weiterer Komplize gefasst, ebenfalls ein Schüler. Der dritte und letzte im Bunde lief noch mehrere Monate frei herum. Dass sie allesamt noch minderjährig waren, rettete ihnen das Leben. Statt einer Erschießung bekamen sie lebenslängliche Haft. Ein unschuldiger Junge, schön wie eine Blume, hatte mit nur 16 Jahren diese Welt verlassen – wegen ein paar Dollarscheinen.

DER GROSSE FÜHRER IST VON UNS GEGANGEN

Der Tag, der Nordkorea von Grund auf verändern sollte, begann als ganz gewöhnlicher, verregneter Julimorgen. Am Vorabend hatte es bereits heftig zu schütten begonnen, wahrscheinlich ein erster Vorläufer der sich anbahnenden Regenzeit. Ich ging wie immer zu den Feldern am Berghang, um unseren Acker mit Kartoffeln und Mais zu bestellen. Einige von unserer Gruppe gingen dann bereits früh in die Mittagspause, um zu Hause im Trockenen einen Kartoffelkuchen zu backen. Ich blieb noch auf dem Feld und blickte hin und wieder besorgt auf dunkle Wolken am Horizont. Gegen Mittag klärte sich der Himmel überraschend auf und machte Platz für die Julisonne, deren wärmende Strahlen die durchnässte Kleidung trockneten und meine Wangen kitzelten wie die Spitze einer Pfauenfeder. In jenem Moment muss das Herz unseres Großen Führers aufgehört haben zu schlagen.

Als Erstes hörte ich die Hiobsbotschaft über eine Durchsage aus den Lautsprechern, vorgetragen von einer Frau und einem Mann, die beide ganz offensichtlich mit ihren Gefühlen rangen: «Unser geliebter Führer Kim Il Sung ist am 8. Juli um 12 Uhr von uns gegangen. Die Leute versammeln sich vor seiner Statue, um ihm die letzte Ehre zu erweisen.» Jede ihrer Silben traf mich härter als ein Schlag mit der blanken Faust. Die Todesnachricht schnürte mir die Kehle zu. Gleichzeitig spürte ich eine tiefe Traurigkeit und eine innere Leere. Bittere Tränen flossen von meiner Wange und fielen auf den Boden meines geliebten Heimatlandes, für dessen Unabhängigkeit unser Führer Kim Il Sung einst sein Leben riskiert hatte. Jede meiner Tränen war echt.

Wie die anderen auf dem Feld ließ auch ich auf der Stelle alles stehen und liegen. Beim Bach pflückten wir kleine weiße Blumen, die wir zu einem Strauß zusammenbanden. Da der Fluss vom starken Regenfall angestiegen war und uns das Wasser bis zur Brust reichte, mussten wir unsere Stoffrucksäcke zusammenbinden, um sicher ans vier Meter entfernte Ufer zu gelangen. Hand in Hand hielten wir uns fest, um nicht von der Strömung mitgerissen zu werden. Wir liefen im Gleichschritt in Richtung Tal, doch redeten wir auf unserem zweistündigen Weg kein Wort miteinander. Jeder war mit seiner Trauer allein.

Als wir die örtliche Zentrale der Arbeiterpartei erreichten, waren bereits Hunderte vor dem Gebäude versammelt. Manche saßen auf dem Boden, andere schrien ihre Trauer in Richtung Himmel. «Wieso bist du nur so früh von uns gegangen!», hörte ich die Leute um mich herum klagen.

Eine schier endlose Schlange hatte sich vor dem Kim-Il-Sung-Denkmal angesammelt. Die Leute warteten darauf, ihre Sträuße zu Füßen unseres geliebten Führers niederlegen zu können. An der Eingangswand des Parteigebäudes hing ein riesiges Ölgemälde von Kim Il Sung. Das Bild thronte über einer Marmortreppe und muss sicher vier mal vier Meter gemessen haben. Es zeigte das Gesicht unseres Staatsgründers, der väterlich seinem Volk zulächelte, umrandet von der tiefroten Abendsonne. Unter ihm wehten die Flaggen der Partei, und sein Volk jubelte ihm zu. Auch ich reihte mich in die Schlange ein. Nach einer halben Stunde stand ich vor der Marmortreppe, kniete nieder und bettete meinen Strauß auf das Blumenmeer vor Kim Il Sungs Abbild. Ich verbeugte mich tief, mein Blick Richtung Boden gerichtet, und hielt für mehrere Minuten inne. Wie sollte unser Land nur ohne unseren Beschützer überleben? Ein Krieg würde unmittelbar bevorstehen, da war ich mir sicher. Es wäre nur eine Frage der Zeit, bis der Süden bei uns einmarschierte.

Ich half den Ban-Leitern aus, die mit Listen ganz penibel kontrollierten, wer von unseren Nachbarn anwesend war und wer wie lange blieb. Nachts wechselten wir uns in Schichten ab, um jeweils im Parteigebäude ein paar Stunden Schlaf zu bekommen. Am nächsten Morgen wurden vor Ort Nudelgerichte ausgeteilt, mit denen wir uns stärkten. Mehrere Nachbarn bat ich, nach meinen Kindern zu schauen und ihnen etwas zu essen zu geben. So verbrachte ich die volle dreitägige Trauerzeit vorm Denkmal unseres geliebten Führers. Durch eine Bekannte meines Mannes, die in Hoeryong im Krankenhaus arbeitete, erfuhr ich später, dass während dieser drei Tage gehäuft Notfälle ins Spital eingeliefert wurden. Die Todesnachricht von Kim Il Sung schockte einige derart, dass sie einen Herzinfarkt bekamen und starben.

Für Außenstehende mag das schwer nachzuvollziehen sein, und auch ich tue mich schwer damit, diesen Personenkult rational zu erklären. Vielleicht lässt er sich mit einem Vergleich am ehesten verstehen: Genau wie in Südkorea viele in Abhängigkeit von ihrem Glauben zu Jesus Christus leben, widmeten wir in Nordkorea unsere ganze Jugend und auch unser späteres Leben Kim Il Sung. Jeden Genuss, den man als Mensch haben kann, schenkten wir unserem geliebten Führer. Es gab keinen nennenswerten Privatbesitz, kein eigenes Gehalt und auch keine Reisefreiheit. Die Arbeit, die wir verrichteten, die Treuedienste nach Feierabend und die ewig langen Ideologieschulungen: Praktisch jede wache Minute diente dem Wohle der Partei.

Auch heute denke ich nicht schlecht über Kim Il Sung: Unter seiner Herrschaft hatten wir zumindest Mais zu essen, bekamen einmal im Monat Fisch und Öl sowie zu seinem Geburtstag Süßigkeiten geschenkt. Wie ein Vater sorgte er sich um unser Überleben. Was wir hatten, bekamen wir durch ihn. All das änderte sich grundlegend. Mit Kim Il Sungs Tod folgte der größte Einschnitt in unserem bisherigen Leben. Eine Zäsur, die unser Dasein in ein Vorher und Nachher teilen sollte. Von einem Tag auf den nächsten setzte die staatliche Essensverteilung aus.

Am Tag vor Kim Il Sungs Tod hatten wir unsere zweimonatliche Ration zum letzten Mal ausgeteilt bekommen. Die nächste Woche über blieb die Essensausgabe geschlossen. Am Morgen des 15. Juli entdeckte ich dort einen an der Wand angebrachten Zettel: «Es gibt kein Essen mehr. Sobald es wieder etwas gibt, wird es verteilt.» In der Zeit zuvor war es zwar immer wieder vorgekommen, dass die Essensration vom Vormonat erst verspätet verteilt wurde – doch bekommen hatten wir sie immer. Schon beim Anblick des Zettels wurde ich nervös.

Wir vermuteten, dass die Schließung der Essensausgabe mit der Trauerzeit zusammenhängen könnte, die in der koreanischen Kultur traditionell drei Tage dauert. Kim Jong Il, unser neuer Herrscher, hatte jedoch nach Ende der drei Tage angeordnet, die Trauerzeit auf drei Jahre zu verlängern. Woche für Woche warteten wir darauf, dass wir wieder unsere gewohnte Ration erhalten würden – und immer warteten wir vergeblich.

Schnell mussten wir auf die neue Situation reagieren, denn für uns war dies ein drastischer Einschnitt in unseren Alltag. Zum ersten Mal hing unser Überleben komplett davon ab, ob wir selbst für uns sorgen konnten. Wir mussten unser Essen nun selber organisieren. Andere Familien konnten die ersten Monate von ihren Vorräten zehren, doch wir hatten weder Lebensmittel gehortet noch wertvolle Besitztümer. Als Mutter von zwei Töchtern hatte ich keine Zeit zu verlieren.

Es ist kein angenehmes Gefühl, seine Kinder hungrig schlafen zu legen. Seit Tagen hatten wir nichts mehr Richtiges gegessen, und bevor ich Eun Hee und Sun Hee einen erholsamen Schlaf wünschte, fragten sie mich, ob es morgen endlich wieder etwas zum Frühstück geben würde. Als Schwur kreuzten wir unsere Zeigefinger. Ich konnte es kaum erwarten, mein Versprechen am nächsten Morgen mit einer kräftigen Nudelsuppe einzulösen. Für die Nacht hatten mein Mann und ich bereits einen Plan ausgeheckt.

Ein gutes Jahr war seit Kim Il Sungs Tod vergangen, und mit jeder neuen Woche wurden unsere Mahlzeiten nicht nur immer mickriger, sondern auch unregelmäßiger. Kim Won Sung hatte uns früher noch mit Essen von seinen Eltern versorgt, doch da die beiden mich nicht leiden konnten, versiegte ihre Hilfsbereitschaft bald. Ab und an luden sie ihren Sohn zu sich nach Hause zum Abendessen ein, bei dem ich unerwünscht war. Auf der Arbeit erhielt mein Mann noch manchmal warme Mahlzeiten, wenn auch sehr unregelmäßig. Da Won Sung jedoch ohnehin immer seltener ins Kohlebergwerk ging, fiel auch diese Nahrungsquelle weg. Die Leute scherten sich nicht mehr wirklich um ihre Arbeit, denn der tägliche Überlebenskampf war längst zum Vollzeitjob geworden, und je schlimmer die Hungersnot wurde, desto lascher kontrollierte man in den Firmen die Anwesenheitszeiten der Arbeiter. Von Nachbarn, die am Bahnhof arbeiteten, vernahmen wir manchmal Gerüchte, dass bald ein Zug aus Russland oder China eintreffen würde. Jedes Mal hofften wir darauf, dass auch Hilfslieferungen in der Fracht enthalten wären. Verlassen konnten wir uns darauf nicht.

Im Sommer fing ich ab und an Ratten, aber auch damit konnte man freilich keine Familie ernähren. Neben dem Feld, das ich am Berg bestellte, hatten wir in unserem Garten noch einen kleinen Holzschuppen, in dem wir acht Hasen hielten. Doch schon bald gab es für sie schlicht kein Futter mehr. Zu allem Überfluss mussten wir als Treuedienste auch immer wieder Hasenfelle an die Partei abliefern. Keines der Tiere überlebte lange. Wir mussten uns anderweitig helfen, auch wenn es die Grenzen der Legalität überschreiten würde. Um mein Versprechen zu halten, waren mir alle Mittel recht. Noch einen Tag ohne Essen wollte ich meinen Kindern nicht zumuten.

Gegen ein Uhr nachts schlichen Won Sung und ich hinaus in die dunkle Sommernacht, jeder mit einem Dutzend leerer Stoffsäcke ausgerüstet. Wir gingen eine Viertelstunde lang durch menschenleere Lehmstraßen, bis wir schließlich unser Ziel erreichten: den Bahnhof von Sechun. Wir legten uns an die Gleise und verharrten mucksmäuschenstill in Deckung. Die Stimmung war sehr angespannt, denn je hungriger wir wurden, desto öfter stritten wir uns. Nach einer halben Stunde auf der Lauer hörten wir endlich den erhofften Zug aus der Ferne einfahren. Als er am Bahnhof hielt, quasi zum Greifen nahe, folgte sofort die Ernüchterung. Überall lauerten Polizisten, die den Zug bewachten. «Verdammt!», fluchte mein Mann, gerade leise genug, dass uns die Wächter nicht hörten. Vor uns standen die randvoll mit Kohle beladenen Waggons, doch wir hatten keine Chance, unbemerkt an das schwarze Gold zu gelangen. Der Zug kam vom politischen Gefangenenlager, weshalb die Kontrollen aus Angst vor blinden Passagieren besonders streng waren.

Der Zug hielt jedoch länger als gewöhnlich. Mit einem Handzeichen gab mir Won Sung zu verstehen, dass er abwarten würde, ob die Situation sich klärte. Ich machte mich derweil auf den Weg zum Berg, den ich nach zwei Stunden Fußmarsch bei Anbruch des Sonnenaufgangs erreichte. Dort sammelte ich wie immer das Berggemüse, das wir ein ums andere Mal aßen, auch wenn die Blätter freilich nicht satt machten. Zusätzlich zog ich Baumwurzeln aus dem Boden, entfernte mit den Fingernägeln deren äußere Rinde und rieb sie an meiner Kleidung sauber. Auf dem Rückweg, schwindelig vor Hunger und Schlafmangel, stürzte ich unglücklich und verletzte mich am rechten Arm. Zu Hause angekommen, konnte ich am Gesichtsausdruck meines Mannes ablesen, dass sein Beutezug ebenso wenig von Erfolg gekrönt war. Ich weckte meine Töchter und musste mein Versprechen brechen: Ein ordentliches Frühstück konnte ich ihnen nicht zubereiten. Der ganze Tag lag noch vor uns, doch ich hatte keine Ahnung, wie wir ihn überstehen sollten. Die Hoffnung auf eine richtige Mahlzeit war mit dem Kohlezug im Morgengrauen abgefahren.

Am nächsten Vormittag zogen mein Mann und ich wieder zum Bahnhof. Diesmal hatten wir von unserem Informanten – einem Nachbarn, der beim Bahnhof arbeitete – gehört, dass der Kohlezug gegen elf Uhr bei uns in Sechun ankommen würde. Wieder sollte er recht behalten. Von Polizisten war diesmal weit und breit keine Spur. Wir warteten zwei Minuten ab, doch die Luft schien tatsächlich rein zu sein. Won Sung gab mir das Zeichen, dass es losging. Dann kletterten wir auf einen der vollbeladenen Güterwagen und legten uns flach auf den Kohleberg. Eine weitere Viertelstunde verstrich, bis sich der Zug langsam wieder in Bewegung setzte. Sobald wir außer Sichtweite des Bahnhofs waren, ging unsere eigentliche Arbeit los: Sack für Sack füllten wir bis zum Anschlag mit Kohlestücken und verstauten ihn im Waggon. Nach einer guten Stunde hatten wir zwanzig volle Stoffbeutel geschafft. Unsere Beute war freilich noch nicht gesichert.

Sobald wir merkten, dass der Zug seine Geschwindigkeit drosselte, wussten wir, dass wir in etwa zehn Minuten am Bahnhof von Hoeryong einfahren würden. Nun durften wir keine Zeit verlieren, denn wenn uns die Polizisten am Bahnhof erwischten, wäre all unsere Mühe umsonst gewesen. Wenn wir Glück hätten, kämen wir damit durch, die Sicherheitskräfte mit Alkohol und Zigaretten zu schmieren. Wenn sie uns jedoch nicht wohlgesinnt wären, würden sie unsere Säcke aufschlitzen und uns auf die Kritikbühne schicken. An diesen Gedanken verschwendeten wir in diesem Augenblick jedoch keine Zeit. Sack für Sack hievte ich zu Won Sung, der sie einen nach dem anderen auf die Bahnstrecke schmiss. Am Ende sprangen auch wir vom Zug.

Ich legte mich in die Büsche und wartete, bis Won Sung mit einem Karren wiederkam, den er sich in der Bahnhofsgegend gegen ein bisschen Geld ausgeliehen hatte. Nun liefen wir die Strecke ab und sammelten die Säcke ein. Die Kohle hatten wir gesichert. Die Hälfte unserer Arbeit lag jedoch noch vor uns.

Mit dem schwer beladenen Karren zogen wir von Haus zu Haus und priesen die Kohle an. Pro Sack nahmen wir 15 bis 25 Won, je nachdem wie geschickt wir feilschten und wie verzweifelt unsere Lage war. Kohle konnten die Leute immer gebrauchen: im Winter zum Heizen, im Sommer zum Kochen. Bis zum späten Nachmittag hatten wir bis auf fünf übriggebliebene Säcke unsere gesamte Kohle verkauft. Wir verstauten den Rest bei einem Bekannten, wo wir die Säcke am nächsten Tag wieder abholen konnten. Anschließend machten wir uns auf den Weg zum Marktplatz, der an die Reparaturstation für die Züge angrenzte. Von der schweren Last befreit, dafür mit einem prallen Bündel Scheinen in unseren Taschen, zogen wir lächelnd durch die Straßen von Hoeryong und waren zu Scherzen aufgelegt. Endlich würden wir wieder eine warme Mahlzeit zubereiten können.

Der Markt war in keinem überdachten Gebäude untergebracht, sondern bestand aus einer chaotischen Ansammlung von Marktständen im Freien. Viele Händler boten ihre Waren auch einfach nur auf schlichten Holzbrettern am Boden feil. Der Lärmpegel war ohrenbetäubend, Won Sung und ich drängten uns durch die mehrere hundert Meter lange Gasse. Zu unserer Seite wurde alles Erdenkliche verkauft: exotische Früchte, die verschiedensten Reissorten und sogar die neueste Mode aus China. Der Tuman-Fluss lag von Hoeryong nur einen Katzensprung entfernt, und bei freier Sicht konnte man die Häuser am anderen Ufer erkennen. Während unsere Sinne von all den Gerüchen überflutet wurden, fiel es uns nicht leicht, mit knurrendem Magen all die Kostbarkeiten zu ignorieren. Wir zwängten uns durch die enge Marktgasse, ohne nach rechts und links zu schauen. Für unser erbeutetes Geld kauften wir das, was unsere Familie am effizientesten satt machen würde: ein Kilo Maispulver und drei Kilo Nudeln. Unser Überleben schien für eine weitere Woche gesichert.

Zuerst aber mussten wir wieder heil zu Hause ankommen. Die Kohlezüge fuhren nur selten und unregelmäßig, deshalb würden wir uns für den Rückweg mit dem nächsten Passagierzug begnügen müssen. Natürlich hatten wir weder eine Reiseerlaubnis noch Geld für die Tickets, doch für blinde Passagiere wie uns gab es immer eine andere, wenn auch gefährliche Mitfahrgelegenheit.

Die Stunden verstrichen nur langsam. Als der nächste Zug im Bahnhof einfuhr, muss es bereits nach ein Uhr nachts gewesen sein. Vom Gleis aus schauten wir möglichst unauffällig, wann die Schaffner die Waggons kontrollierten. Das passierte immer erst kurz vor Abfahrt. Sobald das Dampfsignal des Zuges erklang, schwangen wir uns von außen an den Zug und hielten uns dort im Zwischenraum der Waggons fest. Wir schenkten uns gegenseitig ein Lächeln – aus Freude darüber, dass uns keiner der Kontrolleure beim Aufspringen gesehen hatte. Der Wind blies uns ins Gesicht, während wir die Außenbezirke von Hoeryong passierten. Mein Körper war schwach, doch mein Geist musste stark bleiben. Mit aller Kraft fokussierte ich mich darauf, während der nächsten Stunde bloß nicht einzuschlafen oder meinen Stoffsack mit dem Maispulver aus den Händen zu verlieren. So vergingen vierzig lange Minuten, die mir all meine Kraftreserven abverlangten. «Jetzt!», rief mir Won Sung zu. Synchron sprangen wir von unserem Waggon ab.

Da der Zug nicht ganz bis nach Sechun fuhr, mussten wir die letzten zwei Stunden zu Fuß zurücklegen. Die Müdigkeit wich jedoch einer unbeschreiblichen Euphorie. Mit jedem Schritt wurde mein Körper von einem weiteren Schwall an Glückshormonen durchflutet. Es war ein erhabenes Gefühl, dass unser Beutezug so erfolgreich gewesen war. Wie kleine Kinder vertrieben wir uns die Zeit mit Blödeleien. Als die Sonne aufging, waren wir 24 Stunden wach und voll innerer Harmonie. Zu Hause angekommen, machte ich mich sofort an die Zubereitung einer Nudelsuppe. Dafür füllte ich den Topf mit ausgiebig Wasser und wenig Nudeln, sodass die Nudeln möglichst viel Flüssigkeit aufnehmen konnten und an Größe zunahmen. Erschöpft und hundemüde servierte ich meinen hungrigen Töchtern das Frühstück. Dieses Mal konnte ich mein Versprechen halten. Ihre Augen beim Anblick der vollen Schüssel waren jede Mühe wert.

DIE BERUFUNG ZUM BLOCKWART

Eines Morgens im Sommer 1996 machte ich mich gerade fertig, um auf dem Berghang Gemüse pflücken zu gehen, als es kräftig an meiner Tür klopfte. Die Kinder hatten bereits ihr Frühstück bekommen, mein Mann war längst auf dem Weg zur Arbeit, und ich erwartete keine Besucher. Verwundert ging ich zur Tür. Als ich sie öffnete, stand die Parteisekretärin der lokalen Hausfrauenunion vor mir. Sie war Mitte 40 und wie immer äußerst sorgfältig gekleidet, denn ihre Familie gehörte zu den wohlhabenderen aus Sechun. Sie hatte zwar eine kalte, distanzierte Ausstrahlung, doch war sie gleichzeitig aufrichtig und fair. «Kameradin Choi, Sie müssen mit mir zum Parteigebäude kommen – und zwar jetzt», sagte sie. Nun, ich hatte mir nichts zuschulden kommen lassen und auch meine Treuedienste stets sorgfältig erledigt. Wieso also wurde ich zur Partei zitiert? «Worum geht es denn?», fragte ich die Sekretärin vorsichtig. «Das weiß ich ebenso wenig wie Sie», entgegnete sie in ihrer gewohnt kühlen Art. «Jetzt kommen Sie schon. Sie werden schon früh genug erfahren, was man von Ihnen will.»

Einer Parteiorder widersetzt man sich nicht ohne triftigen Grund, ganz im Gegenteil: In Nordkorea ist man es gewohnt, Anweisungen blind zu folgen, solange sie von oben kommen. Ich zog mir hastig die Schuhe an und machte mich mit der Sekretärin auf den Weg.

Wir bogen links ein, durchschritten den baumlosen Lehmweg bis zur nächsten Kreuzung und erreichten nach einer Handvoll weiterer Häuserblocks das schnörkellose Parteigebäude der Hausfrauenunion. Wie jedes Gebäude in Sechun war es einstöckig, doch im Gegensatz zu den üblichen Harmonika-Häusern in nur zwei Raumhälften geteilt. Der rechte Flügel war für das Bezirksamt reserviert, im linken war die Abteilung der Partei untergebracht. Die Sekretärin kündigte unser Kommen mit einem kurzen Klopfen an und bedeutete mir mit einer einladenden Handbewegung einzutreten. Sofort fielen mir die überlebensgroßen Porträts von Kim Il Sung und Kim Jong Il auf, die in kleinerer Ausführung auch in jedem Wohnzimmer hängen. Unter den Bildern saß die Unionsvorsitzende an ihrem Schreibtisch. «Setzen Sie sich», befahl sie mir und deutete auf einen Stuhl in der Raumecke. Es dauerte nicht lange, bis sie die Katze aus dem Sack ließ: «Sie werden von nun an die Leitung Ihres Bans übernehmen.»

Ihre Worte überraschten mich. Obwohl die Position der Ban-Leitung mit einer gewissen Ehre verbunden ist, zögerte ich innerlich. Warum die Partei ausgerechnet mich für diesen Posten ausgewählt hatte, konnte ich natürlich nicht direkt fragen, aber ich ging davon aus, dass mich mein politischer Hintergrund qualifiziert hatte. In Kaesong war ich einst Anwärterin auf eine Parteimitgliedschaft gewesen, bevor meine angebliche Affäre mit Won Sung meinen Traum zunichte gemacht hatte. Zudem genoss ich den Ruf, regimetreu und loyal zu sein. Auch wenn es ein durchaus privilegiertes Amt war, dachte ich im ersten Moment vor allem an all den Druck und Stress, der damit einhergehen würde. Schon jetzt hatte ich alle Hände voll damit zu tun, Berggemüse zu pflücken und das Feld zu bestellen, dazu kamen unsere abendlichen Beutezüge, um Kohle zu stehlen. All meine freie Zeit verwendete ich darauf, meinen Töchtern zumindest eine Mahlzeit am Tag zubereiten zu können.

«Vielen Dank, Kameradin. Ihr Angebot kann ich jedoch leider nicht annehmen», sagte ich höflich, aber entschieden. «Ich fühle mich für dieses ehrwürdige Amt nicht qualifiziert, schließlich habe ich bislang nicht genügend Erfahrung sammeln können. Zudem bin ich selber sehr beschäftigt, um über die Runden zu kommen. Ich muss meine Familie ernähren und kann es mir nicht erlauben, mit meinen Pflichten als Ban-Leiterin so viel Zeit zu verlieren.» Meine gradlinige Antwort kostete all meinen Mut, doch andererseits befand ich mich längst in einem Zustand, in dem mein Hunger mehr wog als die Loyalität zur Partei.

«Sie verstehen wohl nicht, Kameradin Choi», sagte die Unionsvorsitzende, diesmal in deutlich schärferem Ton. «Das war keine Frage, sondern ein Befehl.» Mit diesen Worten erklärte sie die Anhörung für beendet. Am nächsten Tag berief sie die Ban-Leiter-Gruppe aus unserem Ort zu einer Versammlung ein, bei der ich als ihre Vorsitzende ausgerufen wurde. Ein zweites Mal wagte ich es nicht, Einspruch zu erheben.

Nun zeichnete ich mich also – unfreiwillig – für die 46 Haushalte meines Bans verantwortlich. Ich musste in meiner Position nicht nur die kollektiven Arbeitsaufträge der Partei unter den einzelnen Bewohnern gerecht verteilen, sondern auch sonst rund um die Uhr nach dem Rechten sehen. Das bedeutete vor allem auch, die Leute aus meinem Ban auszuspionieren und im Zweifelsfall zu verpfeifen. Wenn jemand über den «Großen Führer» lästerte oder bei den Treuediensten die Vorgaben nicht einhielt, musste ich ihn auf die Kritikbühne schicken. Früher wäre das für mich kein Problem gewesen, aber aus eigener Erfahrung wusste ich ja bereits, wie schnell man dort als Unschuldiger bestraft werden konnte. Dennoch musste ich meinen Vorgesetzten gehorchen – und ab und an einen Missetäter melden. Die Quoten einzuhalten fiel mir dann jedoch wider Erwarten nicht sonderlich schwer.

In den meisten Fällen handelte es sich um private Streitereien. Oft gingen Ehepartner fremd. Auch das war ein Grund, um auf die Kritikbühne geschickt zu werden. Einmal hatte sich ein erboster Mann an seiner Frau gerächt, indem er sie nackt auszog und kopfüber an den Füßen aufhängte. Er hatte eine leere Bierflasche mit einem Gemisch aus Wasser und Pfeffer gefüllt und es seiner vermeintlich untreuen Frau in die Vagina gesteckt. Als ich Wind davon bekam, habe ich ihn natürlich angezeigt. Er kam für zwei Jahre ins Gefängnis – völlig zu Recht.

Doch auch all die traurigen Seelen, die bei der Feldarbeit erschöpft zu Boden fielen, musste ich – statt ins Krankenhaus – auf die Kritikbühne schicken. Dort mussten sie sich rechtfertigen, warum sie aus Mangel an Treue für unseren Führer Kim Jong Il nicht hart genug arbeiten würden. Dabei waren ihre Körper vom ständigen Hunger geschwächt und von den rigiden Produktionsvorgaben der Partei überfordert. Das war die grausame Realität in Nordkorea.

Ich schämte mich, meine eigenen Nachbarn bei der Sicherheitsbehörde zu melden, weil sie von den benachbarten Feldern Kartoffeln gestohlen hatten. Schließlich tat ich – als Ban-Leiterin und Vorbild für die anderen – dasselbe, damit meine Familie überleben konnte.

EIN VOLK KANN SICH NICHT MEHR ERNÄHREN

In Extremsituationen lernt man eine Person erst richtig kennen, heißt es im Volksmund. Unsere leeren Mägen haben nur die schlechten Seiten hervorgebracht: Ständig waren wir alle gereizt und rasteten schon bei Kleinigkeiten aus.

Der Hunger machte uns zu Dieben, einige verwandelte er in regelrechte Bestien: Immer wieder kursierten Gerüchte, dass Leute Menschenfleisch essen würden, um ihren nagenden Hunger zu stillen. Mit eigenen Augen gesehen habe ich es nicht.

Selbst erlebt habe ich jedoch, dass viele Frauen für eine warme Mahlzeit ihren Körper verkauften. Wenn sie erwischt wurden, mussten sie zum Verhör bei der Sicherheitsbehörde. Einmal traf es eine verheiratete Mutter aus unserem Nachbarort. Ihr Mann wusste, dass sie sich prostituierte. Gutgeheißen hat er es nicht, doch die verzweifelte Lage hatte seinen moralischen Kompass außer Kraft gesetzt. In den engen Harmonika-Häusern, in denen jeder seinen Nächsten überwacht, sind solche Geheimnisse jedoch nur schwer zu wahren. Als die Beamten von den Liebesdiensten der Frau Wind bekamen und sie zur Rede stellen wollten, erwiderte sie nur: «Mein Körper gehört einzig und allein mir – und nicht der Sicherheitsbehörde!»

Vor Kim Il Sungs Tod wäre solch eine Respektlosigkeit der Partei gegenüber undenkbar gewesen, doch bei jenem Verhör ließen es die Beamten durchgehen. Sie schickten sie nicht einmal auf die Kritikbühne. Was hätten sie auch sagen sollen? Auch die Beamten wussten schließlich um die Misere des Volkes.

Das Fernsehen und die Zeitungen waren zu dieser Zeit bereits voller Durchhalte-Slogans. Den «beschwerlichen Marsch» hatte die Partei die fürchterliche Hungersnot euphemistisch getauft. Wann immer wir uns zum Nachrichtenschauen bei einem unserer Nachbarn einfanden, sahen wir vor jedem Bericht die gleichen Bilder: Wenn Kim Jong Il einen seiner berüchtigten Inspektionsbesuche im Land vornahm, wies der Moderator stets darauf hin, dass unser geliebter Führer als Proviant den ganzen Tag über nur von einem gewöhnlichen Reisball zehren würde. Wenn das Volk nichts zu essen hat, dann verzichtet auch Kim Jong Il, lautete die Botschaft. Wir hatten nicht den leisesten Zweifel daran, dass dies stimmte – obwohl Kim Jong Il eine Leibesfülle vorwies, die im starken Kontrast zu unseren abgemagerten Körpern stand. Niemand von uns wusste, dass ihn das Wohl seines Volkes gar nicht kümmerte, sondern dass er vielmehr unser Leiden und Sterben bewusst in Kauf nahm. Nicht einmal im Traum hätte ich mir vorstellen können, dass sich die Elite in Pjöngjang Kaviar aus dem Ausland importieren ließ, während meine letzte ordentliche Mahlzeit vier Tage zurücklag.

Ich entdeckte viele verschiedene Wege, meinen Magen zu füllen, deren Existenz ich noch wenige Jahre zuvor nicht einmal geahnt hatte. Vor allem aber lernte ich die dehnbaren Grenzen meiner Leidensfähigkeit kennen. Immer wenn ich dachte, es könne nicht mehr schlimmer werden, musste ich von neuem einsehen, wie falsch ich lag.

Not macht erfinderisch. Hätten Sie gewusst, dass man sich von Bäumen ernähren kann? Ich rede nicht von den Früchten, die an ihnen wachsen – von solchen Köstlichkeiten wagte ich zu jener Zeit nicht mal mehr zu träumen. Nein, ich meine den bloßen, nackten Baumstamm. Vor allem die Japanische Aralie eignet sich zum Verzehr – solange man das Rezept genau befolgt.

Je mehr man von der Rinde wegschneidet, desto heller wird das Bauminnere. Nur das Weiße des Baumstamms konnten wir verwenden. Wir ließen es mehrere Stunden in einem Topf mit kaltem Wasser einweichen. Allmählich nahm die Flüssigkeit eine gelbliche Farbe an. Das war für uns das Signal, das Holzstück herauszunehmen, es wie ein Schnitzel mit einem Hammer flach zu klopfen und wieder in frisches Wasser zu legen. Diese Prozedur wiederholten wir so lange, bis sich das Wasser nicht mehr verfärbte, denn das Gelbe waren die Giftstoffe aus dem Bauminneren. Nach etwa drei Tagen war die Rinde essbar. Nun mussten wir sie nur noch mundgerecht zubereiten. Wir häckselten sie in kleine Späne und vermischten die Späne mit Mehl. Diesen Teig kochten wir in Wasserdampf zu einer Art Reiskuchen, der eine dunkle Farbe annahm und sehr, sehr bitter schmeckte. Wenn man eine Woche lang nichts zu essen gehabt hatte, wirkte das Holzgebäck auf der Zunge wie die süßeste Schokolade der Welt.

An sich dauerte es drei bis vier Tage, bis man die Giftstoffe aus dem Holz bekam, doch das konnten sich nur die wohlhabenden Familien leisten. Wir aßen meist die noch giftige Rinde, schlicht weil unser Magen keinen Aufschub mehr zuließ. Nach dem Verzehr bekamen wir fürchterliche Bauchschmerzen. Der Kot wurde außen herum ölig und weiß. Die Giftstoffe haben das Fett aus dem Körper gezogen.

Mit der Zeit starben die Wälder an den Berghängen ab. Die Bäume standen zwar alle noch an Ort und Stelle, doch waren sie leblos geworden und kahl. Wir nagten an ihrer Rinde und aßen ihre Wurzeln – und stahlen damit ihr Leben, welches sie uns im Gegenzug wieder einhauchten. Ein tödlicher, lebensspendender Pakt.

Spätestens im Herbst 1997 war der Anblick meiner Töchter nur mehr besorgniserregend: Ihre Oberschenkel waren spindeldürr geworden und machten einen unwirklichen Eindruck. Entfernt erinnerten sie an die Streichholzmännchen, die sie selber im Kindergarten gezeichnet hatten, als es noch Papier gab. Die schlaffe Haut hing an ihren Knochen wie ein loser Stofffetzen. Der Hunger hatte ihren Körpern bereits so viel Muskelmasse geraubt, dass ihr Schließmuskel nicht mehr ordentlich funktionierte. Wenn sie auf Toilette mussten, konnten sie ihren Drang nicht mehr zurückhalten. Ihre Gesichter verloren jegliche Rundung. Die Haut war eingefallen, und die Augen stachen aus den Höhlen hervor. Mit das Schlimmste war, dass sie nicht mehr weiterwuchsen. Eun Hee, die damals bereits fünf Jahre alt war, konnte kaum ordentlich laufen. Die meiste Zeit über wollte sie sich hinlegen.

Je weniger Essen es gab, desto schneller stiegen die Preise auf dem Markt. Wenn wir die Kohle von den Zügen stahlen, bekamen wir dafür immer weniger Maispulver. Gleichzeitig wurden die Sicherheitskontrollen an den Bahnhöfen verstärkt. Auch die Zwischenhändler auf dem Markt verkauften immer weniger Nudeln, weil sie diese zunehmend selber verzehrten. Und es war kein Ausweg aus diesem teuflischen Kreislauf in Sicht.

Gegen Jahresende, als der Dezember das Land in eine tiefe Schneedecke hüllte, erreichte die Hungersnot ihren vorläufigen Höhepunkt. Im Sommer hatten wir zumindest noch Gräser und Bergblätter pflücken können, um zu überleben, aber im Winter war es unmöglich, seine Familie auf diese Weise zu versorgen. Die Felder waren zugeschneit, die Vögel gen Süden gezogen, und die Ratten versteckten sich längst in den hintersten Kellerlöchern. Unsere Nahrungsquellen waren versiegt. Der Hunger hatte uns in einen konstanten Zustand der Panik versetzt. Verzweifelt klammerten wir uns an den letzten Hoffnungsanker, der sich damals auftat: Er lag in der Erde.

Rund anderthalb Stunden Fußmarsch von meinem Haus entfernt lag eines der berüchtigten Arbeitslager für politische Gefangene, das Lager 22 bei Hoeryong. An den umliegenden Berghängen sollte es sogenannte essbare Erden geben, im Koreanischen «Paengryeongto» genannt. Angeblich sollte man sich davon ernähren können. Wir waren derart verzweifelt, dass uns allein der Gedanke an einen vollen Magen jegliche Mühe in Kauf nehmen ließ.

Auch wenn uns die schneidende Kälte förmlich den Brustkorb zuschnürte, hielt das niemanden davon ab, schon am Vorabend eilig loszuziehen, um sich in die Schlange der Wartenden einzureihen und die bitterkalte Nacht über auszuharren. Jede Minute, die man zu spät kam, hätte bedeuten können, dass man nichts mehr abbekam. Daher beeilte sich jeder, wie er nur konnte. Bis zum folgenden Nachmittag warteten wir mit gefrorenen Füßen, dann erst trafen die Arbeiter der umliegenden Kohlebergwerke ein, die die Erde herausschaufelten und der Reihe nach verteilten.

Natürlich war uns allen klar, dass es sich hier weder um Mais noch um Reis handelte – jene Grundnahrungsmittel, die Menschen sonst so zu sich nehmen. Nicht mal Reiskleie, die man an Kühe oder Schweine verfüttert, bekamen wir. Nein, uns wurde ein Sack einfacher Erde ausgeteilt, und dennoch freuten sich die Leute wie kleine Kinder bei der Bescherung. Auch meine Familie und ich würden nun endlich wieder etwas zu essen haben. Fast leichtfüßig marschierte ich nach Hause und vergaß die Sorgen für eine Weile, denn die nächsten fünf Mahlzeiten schienen gesichert. Endlich könnte ich wieder meine hungernden Töchter füttern. Wir alle gingen durch eine fürchterliche Zeit.

Zu Hause angekommen, stand ich allerdings vor dem Problem, die Erde so zuzubereiten, dass sie auch genießbar wurde. Zuerst schüttete ich sie in eine große, mit Wasser gefüllte Schüssel. Dann rührte ich das Gemisch, bis sich die Erde vollständig gelöst hatte. Schließlich goss ich die Flüssigkeit durch einen Stofffetzen, der mir als Sieb diente, um die groben Sandkörner herauszufiltern. Am Ende der Prozedur war von den 20 Kilogramm Erde nur noch ein Zehntel übrig.

Besserstehende Haushalte mischten den Bodensatz der Erde mit Maispulver oder Reiskleie, bevor sie daraus einen Teig kneteten. Wir hatten nichts von all dem und mussten die Erde pur verzehren. Ich bereitete aus dem Erdteig wahlweise Nudeln, Reiskuchen oder eine Art Pfannkuchen zu. Noch heute habe ich manchmal den Geruch von «Paengryeongto» in der Nase. Es schmeckte sehr chemisch, wie Gerichte mit einem hohen Natriumglutamat-Anteil. Die Kinder hat das nicht gestört. Wir hätten ihnen praktisch alles zu essen geben können, was ihren Mägen ein Völlegefühl bescherte. Sie hätten auch Sand dankbar angenommen.

Als besorgte Mutter, die ich meine Töchter mit der Erde gefüttert habe, hat jeder Biss geschmerzt wie ein Stich ins Herz. Einerseits war mir natürlich jedes Mittel recht, das Leben meiner Kinder um einen weiteren Tag zu verlängern. Zumindest für die Dauer dieser kurzen Gewissheit war ich wunschlos glücklich. Die Misere folgte jedoch, nachdem der letzte Biss hinuntergeschlungen worden war. Dann rächte sich auf perfide Weise, dass diese Erde zwar essbar, aber keine richtige Mahlzeit war.

Noch während der Verdauung wurde der Magen schwer und blähte sich auf wie ein Ballon. Je länger wir davon aßen, desto stärker schmerzte die Leber, und auch die anderen Organe funktionierten nicht mehr richtig. Besonders die Kinder litten sehr darunter: Sie bekamen riesige Wasserbäuche, mit denen sie aussahen wie hochschwangere Frauen. Die Magenschmerzen nach dem Verzehr waren für sie kaum auszuhalten, sie haben geweint und geschrien. Die steinhart gewordene Erde konnte nicht ordentlich vom Darm ausgeschieden werden.

Ich befahl Eun Hee und Sun Hee, sich nach der Mahlzeit die Hose auszuziehen und kopfüber vorzubeugen, den

Hintern in die Höhe gestreckt. Dann nahm ich einen Holzspan zur Hand und scharrte die hartgewordene Erde aus dem After. Bei jeder Bewegung schrien die beiden wie am Spieß. Sie hatten in ihrem Alter noch weiche, leicht verletzliche Kinderhaut. Sie fingen an zu bluten und haben sich fürchterliche Schorfwunden zugezogen.

Wenn ich die Erde nicht ausgescharrt hätte, wären die Magenschmerzen nur noch unerträglicher geworden, weil sie ihren Darm nicht hätten leeren können. So aber haben sie letztendlich ebenfalls fürchterlich geweint – wegen der Verletzungen an ihren Hintern, die ich ihnen mit dem Holzspan zugefügt habe. Nie habe ich mich schlimmer gefühlt als in den Momenten, in denen ich meinen Töchtern, die gerade mal fünf und sechs Jahre alt waren, dabei zuschauen musste, wie sie sich vor Schmerzen krümmten und schrien – und ich als Mutter konnte nichts dagegen unternehmen. Wie gerne hätte ich ihnen versprochen, am nächsten Tag eine Schüssel Reis zubereiten zu können!

Trotz des vorübergehenden Sättigungsgefühls blieben ihre Körper letztlich von dieser minderwertigen Nahrung geschwächt, und sie waren unfähig zu körperlichen Anstrengungen. Mir taten sie unglaublich leid. Dennoch aßen wir fünf lange Tage jeden Morgen und jeden Abend die Erde, die uns ein Sättigungsgefühl schenkte, das wir mit einem hohen Preis bezahlen mussten. Nach einer Woche bekamen wir eine weitere Ration der essbaren Erde. Dann gab es nicht einmal mehr «Paengryeongto». Ein verhungerndes Volk konnte sich nicht mehr ernähren.

1998 fing zum ersten Mal überhaupt auch das neue Jahr ohne die obligatorische Essensverteilung vom Staat an. Die Jahre zuvor war das Neujahrsfest so ziemlich der einzige Tag im Jahr gewesen, an dem wir wenigstens ein paar Kartoffeln, etwas Mais, Bohnen oder Mehl bekamen. Vor Kim Il Sungs Tod hatten wir zum Neujahrsfest stets die üppigsten Mahlzeiten aufgetischt – runde Reiskuchen, Kekse und Teigtaschen –, aber nun hatten wir nichts mehr zu essen und nur Lumpen zum Anziehen. Für mich als Mutter war es beschämend, dass ich meinen Kindern, die mit großen Augen erwartungsvoll zu mir aufschauten, zum Neujahrsfest nichts anbieten konnte. Zumindest habe ich von den Feldern, auf denen der Schnee bereits geschmolzen war, ein paar essbare Gräser gepflückt und sie nach dem Trocknen meinen Kindern dagelassen. Nach dem Verzehr haben sie nach Nachschlag gefragt. Ich musste ihnen ihren Wunsch verwehren.

DIE HUNGERSNOT FORDERT IHRE OPFER

Nie werde ich vergessen, wie Leute aussehen, wenn sie tagelang nichts gegessen haben. Ihre Körper sind dann nur mehr Haut und Knochen, die Lumpen von Läusen befallen, ebenso die Haare. Waren die Menschen gestorben, vermehrten sich die Schädlinge wie eine Plage. Wenn man es nicht mit eigenen Augen gesehen hat, kann man sich wohl nur schwer vorstellen, wie schnell sich Läuse in so kurzer Zeit vermehren können. Ein ums andere Mal musste ich diesen schrecklichen Anblick ertragen.

In Nordkorea gibt es ein Sprichwort: «Wenn die eigene Frau tot ist, zählt man das Geld auf dem Abort.» Um den Sinngehalt zu verstehen, muss man wissen, dass bei koreanischen Beerdigungen jeder Gast einen Briefumschlag mit

Geldscheinen mitbringt. Auch während der Hungersnot hat sich diese Binsenweisheit auf tragische Weise bewahrheitet.

In unserer Nachbarschaft starb die Frau von Kim Ho an Mangelernährung. Früher hatte sie im Kohlebergwerk gearbeitet, doch weil die Arbeit ihrer Gesundheit immer mehr zu schaffen machte, verbrachte sie ihre Tage schließlich bettlägerig zu Hause. Ihr Mann konnte sich kaum um sie kümmern, denn natürlich musste er weiterhin im Bergwerk arbeiten – zumindest um die Mahlzeit zu ergattern, die man den Arbeitern dort ab und an ausgab. Die war jedoch so spärlich rationiert, dass Kim Ho seiner Frau davon unmöglich etwas hätte abzweigen können. Sie hatte bereits infolge der ständigen Unterernährung einen Wasserbauch bekommen. Der Hunger hatte ihrem angeschlagenen Immunsystem immer mehr zugesetzt – und nun, mit gerade mal Anfang 30, war sie dahingerafft worden. Eine weitere verlorene Seele, die dieses diktatorische Regime zu verantworten hatte.

Dabei war Kim Hos Frau groß gewachsen gewesen und hatte von Geburt an eine gute Konstitution gehabt. Mittlerweile konnte es jedoch längst jeden treffen, nicht mehr nur die Alten und Gebrechlichen. Mir als Ban-Leiterin stand die Aufgabe zu, Kim Ho bei der Beerdigung zu helfen. Ich ging in sein Haus, in dem die Leiche seiner Frau aufgebahrt lag. Viele Trauernde waren bereits anwesend, um ihr das letzte Geleit zu geben. Kim Ho war jedoch nicht unter ihnen. Lange musste ich nach ihm suchen, bis ich ihn entdeckte: auf der Toilette, Geldscheine zählend.

Zu dieser Zeit musste ich bei Dutzenden Beerdigungen aushelfen, zumal ich nicht mehr nur Leiterin unseres Bans war, sondern Vorsitzende von insgesamt sechs Bans. Seit Beginn der Hungersnot 1994 waren von ehemals 800 Bewohnern sicher an die 50 gestorben, die meisten davon an direkten oder indirekten Folgen der Mangelernährung. Die ersten Leichen sah ich im Jahr 1996, denn bis dahin hatten die meisten noch von ihren Vorräten gezehrt und konnten ihr Hab und Gut am Markt gegen Essen eintauschen. Spätestens im Herbst 1997 lebte jedoch jeder nur noch von der Hand in den Mund. Zuerst traf es die, deren Gesundheit bereits angeschlagen war, später war niemand mehr vor einem möglichen Hungertod gefeit. Manchmal verscharrte ich mehrere Leichen am Tag. Wann immer jemand gestorben war, riefen die Angehörigen mich als Ban-Leiterin zu Hilfe. Ich musste als Vorsitzende die Beerdigungen koordinieren – und entschied unter anderem, wer aus der Nachbarschaft wie viel Maispulver oder Reishülsen beisteuern musste, damit für die dreitägige Zeremonie ein paar Nudelgerichte vorhanden waren. Irgendwie haben wir immer etwas zusammengekratzt.

Die Beerdigungen wurden stets zu Hause begangen, wo man die Leiche auf einem Holzbrett aufbahrte. Normalerweise zog man den Verstorbenen neue Kleidung an, doch damals hatten wir ja selbst nichts als Lumpen. Nach der Trauerzeit folgte das Begräbnis. Wir hievten die Leiche auf einen Ochsenkarren und fuhren sie zum Friedhof. Der war jedoch schon bald überfüllt, weshalb wir uns andere Stellen suchen mussten. Da Beerdigungen außerhalb des Friedhofs illegal waren, setzten wir die Trauerzüge künftig immer zur Mitternachtsstunde an, damit wir heimlich und unbemerkt Gräber ausheben konnten. Wir mussten vor allem darauf achten, dass wir die Leichen nicht unter einem Feld oder Obstbaum begruben. Zwischen den Feldern ließ sich jedoch immer ein Zwischenraum finden, den wir als Grab nutzten. Natürlich konnten wir dort keinen Hügel über den Gräbern aufschütten, wie es sonst die Sitte verlangt.

Je mehr Leute starben, desto stärker wurde kontrolliert,

wer sich zu Lebzeiten politisch etwas hatte zuschulden kommen lassen. Verbrecher oder Vorbestrafte wurden nach ihrem Tod einfach bei den Zuggleisen unter den Aschebergen versteckt. Kkotjebis – wie Straßenkinder in Nordkorea genannt werden – haben wir in Strohsäcke eingewickelt und verbrannt. Diese traurigen Seelen konnten wir nicht einmal in ordentliche Särge betten.

Natürlich hätte ich mir gewünscht, dass wir uns mehr um die Toten kümmern könnten, aber niemand von uns hatte die nötige Kraft. Zu sehr beanspruchte uns der eigene Überlebenskampf. Wir redeten uns ein, dass sie ja ohnehin bereits tot waren und das Leiden dieses Lebens hinter sich gelassen hatten. So rechtfertigten wir unser Verhalten. Jeder von uns hatte genug eigene Probleme. Ich hatte vor allem damit zu kämpfen, dass ich meine hungrigen Kinder nicht versorgen konnte.

Was sich in den neunziger Jahren in Nordkorea zugetragen hat, gab es in der Art wohl nirgendwo anders auf der Welt und wird es hoffentlich auch nie wieder geben: Während sich die Herrscherfamilie die teuersten Rotweine aus Frankreich einfliegen ließ, verreckten im restlichen Land die Leute an schierem Hunger. Innerhalb weniger Jahre starben über 500 000 Nordkoreaner, manche Schätzungen gehen sogar von drei Millionen Toten aus.

Damit es einen nicht selber erwischte, musste man sich wehren. Zu dieser Zeit sind immer mehr Nordkoreaner durch die Todeslinie nach China geflüchtet – über den Grenzfluss Tuman.

In Sechun hatte ich nur wenige Freunde, schon allein weil es kaum Frauen in meinem Alter gab. Han Mi Ran gehörte jedoch zu jenen, denen ich vertrauen konnte. Im Sommer trafen wir uns immer zum Tratschen vor meinem Haus, denn dort gab es mehr Sonne als bei ihr zwei Blocks weiter. Wir unterhielten uns über Gott und die Welt, doch in jüngster Zeit kreisten unsere Gespräche fast ausschließlich darum, wo und wie wir etwas zu essen für unsere Töchter besorgen könnten. Ein bestimmter Augustnachmittag sollte mir jedoch besonders in Erinnerung bleiben.

«Hast du gehört, dass man in China einfach in ein fremdes Haus gehen und nach etwas zu essen fragen kann? Wenn man aus Nordkorea kommt, dann kriegt man immer etwas», erzählte mir Mi Ran. Ich schaute reflexartig zum Überwachungshäuschen um die Ecke und versicherte mich, dass Mi Rans Worte unmöglich abgehört worden sein konnten. «Der jüngste Bruder von meinem Mann ist jetzt schon ein paarmal drüben gewesen. Beim letzten Mal kam er mit einem vollen Sack Reis von der Grenze zurück.» Ihre letzten Worte hörte ich nur mehr im Zeitraffer. Jede Silbe schien endlos gedehnt, alle Hintergrundgeräusche verstummten. Ich blickte auf Mi Rans Lippen, alles um sie herum verschwamm zu einem unkenntlichen Farbenteppich. «Wollen wir es nicht auch mal probieren? Was meinst du?»

Lange sagte ich nichts. Vielleicht waren es auch nur wenige Sekunden, die mir jedoch wie eine halbe Ewigkeit vorkamen. Zwar war Mi Rans Erzählung nicht wirklich neu für mich, immer wieder hatte ich von Markthändlern gehört, die für ein paar Tage nach China gingen, um Waren ins Land zu schmuggeln. Oft hatte ich ihre Worte aber auch als dummes Geschwätz abgetan. Doch jetzt, an diesem schwülen Sommernachmittag vor meinem Haus, servierte mir meine beste Freundin diese Möglichkeit als ganz reale Alternative, als müsste ich nur zugreifen. Das war nicht nur neu für mich, es erschütterte mich regelrecht.

Ich fühlte mich hin- und hergerissen: Allein daran zu denken, über die Todeslinie zu flüchten, widersprach allen Grundsätzen, nach denen ich erzogen worden war. Ich war über mich selbst erschrocken, dass ich diese Möglichkeit ernsthaft in Betracht zog. Doch um ehrlich zu sein, war ich gleichzeitig fasziniert von Mi Rans Worten. China kam mir in jenem Moment vor wie ein Schlaraffenland – ein Paradies, das nicht im Himmel lag, sondern nur wenige Kilometer Richtung Norden. Ein paar Berge und ein Fluss: Mehr trennte mich in meiner miserablen Existenz nicht von einer Gegend, in der die Leute so viel zu essen hatten, dass sie wildfremden Leuten freiwillig etwas abgaben. «Ich muss darüber schlafen», sagte ich zu Mi Ran. Vielleicht wirkte ich nach außen hin ruhig, doch tatsächlich fiel es mir schwer, die Fassung nicht zu verlieren. «Reden wir morgen drüber.»

Unser geheimes Gespräch trug ich mit nach Hause. Natürlich durfte ich Won Sung nichts davon erzählen. Mein Schwiegervater war schließlich Mitglied der Partei und hätte erheblichen Ärger bekommen, wenn wir beim Grenzübergang erwischt worden wären. Auch mein Mann war sehr linientreu und würde meine Pläne alles andere als gutheißen. Noch während ich meine Töchter zu Bett brachte, stand meine Entscheidung innerlich bereits fest. Für mich rückte die Treue zur Partei in den Hintergrund, solange ich nicht einmal meine Kinder ernähren konnte.

Am nächsten Tag trafen Mi Ran und ich uns zur selben

Zeit am selben Ort. Schon von weitem konnte ich Mi Rans fragenden Blick erkennen. Ich nickte ihr einfach zu. «Was haben wir schon zu verlieren?», sagte ich dann. Mi Ran lächelte. Sie wisse den Weg zum Tuman-Fluss, erklärte sie mir voller Vorfreude. «Wir treffen uns um halb fünf und gehen los. Bring einen Stoffsack mit.» Mir wurde mulmig bei dem Gedanken, noch heute Nacht zum ersten Mal mein Heimatland zu verlassen. Zeit hatten wir jedoch keine zu verlieren, zumal bei uns beiden zu Hause hungrige Kinder auf uns warteten. Wer weiß, wie lange unsere Familie in diesem Elend noch zu leben hätte.

Bis ich um kurz vor halb fünf aus dem Haus ging, malte ich mir in bunten Tagträumen aus, wie sich mein leerer Stoffsack in China schon bald bis zum Rand mit kräftigen Reiskörnern füllen würde. Als ich Mi Ran wiedertraf, sah ich auch in ihren Augen diese naive Vorfreude, die uns beide beflügelte.

Um so wenig Aufsehen zu erregen wie möglich, mieden wir die Straßen und schlängelten uns stattdessen durch kleine Schleichwege über die Berge. Die einzigen Menschen, die wir dort trafen, kamen gerade vom morgendlichen Berggemüsesammeln. Glücklicherweise wurden wir in kein Gespräch verwickelt und kamen daher auch nicht in Verlegenheit, unsere Route erklären zu müssen. Nach etwa zwei Stunden Fußmarsch erreichten wir den letzten Berg und somit auch unser – hoffentlich vorläufiges – Ziel: Der Tuman-Fluss breitete sich vor uns auf majestätische Weise aus, dahinter erspähten wir bewaldete Berghänge und die rauchenden Schlote der Papierfabrik von Yeongil. All das lag bereits in China. Auch wenn der Fluss an dieser Stelle fast zwei Kilometer breit war, waren wir dennoch zuversichtlich, dass wir es bis ans andere Ufer schaffen würden, denn im Gegensatz zu den meisten Nordkoreanern konnte ich gut schwimmen. Das hatte ich schließlich während meiner Zeit bei der Fischereigenossenschaft gelernt.

Wir legten uns auf dem Berg flach in Deckung und überschauten die Lage. Bis zum Fluss mussten wir noch zwei Zuggleise überqueren, die jedoch nicht abgesperrt waren. Soldaten konnten wir keine ausmachen, was aber nichts heißen mochte. «Dort, schau!» Mi Ran zeigte mit der linken Hand auf zwei kleine Erhebungen am Flussufer. Wir vermuteten, dass dies unterirdische Grenzposten waren, von denen wir natürlich nicht wissen konnten, ob sie auch bemannt waren. Wir mussten vom Schlimmsten ausgehen.

Noch während wir die Gegend beobachteten, weiterhin flach in den Gräsern liegend, zog sich plötzlich der Himmel zu, und es begann in Strömen zu regnen. Innerlich fluchte ich. Die Regenzeit war zwar eigentlich vorbei, aber trotzdem konnte es im Sommer immer mal wieder einen ganzen Tag lang heftig schütten. Bei so starkem Regenfall würde der Flusspegel rasant ansteigen und ein Überqueren unmöglich machen. Sollten wir umkehren? Keiner von uns beiden gab einen Laut von sich. Stumm warteten wir den Regen ab.

Tatsächlich dauerte es keine halbe Stunde, bis der Regen aufhörte. Nach Einbruch der Dunkelheit lagen wir noch mehrere Stunden in unserem Versteck und warteten. Mein Zeitgefühl kam mir vollends abhanden, doch dem Empfinden nach muss es nach Mitternacht gewesen sein, als Mi Ran mich von der Seite antippte: «Los, gehen wir runter.» Langsam ging sie vor, ich folgte ihr auf Schritt und Tritt. Die Dunkelheit dieser sternlosen Nacht war beängstigend, doch für uns konnte sie nur von Vorteil sein. Nach ein paar Minuten erreichten wir die Gleise und legten uns erneut in einem Busch auf die Lauer. Der Fluss war nun keine hundert Meter mehr entfernt. Sollten wir rennen, damit wir bereits einen Vorsprung hätten, bevor uns die Soldaten sehen würden? Oder wäre es klüger, wenn wir versuchten, uns langsam und unbemerkt durch die Überwachungsposten zu schleichen? Mi Ran entschied sich für Letzteres.

Auf den Zehenspitzen überquerten wir die Gleise, balancierten regelrecht bis ans Flussbett. Jeden Moment erwartete ich, das Schießsignal eines Soldaten zu hören, aber nichts passierte. Wir schauten stur geradeaus und setzten mantraartig einen Schritt vor den anderen. Dann endlich standen wir am Ufer, um uns herum nichts als die Dunkelheit der Nacht und das monotone Rauschen des Flusses. Wir zogen unsere Schuhe aus, um besser in dem Gewässer vorwärtszukommen. Ich sollte vorgehen, da ich eine gute Schwimmerin war. Ohne das Tageslicht strahlte das Wasser eine mir bis dahin unbekannte Bedrohlichkeit aus.

Beim ersten Schritt ins kalte Nass war meine größte Angst, dass Grenzsoldaten uns hören könnten. Beim zweiten Schritt packte mich der Strom, der viel kräftiger war, als ich es mir vorgestellt hatte. Das Flussbett war unerwartet tief, und das Wasser stand mir bereits bis zur Brust. Ich hatte Schwierigkeiten, mich auf den Beinen zu halten. Beim dritten Schritt verlor ich abermals das Gleichgewicht. Reflexartig ruderte ich mit den Armen, wobei mir mein Stoffsack aus den Händen glitt. Meine größte Furcht waren nun nicht mehr die Blicke der Soldaten, sondern dass wir in den Fluten ertrinken würden. Noch bevor ich mit meinem linken Bein aufsetzte, spürte ich Mi Rans Hand an meiner Schulter, die mich zurückhielt. Ich drehte mich zu ihr um und sah ihren angsterfüllten Blick. Sie schüttelte den Kopf – und hatte recht: Ob wir es wirklich bis ans andere Ufer schaffen würden, war mehr als fraglich. Wenn wir erst einmal in den Fluten schwimmen würden, spielten wir mit unserem Leben russisches Roulette.

Unser Fluchtversuch endete, bevor er noch richtig losgegangen war. Möglichst leise kämpften wir uns zum Ufer zurück, um unsere Schuhe zu holen. Doch die waren partout nicht zu finden. Waren sie etwa vom Strom mitgerissen worden? Wir suchten den Boden ab, doch ließen wir es nach wenigen Sekunden bleiben. Der Todesstreifen war sicherlich kein Ort, an dem wir auch nur einen Augenblick länger als nötig verbringen sollten. Notgedrungen machten wir uns wieder auf den Rückweg – mit leeren Händen, pitschnass und barfuß.

In der Dunkelheit dauerte der Marsch zurück fast doppelt so lang wie der Hinweg. Immer wieder verliefen wir uns und gingen lange Umwege. Kurz bevor wir unsere Straße erreichten, verabschiedeten wir uns leise und schlichen jede zurück in ihre Wohnung. Ich hoffte, dass Won Sung schlafen würde und ich das unvermeidliche Donnerwetter erst am nächsten Morgen über mich ergehen lassen müsste. Behutsam öffnete ich die Tür, doch noch bevor ich eingetreten war, sah ich Won Sungs hasserfüllten Blick. Er musterte meine durchnässte Kleidung, sah meine nackten Füße und zählte eins und eins zusammen. «Du wolltest nach China? Über den Fluss?», schrie er mich an. Eine Antwort brauchte ich ihm nicht zu geben, er kannte sie schließlich bereits. Ich war vor allem in Sorge, dass unsere Nachbarn seine Worte hören könnten. Als ob normale Schläge als Strafe für mein Verhalten nicht schon schlimm genug wären, griff er diesmal zum Spatenstiel und drosch minutenlang mit aller Kraft auf mich ein. Er war von der Idee besessen, dass ich für immer nach China hatte flüchten und die Familie im Stich lassen wollen.

Sosehr die Schläge auch schmerzten, konnte ich doch eigentlich noch froh sein, dass ich nicht von den Grenzsoldaten erwischt worden war. Heute staune ich darüber, wie naiv Mi

Ran und ich gewesen waren: Weder kannten wir die Patrouillenzeiten der Soldaten, noch hatten wir irgendwelche Kontakte auf der chinesischen Seite. In unserer Verzweiflung haben wir es einfach probiert. Das hätte auch auf viel tragischere Weise schiefgehen können, als blaue Flecken zu kassieren.

Mit Beginn des Winters flüchteten immer mehr Familien über den zugefrorenen Fluss nach China – und natürlich dauerte es nicht lange, bis die Ersten dabei erwischt wurden. Einmal wurde eine Familie aus unserem Ban von der chinesischen Polizei gefangen genommen und wieder nach Nordkorea abgeschoben. Der Sicherheitsrat von Hoeryong entschied, dass sie einen schlechten Einfluss auf uns haben könnten. Die Behörden befürchteten, dass es zu einer großen Flüchtlingswelle kommen könnte. Mit der Bestrafung wollte man deshalb ein Exempel statuieren.

Im bitterkalten Winter ließ der Sicherheitsrat die Familie barfuß durch Sechun laufen, damit auch jeder die Demütigung sehen konnte. Ein paar Tage später erhielt ich als Ban-Leiterin die Anweisung, mich mit allen Bewohnern umgehend an einem Feld außerhalb unserer Ortschaft einzufinden. Dort warteten wir dann zu Hunderten, auch die Männer mussten ihre Arbeit ruhen lassen. In unserem Blickfeld stand die gesamte Familie der Fahnenflüchtigen aufgereiht: der Großvater, die Eltern, sogar die Kinder, die damals nicht älter als fünf gewesen sein können. Ihre Hände waren hinter dem Rücken an einen Holzpfahl gefesselt, der in den Boden gerammt worden war. Ihre Augen waren mit schwarzen Stofffetzen verbunden.

In Nordkorea herrscht der Glaube, dass sich der letzte Blick eines Menschen mit dem Tod in die Augen eingravieren würde. Wären diese nicht verbunden gewesen, hätten die Angehörigen später an den Gesichtern der Toten erkennen können, wer die Mörder waren – und an wem sie sich hätten rächen müssen.

Ein Mann mit einem Megaphon trat hervor und verlas die Namen der Angeklagten, deren Geburtsdatum und was sie sich hatten zuschulden kommen lassen. Statt ihnen einen fairen Prozess zu ermöglichen, ging das Schaugericht direkt zur Vollstreckung der Strafe über. Fünf Soldaten stellten sich in wenigen Metern Abstand vor der Familie auf und richteten ihre Waffen aus. In jenem Moment hätte man eine Fliege durch die Luft summen hören können. Sobald wir das Klicken der entsicherten Pistolen vernahmen, konnten wir nicht anders, als unseren Blick gen Boden zu richten.

Im nächsten Augenblick knallte es fürchterlich durch die verschneite Ebene, und gleich danach ein zweites Mal. Die Angeklagten sackten zusammen. Die Schützen hatten ihnen gezielt die Kniescheiben weggeschossen. Ich wunderte mich, warum keine Schreie der Opfer zu vernehmen waren. Wahrscheinlich waren sie von den Beamten der Sicherheitsbehörde schon halb totgeprügelt worden, bevor sie zu ihrer Erschießung getragen wurden.

Wieder legten die Soldaten ihre Pistolen an, wieder folgte ein ohrenbetäubender Knall. Diesmal zielten sie auf die Herzen. Ob noch ein letzter Hauch von Leben in den reglosen Körpern steckte, vermochte ich nicht zu sagen. Die Soldaten machten sich noch ein weiteres Mal schussbereit. Die letzten Kugeln waren für den Kopf reserviert. Nach vier Schüssen blieb der Tod eine unausweichliche Gewissheit.

Nach der Hinrichtung bauten Soldaten die Pfähle ab, rollten die Leichen in Planen ein und transportierten sie in einem Geländewagen davon. Nach wenigen Minuten erinnerte nur noch der rot gefärbte Schnee an das grausame Schauspiel, das sich soeben hier zugetragen hatte.

Die meisten Leute verließen das Feld traumatisiert. Bei der ersten Hinrichtung, die ich miterleben musste, fiel ich in Ohnmacht, insgesamt habe ich fünf solcher Exekutionen mit anschauen müssen. Auch wenn sich das durchritualisierte Prozedere der Erschießungen immer bis ins letzte Detail glich, lief es mir jedes Mal von neuem eiskalt den Rücken runter. Die Bilder werde ich nie aus meinem Kopf bekommen.

Diese Hinrichtung war besonders schockierend. Normalerweise wurden zumindest Minderjährige von der Todesstrafe verschont. Doch da die Familie zu den ersten Flüchtlingen einer immer größer werdenden Flüchtlingswelle zählte, sollte ihr Fall als Abschreckung dienen.

Sosehr mich die blutrünstigen Erschießungen schockierten, stellte ich das System dahinter dennoch nicht in Frage. Wer nach China flüchtete und damit sein Heimatland verriet, sollte selbstverständlich erschossen werden, dachte ich. Und so dachte nicht nur ich, sondern wohl die meisten von uns. Das sei eben die natürliche Ordnung, nahmen wir an. Durch die rigide Abschottungspolitik hatte niemand von uns auch nur die leiseste Ahnung von den Prinzipien eines Rechtsstaats. Sippenhaft sahen wir als gegeben an.

Trotzdem schreckte mich der miterlebte Schauprozess nur für kurze Zeit ab, selber ein solches «Verbrechen» zu begehen. Für Außenstehende mag dies schizophren wirken, doch die innere Zerrissenheit war Teil unseres Alltags. Obwohl ich bereits einmal an der Naturgewalt des Grenzflusses gescheitert war, würde ich es gewiss noch ein zweites Mal versuchen. Lieber wollte ich in den Fluten des Tuman ertrinken, als untätig dabei zuzuschauen, wie meine Töchter verhungerten.

Eine zufällige Begegnung von damals würde ich heute als Wink des Schicksals deuten. An einem Vormittag, rund eine Woche nach meinem ersten Fluchtversuch, besuchte mich der Polizist Ja Deuk Keun bei mir zu Hause. Er war zuständig für unsere Ortschaft und wollte routinemäßig in unserem Wohnblock nach dem Rechten sehen. Gegen Ende unseres Gesprächs fragte er mich ohne Umschweife: «Viele aus der Gegend gehen momentan nach China, um zu überleben – wieso machst du das nicht auch?»

Natürlich hätte die Frage des Polizisten eine Falle sein können, dennoch antwortete ich wie aus der Pistole geschossen, weil ich instinktiv meine Chance witterte: «Deuk Keun, kannst du mir einen Gefallen tun?» – «Sag mir, was ich für dich tun kann», antwortete er. Und er fügte nachdrücklich hinzu: «Besser jetzt, bevor es zu spät ist.» Seine Worte klangen aufrichtig und vertrauenerweckend. «Kollege, auch ich würde gerne für einige Zeit nach China gehen», gestand ich also. «Kannst du dich für mich darum kümmern?»

Sicher war er angesichts meiner kühnen Frage erschrocken, doch andererseits hatte der Polizist ebenfalls Kinder und konnte meine ausweglose Lage sicher nachvollziehen. Wenn ich die Deckung der Polizei hätte, dann könnte ich das Risiko minimieren, dass mein Fernbleiben gemeldet werden würde, und hätte nach der Rückkehr keinen Prozess zu fürchten.

«Ich könnte mich darum kümmern, dass du drei Monate weg sein kannst. Bist du dir denn absolut sicher, dass du danach auch zurückkommen würdest?», fragte er mich. Innerlich dankte ich dem Himmel für diese einmalige Chance.

Drei Monate! Das wäre genug, um in China zu arbeiten und ein kleines Vermögen anzusparen. Damit könnte ich mich in Nordkorea selbständig machen – mit einem kleinen Nudelstand am Markt. Darum bemüht, meine Euphorie so gut wie möglich zu verbergen, antwortete ich ernst: «Kollege, mach dir keine Sorgen. Ich werde ganz sicher rechtzeitig zurückkommen, dir werden keine Unannehmlichkeiten entstehen. Darauf gebe ich dir mein Wort, ganz egal, was passiert.» Ich versprach ihm außerdem, dass ich mich melden würde, sobald ich einen Schlepper gefunden hatte, der mir beim Grenzübertritt half.

Diesmal wollte ich nicht so stümperhaft vorgehen und mich besser vorbereiten. Es galt schnellstmöglich jemanden zu finden, der mich sicher nach China schleusen konnte. Ich brauchte einen Schlepper. Zu Hause erzählte ich natürlich niemandem von meinen Plänen, sondern hörte mich stattdessen in aller Heimlichkeit um.

Eher zufällig lief ich zu dieser Zeit auf dem Marktplatz einer Nachbarin über den Weg, und da ich sie als vertrauenswürdig einstufte, erzählte ich ihr – in scheinbar beiläufigem Tonfall –, dass ich davon träumte, zum Geldverdienen für ein paar Wochen nach China zu gehen. «Ich werde mich einmal umhören, was ich für dich tun kann», versprach sie mir. Zwei Tage später liefen wir uns wieder über den Weg. Sie winkte mich zu sich. Ihre Miene wirkte ernst. «Pass auf», sagte sie leise. «Mein Mann und sein Bruder können dir weiterhelfen.» Es stellte sich heraus, dass die beiden sich etwas dazuverdienten, indem sie Leute heil über die Grenze brachten. Sie wussten die genauen Patrouillenzeiten der Grenzsoldaten, kannten sogar ein paar von ihnen gut und konnten dementsprechend einschätzen, wen von ihnen man schmieren musste, um möglichst nicht entdeckt zu werden. Ich würde

500 chinesische Renminbi zahlen müssen, doch die würde ich ausgelegt bekommen und könnte sie von meinem Verdienst in China zurückzahlen. Dort würde ich das Doppelte oder Dreifache davon verdienen, wenn ich mich nur geschickt anstellte. Ihr Mann kannte ein paar Leute in China, die mir problemlos Arbeit vermitteln könnten.

In jenem Moment dachte ich, dass es irgendwie immer einen Weg gibt, um zu überleben. Unverhofft, wie ein Komet vom Himmel, waren meine Schlepper aufgetaucht – tatsächlich wohnten wir nur wenige Häuser voneinander entfernt! Durch sie konnte ich neue Hoffnung schöpfen, dass meine Familie diese harte Zeit durchstehen würde. Gleichzeitig konnte ich die Sorge darüber nicht abschütteln, dass ich meine erst sechs und sieben Jahre alten Töchter für eine längere Zeit allein lassen musste. Sobald ich jedoch zurückkäme, mit einem vollen Sack Reis und genug Geld für eine neue Existenz, würden sie sicher auf den Mut ihrer Mutter stolz sein.

Zwei Tage vor meiner Abreise pflückte ich auf den umliegenden Hügeln so viel Berggemüse wie möglich. Auch lieh ich mir ein ganzes Kilo Nudeln von meinen Schleppern, das ich ihnen später abbezahlen wollte. Davon würden sich meine Töchter zwei Tage lang gut ernähren können, und danach müsste der Vater sich um die weitere Ernährung kümmern. Das war der Plan.

Am Vormittag des 28. August 1998 habe ich mich für die Abreise fertig gemacht. Mein einziges Gepäck war federleicht und doch von größter Kostbarkeit: zwei Fotos von meinen Töchtern. Eines zeigte Eun Hee bei meiner Familie in Kaesong, kurz nachdem sie auf die Welt gekommen war. Auf dem anderen war zudem Sun Hee zu sehen – als zum Geburtstag von Kim Il Sung reichlich Geschenke ausgegeben worden waren. Damals sahen die beiden noch glücklich und wohlgenährt aus. Ich wickelte die Fotos in Papier und steckte sie in eine Plastiktüte. In meine Unterwäsche nähte ich eine Tasche ein und verstaute die Bilder dort. Wann immer ich meine Kinder in den drei Monaten vermissen würde, könnte ich zumindest ein Foto von ihnen betrachten.

Bevor ich loszog, bereitete ich meinen Töchtern in einem großen Topf mit viel Wasser und wenig Nudeln eine wässrige Suppe zu. Sie lächelten und aßen mit großer Freude. Mir schossen bei ihrem Anblick Tränen in die Augen. Nach der Mahlzeit drückte ich je einen halben Maiskolben in ihre kleinen Händchen und sagte zu ihnen, dass ich jetzt Essen besorgen und erst am nächsten Tag wiederkommen würde. Mit einer Lüge verabschiedete ich mich, denn drei Monate mussten ihnen wie eine unerträgliche Ewigkeit vorkommen. Diese bittere Wahrheit konnte ich ihnen nicht zumuten. Ein halber Maiskolben war vorerst das Letzte, was ich für sie tun konnte.

«Bitte wartet auf mich, ohne zu weinen», bat ich sie. Wir kreuzten unsere Finger als Zeichen meines Versprechens. Sun Hee und Eun Hee waren überrascht, da sie ihre Mutter noch nie so ernst erlebt hatten. Meine jüngere Tochter schaute mir in die Augen und sagte: «Mami, komm bitte unbedingt mit Essen zurück.» Mir kamen wieder die Tränen bei diesen Worten, und so beeilte ich mich, das Haus zu verlassen. Ohne mich noch einmal umzuschauen, ging ich durch die Tür. Bei aller Trauer war ich gleichzeitig voller Zuversicht, dass alles gutgehen würde – vielleicht war das reichlich naiv von mir. Doch hätte ich ahnen können, welch furchtbare Dinge passieren würden?

Bevor ich zu den Schleppern ging, machte ich noch bei der Nachbarfamilie von Byeon Jae Soo halt. Sie war eine alte, herzliche Dame, die meinen Kindern immer wieder etwas zu essen gab. Ich sagte ihr ehrlich, dass ich drei Monate lang unterwegs sein würde, um Essen zu besorgen. Sie stellte keine Fragen und nickte verständnisvoll. Ich bat sie, ab und an bei meinen Kindern nach dem Rechten zu schauen. Sie gab mir ihr Wort.

Dann lief ich zum vereinbarten Treffpunkt ins Haus meiner Bekannten, in dem die beiden Schlepper bereits auf mich warteten. Dort traf ich auf eine weitere Nordkoreanerin, die ebenfalls nach China wollte. Sie war etwas jünger als ich und würde auf dem gemeinsamen Weg meine Genossin werden. Es tat gut zu wissen, dass ich in dem fremden Land nicht auf mich allein gestellt sein würde. Gemeinsam machten wir uns auf den Weg zur chinesischen Grenze.

Wieder liefen wir die Schleichwege an den Bergen entlang, und erneut kamen uns Leute entgegen. Diesmal jedoch kannte ich sie. Es waren vier Männer, die allesamt in meinem Ban wohnten. «Wohin des Weges?», fragte einer von ihnen freundlich. «Berggemüse pflücken», entgegneten unsere beiden Schlepper und übernahmen das Reden. Nach einem kurzen Austausch von Floskeln wünschten sich die Männer einen guten Tag. Ich mied instinktiv jeden Augenkontakt und beeilte mich weiterzugehen. Hatten die Nachbarn womöglich Verdacht geschöpft? Im Grunde genommen war es bereits zu spät, um jetzt erst zum Berggemüsesammeln loszuziehen. Hoffentlich würde ihnen das nicht auffallen. Viel entscheidender aber war, ob sie mein Fernbleiben in den nächsten Wochen bemerken und mit unserer zufälligen Begegnung verknüpfen würden. Ich wischte diese Gedanken schnell zur Seite und konzentrierte mich einzig darauf, heil in China anzukommen. Ein zweites Mal auf halber Strecke umzukehren war das Letzte, was ich wollte.

Schließlich erreichten wir fast haargenau dieselbe Stelle des Flusses, an der ich bereits vor anderthalb Wochen mit Han Mi Ran gestanden hatte. Am Horizont konnte ich bereits die chinesischen Bauernhöfe sehen, bei denen es Reis und Getreide im Überfluss geben würde. Die Schlepper befahlen uns, uns flach an den Hang zu legen und abzuwarten. Mucksmäuschenstill warteten wir die Wachablösungen ab. «Macht euch keine Sorgen, wir haben alles unter Kontrolle», beruhigten sie uns immer wieder.

Auch an jenem Abend hatte es mit Anbruch der Dunkelheit wieder angefangen zu regnen. Diesmal nieselte es nur, allerdings konstant. Die Schlepper redeten uns jedoch gut zu, dass nichts passieren könnte und wir die Überquerung des Flusses wagen sollten. Für mich wären ihre aufbauenden Worte gar nicht nötig gewesen. Ich spürte noch die blauen Flecken von meinem letzten Fluchtversuch und wollte unbedingt losziehen – selbst wenn ich dabei sterben würde.

Gegen halb zwei schlichen wir den Hang entlang bis zum Ufer. Im flachen Wasser holte einer der Schlepper einen Gummireifen aus seinem Rucksack, den wir als Rettungsring nutzten. Einer der Männer und ich hängten uns an die Seite, aus der die Strömung kam. Die anderen beiden, die nicht schwimmen konnten, waren so an der gesicherten Seite. Synchron glitten unsere vier Körper ins tiefe Wasser. Nun würde es kein Zurück mehr geben. Ohne auf die Geräusche zu achten, die wir mit unseren Bewegungen verursachten, versuchten wir möglichst geradeaus zu schwimmen. Trotz der Dunkelheit spürte ich, wie stark wir flussabwärts getrieben wurden. Wir mussten mit aller Kraft gegen die Strömung ankämpfen. Immer wieder habe ich Wasser geschluckt. Auf halbem Weg geriet ich in Panik, denn in der Dunkelheit war das Ufer nur vage zu erkennen. Kamen wir überhaupt näher, oder hielt uns die Strömung auf der Stelle gefangen? Nach über einer Stunde folgte dann die Gewissheit: Unsere Füße spürten den Flussboden. Mit 32 Jahren machte ich den ersten Schritt fernab meiner Heimat. Diese sollte ich nie wieder betreten.

IM PARLAMENT

Ich betrete das Podium und spüre förmlich die Blicke, die an meinen Lippen hängen. Politiker sind im Saal, Journalisten und interessierte Bürger. Alle sind sie gekommen, um meiner Geschichte zu lauschen.

Natürlich ist es eine große Ehre, von der Regierungspartei geladen zu werden, dazu noch zu einem solch spannenden Thema. Bei der heutigen Diskussionsrunde soll es um die Menschenrechtssituation in Nordkorea gehen. Wer könnte darüber glaubhafter berichten als ich?

Wir befinden uns nur eine knappe Autostunde von der demilitarisierten Zone entfernt: im Seouler Parlamentsgebäude, dem Epizentrum der südkoreanischen Demokratie.

Andere wären in einer solchen Situation aufgeregt, doch ich ruhe ganz in mir – schließlich muss ich nichts weiter tun als 20 Minuten lang die Wahrheit erzählen, und das kann ja wohl nicht so schwierig sein. Denke ich zumindest. Wenn es um ein Land geht, über das es keinerlei verlässliche Statistiken gibt, in dem die Medien zensiert werden und die Staatspropaganda alle Lebensbereiche durchdringt, ist es um die Wahrheit nicht immer einfach bestellt.

Als ich die Einladung erhielt, musste ich nicht lange überlegen, wie ich meinen heutigen Vortrag gestalten würde. Ich greife zum Mikrophon, stelle mich in wenigen Sätzen vor und komme ohne Umschweife zum Punkt. Um meine Erfahrungen während der Hungersnot zu schildern, brauche ich jede Sekunde, denn ich möchte keines der grausamen Details auslassen. Ich erzähle, wie der Hunger meine Familie für immer auseinandergerissen hat, meine Brüder, Freunde und Bekannte dahinraffte. Davon soll – nein, muss die Welt erfahren. Mit meinen Worten möchte ich diese menschliche Katastrophe ein für alle Mal in das kollektive Gedächtnis der Menschheit einbrennen.

Schon nach wenigen Minuten höre ich das Raunen im Publikum, die ersten Zwischenrufe, die mit jedem Mal lauter werden. «Ist das auch wirklich wahr?», ruft einer der Journalisten aus. «Was ist, wenn sie gar nicht die Wahrheit erzählt?», fragt ein anderer.

Erzürnt halte ich in meiner Rede inne. Ich erwidere mit der einzig möglichen Antwort, die mir in dieser Situation in den Sinn kommt: «Wenn ich nicht die Wahrheit sage, dann könnt ihr meinen Bauch aufschlitzen – Gott soll mein Zeuge sein!»

Es ist nicht das erste Mal, dass mir Leute das Gefühl vermitteln, sie würden meiner Geschichte keinen Glauben schenken. Dass in der heutigen Zeit Menschen vor schierem Hunger Erde essen müssen, mag für viele unfassbar klingen.

Gerade ältere Südkoreaner sind noch immer misstrauisch gegenüber uns Flüchtlingen. Die Vorurteile gegenüber Nordkoreanern wurzeln im Koreakrieg und wurden durch jahrelange Propaganda genährt. Viele Konservative verdächtigen uns, ganz gewöhnliche Kriminelle zu sein, die wegen eines Haftbefehls aus dem Land geflohen sind. Die Linken hingegen betrachten uns insgeheim als Landesverräter. Und die Jungen? Von denen interessieren sich immer weniger für das nordkoreanische Volk.

Als ich noch an der Konkuk-Volkshochschule den Theologiekurs besuchte, fragte mich einmal ein angehender Pfarrer: «Wieso müssen wir überhaupt eine Wiedervereinigung gutheißen? Ich sehe nicht ein, dass wir für das Schicksal der Nordkoreaner verantwortlich sein sollen.» Er ist wohl nicht allein mit solchen Gedanken. Eine Wiedervereinigung mit dem Norden wird immer öfter als bloße Bedrohung für den hart erarbeiteten Wohlstand gesehen.

Über tausend Jahre fasst unsere gemeinsame Geschichte, doch nun reicht ein halbes Jahrhundert aus, um das koreanische Zusammengehörigkeitsgefühl zu bedrohen – eine Schande ist das!

Auch einige von uns Flüchtlingen tragen zu dieser Situation bei. Seit ein paar Jahren gibt es eine Art Casting-Show im Privatfernsehen, bei der junge, meist hübsche Nordkoreanerinnen von ihrem ehemaligen Leben erzählen. Sie werden aufgefordert, möglichst heiter über ihren Alltag in Nordkorea zu berichten. Sie erzählen von Hollywoodfilmen, die sie heimlich gesehen hätten, Milchprodukten, die sie sich anscheinend leisten konnten, und Designertaschen vom Schwarzmarkt. Ob sie aus Quotendruck zum Lügen gedrängt werden, vermag ich nicht zu beurteilen. Doch selbst wenn sie wirklich ein solch elitäres Leben in Nordkorea geführt haben sollten, müssten sie sich schämen, so stolz darüber im Fernsehen zu berichten. Schließlich haben sie sich durch ihren Lebenswandel dann mitschuldig gemacht – an der breiten Bevölkerung, die unter diesem System litt und noch immer leidet. Andererseits frage ich mich: Wenn es ihnen wirklich so gut in Nordkorea ging, wieso sind sie dann geflüchtet?

Mit solch düsteren Gedanken setze ich meine Rede fort. Ich befürchte, gegen die Zweifler im Saal nicht anzukommen – zumindest heute nicht.

Ein Abgeordneter schlägt zweimal mit seinem Richterhammer gegen das Holzbrett. Meine Redezeit ist beendet.

DREI

ILLEGAL IN CHINA

Seit einer halben Stunde hockten wir nun bereits im Schilf. Die Schlepper hatten uns befohlen, hier auf sie zu warten, während sie flussaufwärts nach den Chinesen suchten, die uns am diesseitigen Ufer abholen wollten. Offensichtlich waren wir mehrere Kilometer von der Strömung mitgerissen worden. Mit jeder weiteren Minute wurden wir ungeduldiger, doch es blieb uns nichts weiter übrig, als in unserem Versteck auszuharren – gemeinsam mit Horden von Moskitos, die unsere Haut zerstachen. Keine von uns wagte es, die blutgesättigten Tiere mit der Hand zu zerklatschen. Jedes Geräusch hätte uns verraten können.

Als die Morgendämmerung einsetzte, vernahm ich in der Ferne das Stottern eines Motors. Vorsichtig reckte ich den Kopf aus dem Schilf und sah auf der Staubpiste vor uns einen Geländewagen näher kommen. Als das Auto hielt, sprangen unsere zwei nordkoreanischen Schlepper von der offenen Ladefläche ab. Aus der Fahrerkabine stiegen zwei fremde Männer hinzu: Sie waren groß gewachsen, hatten Dreitagebärte und von der Sonne gegerbte Gesichter. Breitbeinig marschierten sie in ihren Trainingshosen auf uns zu und wirkten dabei wie ganz gewöhnliche Kleinkriminelle, mit denen man sich besser nicht anlegen sollte. «Kommt schnell!», rief einer von ihnen in unsere Richtung. Die Männer gehörten offensichtlich der koreanischsprachigen Minderheit an, die im Nordosten Chinas lebt.

Auf das Kommando hin rannten wir zum Auto, bevor uns noch jemand entdecken würde. Die beiden Männer waren schon wieder abfahrbereit, als uns unsere Landsmänner auf die Ladefläche hievten. Die gesamte Fahrt verlief ohne ein Sterbenswörtchen. Zu sehr war mein Geist damit beschäftigt, all die neuen Sinneseindrücke aufzusaugen. Auf dem unebenen Feldweg wurden unsere Körper durchgeschüttelt, ein frischer Morgenwind blies uns ins Gesicht. Vor unseren Augen breitete sich der Tuman-Fluss in all seiner gewaltigen Schönheit aus. Ein letztes Mal noch erspähten wir das Panorama unseres Heimatlandes, das im Tagesanbruch in ein dunkles Blau getaucht war. Von meinen Töchtern trennte mich nun die Todeslinie nach China, doch derselbe Himmel würde über unser aller Schicksal wachen. Als wir hinter einen Berg abbogen, vergoss ich eine Träne. Auf bald, meine Heimat, die du Fluch für mich bist und an der ich doch hänge wie an meinem eigenen Leben.

Zu meiner Trauer gesellte sich bald eine innere Aufgeregtheit, gepaart mit einem Zustand körperlicher Erschöpfung. Wie in Trance glitt mein Blick durch die menschenleere Landschaft. Auch wenn wir uns nur wenige hundert Meter hinter der Grenze befanden, fielen mir doch bereits erste Unterschiede auf: Die Berge waren viel dichter bewaldet, als ich es von Nordkorea her kannte. An den Hängen wuchsen reihenweise Birnenbäume, deren Früchte eine stattliche Größe besaßen. Wie gerne hätte ich den Fahrer darum gebeten anzuhalten, die prächtigsten Exemplare gepflückt und auf meiner ausgetrockneten Zunge zergehen lassen!

Nach einer viertelstündigen Fahrt kamen wir schließlich vor einem Bauernhaus in einem Ort namens Kaesantun an.

Das Haus bestand im Grunde nur aus einem einzigen Raum, der gleichzeitig als Schlaf-, Wohn- und Esszimmer diente. Die Einrichtung war sehr spartanisch und ärmlich – ganz anders, als ich es mir in meinen Tagträumen über China ausgemalt hatte. Mit den zwei stämmigen Chinesen im Raum fühlte ich mich unwohl. Ich spürte ihre Blicke auf meinem Körper. Der Anführer der beiden musterte mich von der Fußsohle aufwärts und blieb mit seinem grimmigen Blick an meiner Brust hängen. Dort prangten auf der linken Seite, auf Höhe des Herzens, die Abzeichen von Kim Il Sung und Kim Jong Il. Jeder Nordkoreaner trug diese Insignien mit Stolz. Dem Gesichtsausdruck des Chinesen nach zu urteilen, schienen sie ihm jedoch ganz und gar nicht zu gefallen.

«Gib die her, das kann euch in China gefährlich werden», sagte er schroff. Ich war schockiert: Den «Großen Führer» sollte ich – erst wenige Stunden im Ausland – verraten? In Nordkorea hätte mich ein solches Verhalten direkt ins Gefängnis gebracht. Wir wurden dazu erzogen, nicht mal eine Zeitungsseite zu falten, auf der das Bild von Kim Jong Il abgedruckt war. Wer auf der Straße ohne dessen Abzeichen erwischt wurde, musste eine Strafe zahlen. «Das geht nicht, das muss ich behalten!», protestierte ich laut. Meine Worte halfen nichts, der Chinese riss meine Abzeichen einfach von der Brust. «Jetzt pass mal gut auf: Wenn die Polizei herausfindet, dass ihr Nordkoreaner seid, dann werden auch wir verhaftet!»

Er befahl uns, die Taschen zu leeren, und tastete uns penibel ab. Auch die Plastiktasche an meiner Unterwäsche blieb ihm nicht verborgen. Als er die Fotos sah, steckte er sie ebenfalls ein. «Das ist nur zu eurer Sicherheit», sagte er und ignorierte meine Tränen. Ich rang ihm zumindest das Versprechen ab, dass ich die Sachen vor meiner Rückkehr wieder zurückbekommen würde. Nach der Inspektion erhielten wir neue, trockene Kleidung. Nichts an unserer Erscheinung sollte mehr an unser Heimatland erinnern. Jenseits der Grenze waren Nordkoreaner illegale Flüchtlinge. Damit wir hier überleben konnten, mussten uns die Leute fortan für koreanischstämmige Chinesen halten.

«Macht euch keine Sorgen. Esst euch erst mal satt! Morgen besprechen wir das weitere Vorgehen», sagte der zweite der Männer. Er hatte einen riesigen Topf chinesische Nudeln gekocht und jedem von uns eine prallgefüllte Schüssel gereicht. In Nordkorea hatten wir so etwas zuvor weder gegessen noch jemals gesehen. Wie hungrig wir waren! Die Nudeln schlangen wir regelrecht in uns hinein und baten augenblicklich um Nachschlag. Ohne Widerrede reichten uns die Männer eine weitere volle Schüssel. Am Ende hatten wir jeweils drei Portionen verschlungen und wurden noch während der Verdauung sehr schläfrig. Das Gefühl, endlich wieder einen vollen Magen zu haben, war schlicht überwältigend. Nach wenigen Minuten waren wir an Ort und Stelle weggedämmert.

Als ich meine Augen wieder öffnete, dachte ich, nur kurz gedöst zu haben, doch am einfallenden Tageslicht erkannte ich, dass wir einen ganzen Tag und eine ganze Nacht durchgeschlafen haben mussten. Für mich schien das unglaublich, denn seit Jahren hatte ich nicht mehr so tief und fest schlafen können. Noch schlaftrunken, realisierte ich, dass sich im Zimmer mehrere fremde Männer aufhielten. Ich öffnete einen Spalt weit meine Augen und erspähte neben den zwei Chinesen noch drei weitere Männer. Unsere nordkoreanischen Schlepper konnte ich jedoch nicht ausmachen. Mich überkam ein mulmiges Gefühl. Mein innerer Kompass zeigte auf Alarmbereitschaft. Ich stellte mich schlafend und versuchte, das Gespräch der Männer zu entschlüsseln, verstand jedoch kein einziges Wort, weil sie sich auf Chinesisch unterhielten.

Meine dunkle Vorahnung versuchte ich zu verdrängen und mich stattdessen darauf zu besinnen, warum wir überhaupt hier waren. Hoffentlich würde uns der anbrechende Tag bereits Arbeit bescheren, schließlich waren wir nach China gegangen, um Geld zu verdienen. Als die fremden Stimmen verstummten und ich das Schließen der Haustür vernahm, wagte ich es, meine Augen zu öffnen.

Wieder tischten uns die zwei Chinesen ein opulentes Festmahl auf, doch diesmal bekam ich wegen der angespannten Stimmung kaum einen Bissen runter. Unsere Fragen nach den Schleppern blockten die Männer ab. «Wie kriegen wir hier eine Arbeit?», wollte ich wissen. «Das ist schwierig, weil die Polizei in den Betrieben regelmäßig nach Nordkoreanern Ausschau hält. Ihr beide solltet lieber einen Chinesen heiraten, dann dürft ihr hier auch arbeiten. Das ist eine reine Scheinehe, so wird das hier gemacht. Und sobald ihr verheiratet seid, könnt ihr auch ganz legal wieder nach Nordkorea einreisen.»

Ich ließ jedoch nicht locker und hakte am Abend noch einmal nach. «Was heißt das genau: Die Chinesen heiraten uns einfach? Wie funktioniert das genau?» Daraufhin sprach der Anführer der beiden Chinesen das erste Mal ehrlich mit uns: «Nun, wir werden euch verkaufen. Ihr seid hier in China – ohne fremde Hilfe könnt ihr nicht überleben. Eine andere Lösung gibt es nicht. Wenn ihr flüchtet, wird euch die Polizei verhaften, noch ehe ihr euch verseht. Brockt ihr uns Ärger ein, dann zeigen wir euch eigenhändig an. Was die Polizei mit euch machen wird, das wisst ihr sicher.»

Meine Fluchtgenossin und ich schauten uns entsetzt an. Nein, entsetzt war gar kein Wort für das, was wir fühlten. Wenn ich ehrlich bin, habe ich in jenem Augenblick gedacht, dass keine Todesart grausam genug wäre – als Strafe für jemanden, der unsere ausweglose Situation derart schamlos ausnutzte. Natürlich wollte ich nicht verkauft werden, zudem an einen wildfremden Mann, dessen Sprache ich nicht beherrschte. Allein der Gedanke daran, in diesem fremden Land zwangsverheiratet zu werden oder als Arbeitssklavin in einem chinesischen Haushalt zu enden, flößte mir unglaubliche Angst ein. Gegenwehr half mir in dieser misslichen Lage allerdings wenig: Sollten uns die Männer bei der chinesischen Polizei abliefern, würde man uns nach Nordkorea abschieben, wo wir für lange Jahre im Arbeitslager weggesperrt werden würden – wenn nicht gleich an der Grenze erschossen.

Ich musste daran denken, wie ich meinen Töchtern vor zwei Tagen einen halben Maiskolben in ihre kleinen Hände gedrückt und mich mit dem Versprechen verabschiedet hatte, am nächsten Morgen mit vollen Händen zurückzukehren. Mit gekreuzten Fingern hatte ich darauf geschworen. Schweren Herzens und mit Tränen in den Augen war ich über den Tuman-Fluss nach China geschwommen – all das nur, um nun in einer solch ausweglosen Situation zu landen. Wie es schien, war ich vom Regen in die Traufe geraten.

TRAURIGE TAGE IN KAESANTUN

In jener Nacht hielten mich dunkle Gedanken wach. Was ich zuvor erlebt hatte, ließ mich nicht zur Ruhe kommen. Das erste Mal in meinem Leben fühlte ich mich wie ein Stück Fleisch, jeder Menschlichkeit beraubt. Das Haus verwandelte sich in einen Marktplatz. Wir waren die Ware.

Über ein Dutzend Männer brachten die Chinesen am darauffolgenden Tag ins Haus. Alle inspizierten uns prüfend, so, wie man einen Gegenstand auf Gebrauchsspuren untersucht. Sie gehörten jenem Menschenschlag an, der auf dem Heiratsmarkt durchfiel: mittellose Männer, körperlich Behinderte, Alkoholiker, Bauern, aus deren Landstrichen die Frauen längst in die Städte abgewandert waren. Die meisten trugen heruntergekommene Kleidung, waren dreckig und stanken. Einige der Männer hätten vom Alter her mein Vater sein können. Keine Demütigung war ihnen zu groß, um beim Feilschen den Preis zu drücken. «Die ist doch viel zu alt!», spotteten sie abfällig, oder: «Schau doch, wie klein und hässlich sie ist!» Mehrere von ihnen wollten mich gleich vom Fleck weg kaufen. Jedes Mal wehrte ich mich mit voller Überzeugungskraft. Ich probierte es mit Charme und bat um einen Tag Aufschub, an dem sich sicher ein wohlhabenderer Käufer finden lassen würde. Wenn das nicht half, setzte ich mit bloßen Händen und Füßen nach. Das schreckte jeden von ihnen ab – noch zumindest. Ewig würde ich meine Strategie nicht durchhalten können. Die Chinesen merkten, wie schwer es werden würde, meinen Willen zu brechen. Am Abend war die Lage bereits derart angespannt, dass sie jederzeit eskalieren konnte. Nach dem Abendessen schlossen die zwei Chinesen das Haus von außen ab und ließen uns alleine. Wahrscheinlich tranken sie sich jetzt den Frust von der Seele.

Sollten wir durch die Fenster fliehen? Ich war mir nicht sicher, ob das eine gute Idee wäre. Jederzeit könnten wir von Polizisten aufgegriffen werden, abgesehen davon, dass wir niemanden kannten, geschweige denn den Weg zum Tuman-Fluss wussten. Und selbst wenn wir es bis dahin schaffen würden: Alleine auf uns gestellt, würden uns wohl die Fluten des Flusses überwältigen – oder aber die Grenzsoldaten. All das waren keine rosigen Aussichten. Die Chancen für uns stünden höher, die Chinesen zu überlisten. Irgendwie mussten wir sie mit ihren eigenen Waffen schlagen. Aber wie?

In der Ferne vernahm ich die Stimmen der zwei Männer, deren lallender Tonfall ohne Zweifel vom Alkohol herrührte. Ekel überkam mich bei dem Gedanken, die Nacht mit ihnen im selben Raum verbringen zu müssen. Ich stellte mich schlafend, um bloß in kein Gespräch verwickelt zu werden.

Das Türschloss klackte, und die beiden Chinesen betraten den Raum. Ihre schweren Schritte brachten den Holzboden zum Knarren. Sie kamen immer näher. Ein Schauer überfiel mich, als ich etwas an meiner rechten Schulter spürte. Mit den Füßen stupste mich einer der Männer an, doch ich regte mich nicht. Ich betete, dass sie mich in Ruhe lassen würden, wenn sie nur merkten, wie scheinbar fest ich schlief. Bis ich im nächsten Moment den schweren Atem an meinen Wangen spürte und der Geruch von Soju-Schnaps in meine Nase stach. Als ich die Augen öffnete, sah ich den Anführer der Chinesen über mich gebeugt. Ich blickte in animalische Augen.

Reflexartig rollte ich zur Seite, sprang blitzschnell auf und setzte zum Sprung an. An meinem rechten Bein spürte ich seinen Griff, doch ich konnte mich lösen und erreichte in drei Schritten die Tür. Der zweite Chinese stand nur regungslos daneben. Barfuß flüchtete ich nach draußen in die Dunkelheit und versteckte mich hinter dem nächsten Baum. Als ich vorsichtig zurückschaute, sah ich die offensichtlich betrunkenen Chinesen, die sich vor der Tür umschauten. Sie fluchten, doch machten sie keine Anstalten, nach mir zu suchen. Sie schlossen wieder die Tür.

Was sollte ich nur tun? Meine Gefährtin konnte ich nicht mit diesen Bestien alleine lassen. Ich entschied mich, einen

Blick in die Höhle des Löwen zu werfen. Als ich mich ans Fenster schlich, sah ich Bilder, die ich nie mehr vergessen werde: Meine schwache, zierliche Freundin lag regungslos auf dem Rücken. Auf ihren Körper stieg der Anführer der Chinesen wie ein räudiger Hund. Sie wandte ihr Gesicht zur Seite, um den Blicken ihres Peinigers zu entkommen. Ihre Augen standen offen, doch offenbarten sie keinerlei Emotionen – weder Ekel noch Schmerz. Sie waren leer, leblos, abwesend. Wie gelähmt stand ich am Fenster und konnte mich nicht bewegen. Ich sackte zusammen und hockte mich auf den Boden. Stumme Schreie stieß ich ins Dunkel der Nacht.

Selten spürte ich eine derart lähmende Ohnmacht wie in jenem Moment. Hier in China, das begriff ich schnell, war mein Leben weniger wert als das einer Straßenkatze. Wohin hätte ich auch gehen können? Die Polizei würde mein Feind sein, denn das Gesetz stand nicht auf unserer Seite. Alleine nach Nordkorea zurückzugehen wäre russisches Roulette. Ohne fremde Hilfe würde ich in China nicht überleben können. Ich war gefangen, ohne eingesperrt zu sein.

Als das Licht im Haus erlosch, wartete ich noch eine halbe Stunde, bevor ich leise die Tür öffnete und mich, auf Fußspitzen schleichend, vergewisserte, dass die Chinesen bereits tief und fest schliefen. Ihr Schnarchen ließ daran keinen Zweifel. Ich legte mich schließlich neben meine arme Gefährtin. Wären die beiden Männer nüchtern gewesen, hätte auch ich sie nicht von mir abhalten können. Mein Körper blieb die ganze Zeit über in Alarmbereitschaft. Wie eine Katze hielt ich meine Augen einen Spaltweit offen. Am nächsten Morgen sprach niemand darüber, was in der Nacht geschehen war. Die Atmosphäre beim Frühstück war gespenstisch.

In einem ruhigen Moment nahm mich der zweite der Chinesen zur Seite. Er gab mir zu verstehen, dass er mich für die Zeit, die ich bei ihnen verbringen würde, als «Freundin» nehmen wollte. Ich verstand sofort und willigte ein. Mit Zuneigung hatte unser Pakt nichts zu tun. Abend für Abend überließ ich ihm meinen Körper. Er beschützte mich im Gegenzug vor anderen Männern. Meine Fluchtgenossin blieb auf sich allein gestellt. Ein ums andere Mal wurde sie fremden Männern, die uns kaufen wollten, als «Kostprobe» angeboten. Wie ein Stück Fleisch warfen die Chinesen sie ihnen zum Fraß vor. Die letzte Vergewaltigung hinterließ eine Blutlache am Boden. Ihre Vagina war gerissen. Widerliche Bestien waren das, keine Männer.

DIE POLIZEIKONTROLLE

Nachts mussten wir uns mit den Männern heimlich auf die benachbarten Felder schleichen, um Süßkartoffeln oder Rettich zu klauen. Solche Ausflüge waren zumindest eine Abwechslung von unserem Alltag im Haus, in dem wir nichts tun konnten, außer auf die Gnade der Chinesen zu hoffen, nicht verkauft zu werden. Gleichzeitig barg jeder Schritt außerhalb des Hauses eine potenzielle Gefahr. Ständig mussten wir auf der Hut sein.

Eines Abends kamen wir gerade zurück vom Holzsammeln. Wir Frauen saßen wie immer auf der offenen Ladefläche des Geländewagens. Nachdem wir bereits den Wald hinter uns gelassen hatten, hielt das Auto plötzlich an, noch mehrere Kilometer von der Ortschaft entfernt, in der sich das Haus der Chinesen befand. Als ich mich umdrehte, sah ich zwei uniformierte Polizisten, beide etwa Mitte zwanzig, aus ihrem Wagen steigen. Entschlossen schritten die Männer auf uns zu. Was sollten wir tun?

Die beiden blieben vor der Fahrertür stehen und sprachen mit den Chinesen. Da ich wieder mal kein einziges Wort verstand, versuchte ich allein am Ton der Stimmen so viele Informationen wie möglich abzulesen, die mir in meiner Situation helfen könnten. Die Polizisten wirkten weder aggressiv noch freundlich, eher routiniert, vielleicht sogar ein wenig gelangweilt. Die zwei Chinesen zeigten den Beamten ihre Papiere und bekamen sie nach kurzer Inspektion wieder zurück. Dann wandten sich die Polizisten uns zu. Wir verstanden keines ihrer Worte und schauten beschämt zu Boden. Während die Polizisten berieten, was nun zu tun sei, flimmerten vor meinem inneren Auge Erinnerungen an die Erschießungen auf den Feldern in Sechun vorbei. Nur diesmal war ich diejenige, die mit verbundenen Augen am Holzpfahl angekettet war. Äußerlich blieb ich auf wunderliche Weise gefasst. Bis ich im Augenwinkel die Gesten der Polizisten sah, die uns unmissverständlich bedeuteten, in ihr Auto einzusteigen. Das war es wohl, dachte ich in jenem Moment. Hätte ich nicht um meine zwei Töchter gewusst, die sehnsüchtig auf mich warteten, dann wäre ich vielleicht sogar erleichtert gewesen, dass das ständige Versteckspiel nun vorbei wäre. Doch ich konnte nicht aufgeben – nicht nach dem, was ich bereits durchgemacht hatte.

Abrupt öffneten sich die Türen unseres Geländewagens. Fast synchron stiegen die Chinesen aus dem Auto und schritten breitbeinig auf die Polizisten zu. Sie fluchten so laut und aggressiv, dass selbst ich vor Angst zusammenzuckte. Jeden Moment würde eine Schlägerei ausbrechen, dachte ich – und bemerkte erst dann die Chance, die sich gerade auftat. Schnell schaute ich zu meiner Gefährtin hinüber und sah die gleiche Entschlossenheit in ihren Augen. Jetzt oder nie.

In einer einzigen Körperbewegung hievten wir uns von der Ladefläche, federten am Boden ab und setzten zum Sprint in Richtung Wald an. Beide rannten wir in entgegengesetzte Richtungen. Ich wagte es nicht, nach hinten zu schauen, doch erahnte ich an den aufgebrachten Stimmen im Hintergrund, dass uns die Chinesen wichtige Sekunden an Vorsprung besorgt hatten. Nach etwa dreihundert Metern hörte ich bereits keine Schritte eines Verfolgers mehr, doch ich rannte weiter, wie um mein Leben, eine halbe Stunde lang, bis ich vor Erschöpfung auf einem der Felder niederfiel. Um mich herum war es bereits dunkel geworden und weit und breit kein Mensch in Sicht. Die restlichen Kilometer bis zum Haus lief ich langsamen Schrittes durch die Felder, stets auf der Hut. Durch unsere nächtlichen Ausflüge kannte ich mich mittlerweile einigermaßen gut aus, sodass ich wusste, in welche Richtung ich mich zu halten hatte. Zum ersten und einzigen Mal war ich den Chinesen dankbar, schließlich hatten sie uns vor der Polizei gerettet. Nicht zuletzt ging es natürlich auch um ihre eigene Haut. Zudem waren wir für sie vor allem ein Geschäft – dass sie sich nicht durch die Lappen gehen lassen wollten.

Nach zwei Stunden erreichte ich endlich das kleine Bauernhaus. Als ich die Tür öffnete, blickte ich in zwei bekannte Gesichter: Die beiden Männer aus Sechun, mit denen wir den Tuman-Fluss überquert hatten, saßen zusammen mit den Chinesen und meiner Fluchtgenossin am Tisch. Unsere Fluchthelfer schauten jedoch betrübt drein. Dann erzählten sie uns, was geschehen war. Nachdem die beiden uns in China abgeliefert hatten, waren sie wieder nach Nordkorea zurückgeschwommen. Dort hatten sie, noch im Schutz des Morgengrauens, die Steckbriefe am örtlichen Parteigebäude gesehen, auf denen unsere Gesichter abgebildet waren. Wir wurden als Fahnenflüchtige von der Sicherheitsbehörde gesucht. Hals über Kopf hatten sich die beiden wieder auf den Weg zurück nach China gemacht.

Im ersten Moment spürte ich nichts als Wut. Vielleicht hatten uns die Nachbarn, denen wir in den Bergen zufällig begegnet waren, als vermisst gemeldet. Ich hegte jedoch einen anderen Verdacht: Zweifelsfrei traute ich es meinem eigenen Ehemann zu, dass er uns bei den Behörden angezeigt hatte. Allzu bildlich konnte ich mir vorstellen, wie er – außer sich vor Wut – Nacht für Nacht die wildesten Theorien über mein Verbleiben gesponnen hatte. Für ihn sah es ganz sicher so aus, als hätte ich nicht nur ihn, sondern auch unsere Familie, unser Vaterland, unseren Führer verraten.

Der bittere Schock setzte eine halbe Minute später ein. Erst dann realisierte ich, was die Worte des Schleppers wirklich bedeuteten. Sie rissen eine seelische Wunde auf, deren Narben ich noch immer in mir trage. Nie wieder würde ich nach Nordkorea zurückgehen können. Für immer würde mich eine unüberwindbare Grenze von meinen geliebten Töchtern trennen.

Dabei dachte ich in diesem Moment noch nicht daran, ob ich jemals bei ihrem Schulabschluss dabei sein könnte, bei ihrer Heirat oder der ersten Geburt. Mich ließ vielmehr eine Frage nicht los: Wie würden meine geliebte Sun Hee und Eun Hee die nächsten Wochen ohne ihre Mutter überleben können?

Während meine Kinder in Nordkorea hungerten, konnte ich meinen Körper Tag für Tag aufpäppeln und nahm schnell an Gewicht zu. Nachdem wir fast zwei Monate bei den Chinesen lebten, willigten wir schließlich ein, uns verkaufen zu lassen. So bliebe mir zumindest die Hoffnung, möglichst bald Geld zu verdienen, das ich meinen Kindern über Mittelsmänner zuschicken könnte. Das wäre dann das Letzte, was ich als Mutter für meine geliebten Kinder tun könnte.

Wir stellten den Chinesen nur eine Bedingung: Meine Gefährtin und ich wollten in das gleiche Dorf, am besten jedoch in den gleichen Haushalt geschickt werden. Die Flucht hatte uns zusammengeschweißt, und wir waren Freundinnen geworden. Als Nordkoreanerinnen gelobten wir uns im fremden China ewige Treue. Als wir den Tuman-Fluss überquert hatten, waren unsere Körper eins geworden. Zudem fühlte ich mich schuldig, dass ich meine Landsfrau nicht vor den Vergewaltigungen hatte schützen können. Umso mehr wollte ich sie in Zukunft unterstützen und wie eine große Schwester für sie sein. Doch wir hatten unsere Rechnung ohne die Chinesen gemacht.

«Niemand nimmt gleich zwei Koreaner auf einmal», sagte der Anführer lapidar und schmetterte unsere Bitte ab, als hätten wir nach einem Glas Wasser gefragt. Unser Flehen war nutzlos. Wir mussten uns trennen und mit unserer Trennung auch vom letzten Rest verabschieden, der uns mit Nordkorea verbunden hatte. Nun konnten wir nur noch von unseren Erinnerungen zehren. Ich fühlte mich meiner Identität beraubt.

Meine Freundin hatte überhaupt Schwierigkeiten, einen

Käufer zu finden. Obwohl sie jünger war als ich und gar nicht schlecht aussah, ließ sich nicht so einfach ein Mann finden, der sie zur Frau nehmen wollte. Die meisten empfanden sie als zu klein, zudem war ihr Körper noch immer abgemagert.

Ich hingegen war ein wenig größer und sah für meine 32 Jahre noch sehr jung aus. Um einen besseren Marktwert bei den Männern zu erzielen, befahlen mir die Chinesen, mein Alter auf 25 herunterzuschummeln. Hohe Anforderungen konnte ich in meiner Situation keine stellen, dennoch wollte ich niemanden, der ungepflegt wirkte. Waren die Männer zu groß, jagten sie mir Angst ein. Auch unrasierte oder gebräunte Gesichter waren ungewohnt für mich.

Am fünften Tag betrat ein freundlich wirkender junger Mann das Haus, der zwar selber keine Frau suchte, jedoch für seinen Onkel in der Provinz Jilin nach einer passenden Partie Ausschau hielt. Tae Manseong lautete sein Name. Der Besucher erzählte mir in groben Zügen dessen Geschichte: Manseong hatte bereits eine Frau gehabt, sogar einen Sohn und eine Tochter mit ihr bekommen. Doch dann erkrankte sie geistig, wurde wahnsinnig und war vor einem Jahr bei der Feldarbeit in einem angrenzenden Wassergraben ertrunken. Nun wohnte er alleine mit seiner elfjährigen Tochter und dem neunjährigen Sohn in einem abgeschiedenen Bauernhof. «Glaub mir: Mein Onkel ist unkompliziert und wird dir keinerlei Probleme machen. Was er und seine Kinder brauchen, ist eine anständige Frau und Mutter. Schau dir doch mal seinen Haushalt an. Ich begleite dich auf der Zugfahrt und stelle ihn dir vor.»

Irgendetwas lösten seine Worte in mir aus. Vielleicht spürte ich Mitleid. Ganz gewiss jedoch konnte ich die Lage seines Onkels in meiner damaligen Situation besonders gut verstehen. Auch meine Töchter hatten ihre Mutter verloren, und ich vermisste sie in jenem Augenblick mehr denn je. Wenn ich mich um Tae Manseongs Kinder wie um meine eigenen kümmern würde, dann nähme sich vielleicht auch jemand meiner geliebten Töchter an. Ich sagte zu. Für achttausend Renminbi* wurde ich an einen Bauern in Jilin verkauft.

Bevor ich mich auf den Weg machte, fragte ich die Chinesen nach den Fotos meiner Töchter. Wenn ich diese schon nicht wiedersehen konnte, so wollte ich doch zumindest ihr Abbild bei mir tragen. «Die habe ich längst weggeworfen», sagte der Anführer ohne jede Regung. Das einzige Andenken an meine Kinder war im Müll gelandet. Für den Schmerz, den er mir damit zufügte, hege ich noch heute tiefe Rachegelüste.

Auch von meiner Freundin musste ich mich nun verabschieden. «Wir sehen uns bald wieder, ganz bestimmt in Nordkorea», sagte ich zu ihr mit Tränen im Gesicht. Natürlich wusste ich, dass ich mein Wort nicht würde halten können.

Den Bahnhof erreichten wir eine halbe Stunde zu früh. Gedankenverloren stand ich an den Gleisen. Nun würde ich also in ein neues Leben aufbrechen. Wie mein Alltag dort wohl ausschauen würde? Und ob ich bald ein Lebenszeichen von meinen Töchtern erhalten würde?

«Stehen bleiben, Polizei! Du kommst aus Nordkorea!», erklang es plötzlich auf Koreanisch hinter mir. Ein kalter Schauer lief mir den Rücken hinunter. Als ich mich umdrehte, sah ich fünf junge Männer vor mir stehen. Allesamt waren sie noch unter 30, trugen Soldatenfrisuren und jene Schultertaschen unter den Armen, wie sie in Nordkorea nur wichtige Leute besaßen. Ich zitterte am ganzen Leib.

Noch bevor ich antworten konnte, trat mein Begleiter hervor und mischte sich ins Gespräch ein. Er stritt ab, dass ich

* Entspricht nach heutigem Umrechnungskurs etwa 1200 Euro.

aus Nordkorea kommen würde – und verlieh seinem Unmut mit deftigen Schimpfwörtern Nachdruck. Die Männer fackelten nicht lange und verpassten ihm eine schallende Ohrfeige, die ihn das Gleichgewicht verlieren ließ. Zwei von ihnen zerrten ihn vom Bahnhof. Ich blieb wie gelähmt stehen. Die restlichen Männer knöpften sich nun mich vor. «Chinesinnen tragen nicht so lange Haare wie du. Lüg uns nicht an!» Ich war so eingeschüchtert, dass ich in jenem Moment gar nichts erwidern konnte. «Wenn du uns nicht die Wahrheit sagst, schicken wir dich nach Nordkorea zurück.» In einem ersten Reflex wollte ich nach Hilfe schreien – doch wer hätte mir helfen können? Die Polizei stand ja direkt vor mir. Am helllichten Tag führten sie mich wie einen Schwerkriminellen ab und setzten mich in ein Zivilauto. Wohin wir fuhren, wusste ich nicht.

Erst als wir vor einem ganz gewöhnlichen Apartmenthaus anhielten, dämmerte mir, dass die Polizisten-Nummer nichts weiter als ein billiger Bluff gewesen war. Die Männer führten mich in den sechsten Stock, wo uns eine alte Großmutter die Tür öffnete. Die Männer befahlen ihr, nach mir zu schauen, dann schlossen sie die Wohnungstür von außen ab und verschwanden wieder. Wo war ich hier nur gelandet?

Als ich mit der alten Frau allein war, ergriff ich die Chance und fragte sie weinend: «Mutter! Können Sie mich aus dem Haus gehen lassen? Ich muss ganz schnell hier weg. Meine geliebten Töchter warten auf mich in Nordkorea. Bitte helfen Sie mir!» Die Großmutter gehörte der koreanischen Minderheit an, sodass ich mich mit ihr verständigen konnte, doch helfen konnte sie mir nicht. «Wenn ich Sie gehen lasse, bekomme ich Ärger mit meinem Sohn. Ich kann leider nichts für Sie tun. Bitte verstehen Sie mich», lautete ihre ernüchternde Antwort. Angst erfasste mich, was hatte man bloß mit mir vor?

Die Großmutter nahm mich zu sich und erklärte mir, was hier vor sich ging. Einer der jungen Männer sei ihr Sohn und würde sein Geld damit verdienen, Nordkoreaner an der Grenze zu kidnappen und weiterzuverkaufen. Sie selbst würde das zwar nicht gutheißen, könne aber letztendlich wenig dagegen tun. «Du solltest mir niemals mein feiges Verhalten vergeben, aber bitte tue mir einen Gefallen und nimm meinen gutgemeinten Rat an. Es gibt nur einen Weg, wie du hier im großen China überleben kannst: Heirate einen Chinesen, damit der für dich sorgen kann.»

Am Abend kamen die Männer wieder. Bevor ich irgendetwas sagen konnte, eröffneten sie das Gespräch: Sie wussten nicht nur, aus welchem Ort ich kam, sondern kannten auch bereits meinen Namen und sogar die Adresse, an die ich verkauft werden sollte. Leugnen wäre sinnlos gewesen. «Willst du uns weiter anlügen?», fragte einer von ihnen und gab mir eine kräftige Backpfeife. Ich schluchzte, den Blick zu Boden gerichtet. «In einer halben Stunde fahren wir dich zu deiner neuen Arbeit. Wenn wir losgehen, will ich keine Träne mehr sehen!»

Bevor wir die Wohnung verließen, fragte ich die Männer, wie sie mich überhaupt am Bahnhof ausfindig gemacht hatten. Überraschend offen fiel ihre Antwort aus: Sie steckten mit den zwei Männern aus Kaesantun unter einer Decke. Sobald ich deren Haus verlassen hatte, hatten die beiden Chinesen ihnen Bescheid gegeben, dass sie mich nun am Bahnhof abfangen konnten. Nach außen hin hatte es wie Zufall ausgesehen, dabei war die Entführung ein abgekartetes Spiel. Ich wurde doppelt verkauft – damit die Männer möglichst viel Gewinn aus mir herausschlagen konnten.

Das Leben in meinem neuen Zuhause gestaltete sich jedoch weit weniger schlimm, als ich befürchtet hatte. Ich wurde an ein chinesisches Ehepaar verkauft, bei dem ich als Zimmermädchen arbeiten sollte. Sobald ich mit der chinesischen Sprache und den Gepflogenheiten vertraut wäre, würden sie mir jemand Passendes zum Heiraten vorstellen. Die beiden leiteten ein Bekleidungsgeschäft im örtlichen Kaufhaus. Zudem hatten sie einen 13-jährigen Sohn, der Yang Ho hieß. Ich musste mich tagsüber um ihn kümmern und für die Familie kochen und putzen. Im Grunde fand ich die Arbeit nicht sonderlich schwierig, nur das Eingesperrtsein wirkte sehr belastend – umso mehr, je länger ich bei der Familie lebte. Jeden Morgen in der Früh riegelten sie die Tür von außen mit einem Schloss ab und machten erst wieder auf, wenn sie spätabends aus dem Geschäft zurückkamen.

Verglich ich das Familienleben der Chinesen mit meinen eigenen Erfahrungen in Nordkorea, so war der Unterschied drastisch: Die Mutter von Yang Ho trug die schönsten Kleider, die man sich nur ausmalen kann. Der Vater hatte mehrere, sicher sündhaft teure Lederschuhe im Regal stehen. Yang Hos Zimmer war voll mit Spielsachen, von deren Existenz die Kinder bei uns keinen blassen Schimmer hatten. Die ganze Familie schien wohlgenährt und hatte so viel zu essen, dass sie ihre Teller oft halbvoll stehen ließen. In den Taschen der Kleidung, die ich wusch, fand ich immer wieder ein paar Münzen, die sie achtlos vergessen hatten. Materiell lebten sie im Überfluss. Ich konnte an dieser Familienidylle jedoch nicht teilhaben, sondern fühlte mich wie ein Kind, das vor einem Schaufenster steht und auf Puppen schaut, die es sich nicht leisten kann.

Ich war hier nur ein Mensch zweiter Klasse. So geräumig und stilvoll eingerichtet die Apartmentwohnung auch war, blieb sie für mich doch vor allem ein Gefängnis. Dabei lag der Ort Yeongil direkt an der nordkoreanischen Grenze. Von meinen Töchtern trennten mich nur drei Stunden Fußmarsch – und doch lebten wir in zwei verschiedenen Welten.

Oft habe ich mich in jenen einsamen Abendstunden gefragt, wofür ich überhaupt noch auf der Welt war. Wieso konnte die Familie von Yang Ho in Frieden und Wohlstand leben, während ich womöglich meine Töchter nie mehr wiedersehen würde? Mein Heimatland hatte mir nichts als Unglück gebracht. Wie ein Stück Fleisch musste ich mich im Ausland von einer Hand in die andere verkaufen lassen. Das Schicksal von uns Flüchtlingen empfand ich als düster und traurig.

An einem Sonntag, ich war nun genau einen Monat und elf Tage bei der Familie, musste die Mutter von Yang Ho am Vormittag nach Harbin fliegen, einer ehemals russischen Stadt im äußersten Nordosten Chinas, um dort mit Textilien zu handeln. Ihr Mann fuhr sie zum Flughafen. Von der Küche aus hörte ich, dass sie dieses Mal die Tür nicht mit dem Schloss abgeriegelt hatten. Vielleicht waren sie mit der Zeit unachtsamer geworden. Wahrscheinlich aber gingen sie davon aus, dass mir ohnehin kein Gedanke an Flucht kommen würde, solange ihr Sohn im Haus war.

Ich jedoch hatte nur auf einen Moment wie diesen gewartet. Als Haushaltsgehilfin würde ich nie in Freiheit leben und für immer von der Gnade fremder Menschen abhängig sein, die mit mir umgehen konnten, wie sie wollten. Jederzeit hätte mich das Ehepaar bei der Polizei abliefern können. Ein Mann an meiner Seite, mit dem ich mich arrangieren könnte, würde mich zumindest beschützen. Vor allem aber könnte ich Geld verdienen, das ich bräuchte, um meine Kinder in Nordkorea ausfindig zu machen. Hier verschwendete ich nur meine Zeit. Zudem war ich bereits 32 Jahre alt. Bald wäre ich zu alt, um einen Mann zum Heiraten zu finden. In meinem Gedächtnis hatte ich die Adresse von Tae Manseong gespeichert. Bei ihm würde ich mein Glück versuchen. Jetzt musste ich mich jedoch zunächst aus meinen Sklavenketten befreien.

Yang Ho hatte sich in sein Zimmer zurückgezogen, um zu lernen und sich ein wenig auszuruhen. Durch den Türspalt sah ich, dass er mit dem offenen Buch in der Hand weggedöst war. Für mich war klar: Eine günstigere Gelegenheit würde es so schnell nicht wieder geben. Natürlich hatte ich keine Ahnung, wie weit der Flughafen entfernt war, doch eine Stunde würde es sicher dauern, bis Yang Hos Vater wiederkäme. Mir blieb also genug Vorsprung zur Flucht. Ich musste es wagen. Wann, wenn nicht jetzt?

Ich hatte rund 120 Renminbi angespart, den Großteil in Münzen, die ich beim Wäschewaschen heimlich aus den Hosentaschen hatte fischen können. Auch Kleider zum Wechseln hatte ich mir bereits beiseitegelegt. Ich war bestmöglich vorbereitet, denn wenn mein Fluchtversuch scheiterte, würde ich in Teufels Küche kommen. Meine Nervosität stieg, doch innerlich versuchte ich, Ruhe zu bewahren. Mit leisen Schritten tippelte ich ins Bad, um die Waschmaschine anlaufen zu lassen. Der Lärm der Schleuder würde hoffentlich meine Schritte übertönen. Als ich langsam die schwere Metalltür öffnete, kam mir im Treppenhaus die eisige Kälte des Winters entgegen. Doch wegen der Geräusche, die meine Absätze auf dem steinernen Boden verursacht hätten, trug ich die Schuhe in den Händen, während ich leise, aber zügig die fünfstöckige Treppe hinunterschlich. Vor lauter Nervosität verlor ich mehrere Male das Gleichgewicht. Mein Herz raste, denn ich musste immerfort daran denken, was passieren würde, wenn Yang Hos Vater mich erwischte. Mit Sicherheit würde ich wieder eingesperrt und viel strenger überwacht werden, wenn nicht gar gleich bei der Polizei abgeliefert. Den Mut zur Flucht konnte ich nur aufbringen, weil ich unbedingt überleben wollte, um eines Tages meine Töchter wiederzusehen. An der Haustür angekommen, schlüpfte ich in Windeseile in meine Schuhe.

Da Sonntag war, gab es direkt vor unserem Haus den Wochenendmarkt, der stets von vielen Menschen besucht wurde. Inmitten des dichten Gedränges konnte ich mich unbemerkt zur gegenüberliegenden Kreuzung durchschlängeln, an der ich direkt ein Taxi erwischte. Mit dem bisschen Chinesisch, dass ich seit meiner Ankunft bei der Familie aufgeschnappt hatte, wies ich den Fahrer an, mich nach Kaesantun zu fahren. Dabei bemerkte ich, wie mich der Taxifahrer im Rückspiegel misstrauisch musterte – vielleicht weil ich fremd aussah oder mein Chinesisch radebrechend war. Auch meinen aufgewühlten Gemütszustand muss man mir wohl deutlich angesehen haben.

Über eine Stunde fuhren wir durch die breiten chinesischen Straßen, ohne ein Wort auszutauschen. Als wir in Kaesantun ankamen, zählte ich mein Geld ab. Die Gebühr fiel bei diesem weiten Weg natürlich alles andere als günstig aus: Fast 100 Renminbi zeigte das Taxameter. Auf der Rückbank brauchte ich recht lange, da ich ja fast nur Münzen mit mir führte. Wieder sah ich den skeptischen Blick des Fahrers im Rückspiegel. Während ich mein Geld ordnete, griff er zu seinem Mobiltelefon und wählte eine Nummer. Mein Chinesisch reichte nicht aus, um die Konversation genau zu verstehen, doch fürchterliche Gedanken schossen mir durch den Kopf: Ahnte er, dass ich aus Nordkorea kam? Was würde passieren, wenn er die Polizei verständigte? Der Taxifahrer war vielleicht Anfang 30 und sah durchaus fit aus. Hier im Wagen wäre ich eingesperrt wie in einem Käfig. Ich wollte nur noch raus, und zwar so schnell wie möglich. Das Geld ließ ich daher überhastet auf der Rückbank fallen und stürzte aus der Tür des Fahrzeugs. Draußen angekommen, wusste ich nicht, wohin.

Nach ein paar Schritten hörte ich die Stimme des Taxifahrers im Nacken: «Stehen bleiben!» Ohne nachzudenken, rannte ich von der zweispurigen Hauptstraße in die erste Seitengasse und hoffte, dass der Taxifahrer mich laufenlassen würde. Kleine Hütten säumten den Weg, der so eng war, dass kaum ein Auto durchpasste. Nach einer weiteren Abbiegung sah ich ein freistehendes Außenklo vor einem Haus. Ich ging hinein und verschloss die Tür. Der Taxifahrer musste mich bereits aus dem Blickfeld verloren haben. Zumindest hoffte ich das. Mein Herz raste. Vorsichtig schaute ich durch den Türspalt auf die Straße – und traute meinen Augen kaum: Auch der Taxifahrer bog in die Straße ein, gemeinsam mit einem weiteren Mann. Noch erstaunlicher war jedoch, dass sie keinesfalls rannten, sondern ruhigen Schrittes gingen. Waren sie etwa gar nicht hinter mir her? Oder sich ihrer Beute bereits derart sicher, dass sie meinten, keine Anstrengungen unternehmen zu müssen? Sie liefen genau in meine Richtung.

In wenigen hundertstel Sekunden traf ich instinktiv eine Entscheidung: Ich würde nicht Hals über Kopf aus der Toilette stürzen, sondern pokern. Vielleicht hatten sie mich ja tatsächlich nicht gesehen. Mit jedem weiteren Schritt, den sie mir näher kamen, schrumpfte meine Zuversicht. Mittlerweile konnte ich bereits ein paar Wortfetzen ihrer Konversation verstehen. Es schien jedoch nicht um mich zu gehen oder zumindest nicht direkt: Der Taxifahrer beklagte sich bei dem anderen Mann, offenbar einem alten Freund, über seinen miserablen Tag. Keine zehn Meter von mir entfernt bogen sie ausgerechnet in den Eingang des Hauses ein, in dessen Außentoilette ich mich versteckte. War das alles eine Falle oder nur ein ganz und gar unwahrscheinlicher Zufall? Vielleicht wollte der Taxifahrer ja einfach bei dem Mann für eine Pause einkehren, da er gerade in der Gegend war. Ich würde es darauf ankommen lassen – fünfmal atmete ich kräftig durch, verließ mein Versteck und rannte in die andere Richtung davon.

ERSATZMUTTER

Das Haus von Tae Manseong lag etwa eine halbe Stunde von Kaesantun entfernt. Mit der Adresse im Kopf hatte ich mich jedoch ohne größere Probleme durchfragen können, und so stand ich schließlich vor dem Haus des Mannes, an den ich vor etwa zwei Monaten als zukünftige Frau verkauft worden war. Als ich durch die offenstehende Tür trat, erschrak ich angesichts des Chaos. Mir war natürlich klar, dass hier das letzte Jahr über ein Witwer alleine mit seinen zwei Kindern gelebt hatte. Doch dass man ein Haus derart herunterwirtschaften kann, hätte ich nicht für möglich gehalten. Es war kaum möglich, einen Schritt vor den anderen zu setzen, ohne durch aufgewirbelten Staub oder Spinnweben zu waten. Anscheinend besuchten öfters andere Männer das Haus, denn überall bemerkte ich verkrustete Flecken von gelbem Raucher-Speichel auf dem Boden. Eine dicke Schicht verbrannter Asche vom Steinofen bedeckte den Flur. Der gesamte Boden war so schwarz, dass ich mir gar nicht vorstellen mochte, wann hier das letzte Mal überhaupt sauber gemacht worden war. Das Lehmdach war undicht und löchrig. Manseongs Leben hier schien regelrecht elend. Instinktiv wollte ich auf der Stelle kehrt machen, solange mich noch niemand bemerkt hatte.

Doch da betrat der Sohn Manseongs das Haus, gefolgt von der Tochter. Ich hielt inne und betrachtete die beiden eingehend. Die Kinder sahen aus, als hätten sie lange nicht mehr geduscht. Ihre Haut wirkte trocken, die Hände wie der brüchige Panzer einer Schildkröte. In ihrer Misere erinnerten sie mich an meine Töchter in Nordkorea. Tränen schossen mir in die Augen. Ich konnte den Gedanken nicht abschütteln, dass meine Kinder auch so lebten – oder möglicherweise noch schlimmer. Vielleicht waren sie längst «Kkotjebis», Straßenkinder. Diese traurige Vorstellung konnte ich nicht beiseitewischen. Nach langem Weinen entschied ich mich, an diesem Ort zu bleiben. Ich musste schließlich so oder so bei einem Mann Unterschlupf finden, und da war es wohl noch am besten, wenn ich mich hier um die vernachlässigten Kinder kümmerte. Für meinen Seelenfrieden wäre es ohne Zweifel zuträglich, denn vielleicht würde ich so mein schlechtes Gewissen gegenüber meinen Töchtern ein wenig beruhigen können.

Der Empfang war herzlich. Tatsächlich wirkte Tae Manseong freundlich und auch liebenswürdig – wenn auch mit seinem Leben überfordert. Er war schwerer Alkoholiker. Das merkte ich schon in den ersten Tagen, denn im Grunde war er niemals wirklich nüchtern. Aggressiv wurde er in der Anfangszeit jedoch nie. Wenn er getrunken hatte, war er stets gut gelaunt und übermütig. Wenn nicht, wirkte er schlaff und wie gelähmt.

Egal ob im Haushalt oder in der Landwirtschaft – ich

hatte den ganzen Tag zu tun, unablässig und ohne Pause. Jeden Morgen fing mein Tag damit an, den drei Kühen auf dem Hof das Häcksel zu geben. Anschließend las ich die Eier der Hühner auf, die wir im Garten hielten. Dann brauchten die Kinder ihr Frühstück und mussten zur Schule gebracht werden, bevor ich unser Maisfeld bis zum Nachmittag bestellte. Egal wie krank oder erschöpft ich mich fühlte, Manseong trieb mich jeden Morgen gleichgültig aus dem Bett. Weil er mich für teures Geld eingekauft hatte, ließ er mich wie ein Nutztier arbeiten. Er behandelte mich keinen Deut besser als seine Kühe. Nach langen Tagen voll körperlicher Arbeit saß ich abends erschöpft und traurig am Fenster und schaute auf ein schaurig-schönes Panorama. Vor mir breitete sich unser Feld aus, dahinter erstreckte sich ein majestätischer Berg. Zwischendrin floss ein kleiner Bach. Eben jener Bach, in dem Manseongs Exfrau ertrunken war.

Nein, dies war kein Platz für mich. Fast zwei Jahre war ich mittlerweile hier, doch bis auf das Mitleid für die Kinder hielt mich nichts an diesem Ort. Immer öfter stritt ich mich mit Manseong – weil er fremdging, seinen Mais gegen Schnaps eintauschte oder das Geld beim Mahjongg-Spielen aus dem Fenster warf. Gleichzeitig war er so unglaublich geizig mir gegenüber. Als er eines Abends mitbekam, dass ich dem Obsthändler das Wechselgeld für zwei Wassermelonen erließ, schlug er mich wegen der paar Groschen vor den Augen seines Nachbarn. Jener Augenblick brachte das Fass in mir zum Überlaufen. Noch am selben Abend wollte ich ausziehen.

In unserem Ort hatte ich mich mit einem alten koreanischen Ehepaar angefreundet, das mich sicher für ein paar Tage aufnehmen würde. In dieser Zeit könnte ich mir Gedanken über meine weitere Zukunft machen. Vor den Augen meines erstaunten Mannes packte ich meine Sachen. Gedroht, dass ich gehen würde, hatte ich schon häufiger mal, diesmal würde ich jedoch Ernst machen. Noch bevor ich das Haus verließ, stellte mich Manseong zur Rede. Es war klar, dass nun eine unschöne Szene folgen würde. «Wenn du jetzt gehst, dann zahl mir erst die achttausend Renminbi zurück», schrie er mich an. Ihm war natürlich klar, dass ich kein Geld besaß. Wie auch? Schließlich durfte ich kaum das Haus verlassen, geschweige denn einer eigenen Arbeit nachgehen.

Doch so schnell ließ ich mich nicht einschüchtern. Auch sprach aus seinen Worten bereits verzweifelte Ohnmacht. Tatsächlich hing er wesentlich inniger an mir, als er bereit war zuzugeben. «Wenn wir schon so anfangen, dann müssen wir auch die zwei Jahre verrechnen, die ich bei dir geschuftet habe», sagte ich selbstbewusst. Seine Augen leuchteten plötzlich auf wie Glühbirnen. Niemals hätte er gedacht, dass ich so souverän auftreten würde. Bei seinem Anblick musste ich mich zusammenreißen, nicht zu lachen. Manseong sah nur mehr aus wie eine Karikatur seiner selbst. Ich fühlte mich siegessicher. «Was willst du mit mir verrechnen?», fragte er voller Zorn.

Mein Auftritt war gekommen, ich wuchs regelrecht über mich hinaus: «Erstens: Du zahlst mir meine Arbeit, die ich im Haushalt gemacht habe, und dass ich mich tagein tagaus um die Kinder gekümmert habe. Zweitens verrechnen wir, dass ich diesen unvorstellbaren Saustall überhaupt wieder bewohnbar gemacht habe. Und drittens: Für all die Male, in denen du in der Kneipe den Frauen das Geld hinterhergeschmissen hast, musst du mir das Gleiche zahlen. Dann wäre da noch die Entschädigung für all den körperlichen und geistigen Schaden, den du mir zugefügt hast! Wenn du mir all das gezahlt hast, dann kriegst du deine achttausend Renminbi sofort!» Es tat unglaublich gut, den Frust der letzten zwei Jahre endlich einmal rauszulassen.

Ihm fehlten die Worte. Stumm saß er dort und zog an seiner Zigarette. Nie hätte er damit gerechnet, dass eine Frau so bestimmt auftreten könnte – zumal eine Nordkoreanerin, denn wir gelten als sehr gehorsam, geradezu unterwürfig. Während er noch rauchend in der Ecke kauerte, verließ ich bereits das Haus.

Die Nacht war dunkel, und es regnete stark. Ich trug nur einen kleinen Koffer bei mir und schritt alleine durch den lehmigen Weg. Als ich auf die große Straße einbog, vermischte sich der Regen mit salzigen Tränen auf meinen Wangen. Gerade hatte ich einen kleinen Sieg errungen, doch hier draußen wurde mir klar, wie hilflos ich alleine war. Als ich bei dem koreanischen Ehepaar auftauchte, nahmen sie mich auf, ohne Fragen zu stellen. Dafür bin ich ihnen noch heute dankbar.

Sie servierten mir ein Nachtmahl, doch ich bekam keinen Bissen runter. Ich dachte immerfort an die zwei Kinder, die die Pflege ihrer Ersatzmutter so dringend brauchten. Sie würden nun ohne mich zurechtkommen müssen. In jener Nacht fand ich keine ruhige Minute.

DIE REICHE HONG JU

Als ob mein Ziehsohn meine Gedanken gelesen hätte, kam er bereits am folgenden Nachmittag nach Schulschluss vors Haus des koreanischen Ehepaars, hockte sich hin und wartete stumm. Traurig schaute ich ihm eine halbe Ewigkeit lang hinter meinem Fenstervorhang zu, ohne zu wissen, wie ich reagieren sollte. Die Großmutter trat ins Zimmer und riss mich aus meinen Gedanken. «Sieh doch: Der Junge betet da draußen, dass du wieder nach Hause kommst. Ich will ja auch nicht, dass du wieder zu dem Chinesen gehst – aber kannst du ihm nicht seinem Sohn zuliebe vergeben? Ich finde es nicht gut, dass ein Kind wegen der Schuld seines Vaters so leiden muss. Bitte denk einmal darüber nach», sagte sie und schloss leise die Tür hinter sich. Ich fühlte mich überfordert und blieb in meinem Zimmer.

Am nächsten Tag kniete der Junge sich wieder vor meinem Fenster hin. Die pralle Sonne schien auf seinen Körper. Bis zum Abend saß er dort, während unzählige Tränen von seinen Wangen rannen. Am Tag darauf kam er ebenfalls wieder, von mittags bis abends. Ich war jedoch fest entschlossen, standhaft zu bleiben. Je länger ich aus dem Fenster blickte, desto schwerer fiel mir die Entscheidung. Irgendwann hielt ich es nicht mehr aus und bat ihn, er solle doch bitte reinkommen. Stur, wie er war, verneinte er und sagte: «Bevor du nicht wieder zu uns kommst, möchte ich nicht hinein.» Da ich mir große Sorgen machte, dass er in der aggressiven Sommersonne krank werden könnte, sagte ich ihm schließlich zu. Natürlich dachte ich dabei auch an meine Töchter in Nordkorea. Sie könnten genauso durch schwere Zeiten gehen und auf der Straße sitzen und weinen. Bei dem Gedanken konnte ich meine Tränen nicht mehr zurückhalten.

Ich gab dem Kind erst einmal ein Glas Wasser und – durstig, wie es war – trank es das Glas in einem Zug aus. Dann aßen wir gemeinsam. An seinem Hunger konnte ich sehen, dass er nach der Schule direkt zu mir gekommen war, ohne überhaupt Mittag zu essen. Dass sich mein Ziehsohn derart aufopferte, um meine Gunst zurückzugewinnen, rührte mich sehr. In jenem Moment dachte ich bei mir, dass sich meine

Zeit bei der Familie vielleicht doch gelohnt hatte, da ich mich stets mit viel Liebe um die Kinder gekümmert hatte, obwohl ich am Anfang kaum ein Wort Chinesisch gesprochen hatte. «Die Jahre mit den Kindern sind sicher keine verschwendete Zeit», dachte ich. Ich fühlte mich fast ein wenig glücklich. Am Abend gingen wir gemeinsam wieder nach Hause zurück.

Mein Mann bemühte sich gar nicht erst, bei meiner Ankunft besondere Anstalten zu machen, sondern rauchte nur stumm zwei Zigaretten hintereinander. Erst danach sagte er zerknirscht, dass es seine Schuld gewesen sei und er sich bessern wolle. Er bat darum, dass ich ihm noch eine zweite Chance gab. Die ersten paar Tage verliefen auch tatsächlich ruhig und friedlich. Doch in Nordkorea gibt es ein Sprichwort, dass sich auch in diesem Fall wieder einmal bewahrheitete: «Was ein Dreijähriger gelernt hat, kann er selbst als Greis nicht mehr ändern.» Tief in mir drinnen spürte ich, dass unser Scheinfrieden nur ein Wiedersehen auf Zeit mit sich bringen würde.

Zu dieser Zeit bekam ich Besuch von meiner Freundin Soon Hee, der einzigen Nordkoreanerin aus unserem Ort. Sie war in meinem Alter und genauso groß wie ich, nur hatte sie eine etwas rundlichere Figur und einen vorstehenden Schneidezahn. Ihre Begleitung sah ich an diesem Nachmittag zum ersten Mal, doch ich hatte bereits viel über sie gehört: Choi Hong Ju war eine blendend aussehende Frau. Sie hatte eine schlanke Taille und trug ein edles Kleid, um das ich sie sehr beneidete. Viel wurde über sie im Dorf erzählt. Sie sollte zu den Reichsten in ihrem Ort gehören und mit ihrem Mann in einem vornehmen Haus wohnen, obwohl sie wie wir aus Nordkorea geflüchtet war. Woher sie das Geld hatte, wusste ich nicht, doch ihre Person faszinierte mich sehr. Man sagte über sie, dass sie fleißig sei und hart arbeiten würde. «Willst du mit uns kommen, Geld verdienen gehen?», fragte Soon Hee mich etwas geheimnisvoll. Ich sah meine Chance gekommen.

Der Plan war simpel: Wir könnten in einer Ortschaft in Jilin, der chinesischen Provinz im Nordosten des Landes, im selben Restaurant arbeiten, in dem auch Hong Ju früher gearbeitet hatte. Sie würden dort Kellnerinnen suchen und gut zahlen. Hong Ju versicherte mir, dass ich im Monat bis zu 1500 Renminbi verdienen könnte, wenn ich genug Fleiß an den Tag legte. Das klang fast zu schön, um wahr zu sein. Damit hätte ich endlich genug Geld, um einen Schlepper in Nordkorea zu engagieren, der nach meinen Töchtern suchte. Jeden Monat könnte ich sie mit einem Teil meines Lohns unterstützen. Noch an Ort und Stelle willigte ich ein. Wir besprachen gleich die Details für unser nächstes Treffen.

Am selben Abend erzählte ich Manseong von meinem Vorhaben. Zuerst war er dagegen, doch ließ er sich nach einer hitzigen Diskussion umstimmen. Allerdings bestand er darauf, dass ich jedes Wochenende nach Hause kommen müsste. Mündlich konnte ich ja alles versprechen, doch innerlich spürte ich, dass unser Abschied nahe war. Ich konnte meinen ersten Arbeitstag kaum erwarten.

Es war tiefster Winter, und ein eisiger Wind fegte durch den offenen Busbahnhof. Als wir drei Frauen unsere Tickets im Bus lösten, fühlte es sich an wie ein Befreiungsschlag: Endlich würde ich hinaus in die Welt ziehen, den ersten Schritt in eine unabhängige Existenz machen. Die Busfahrt über lächelte ich viel und war zu lockeren Scherzen aufgelegt. Mit der Morgendämmerung fuhren wir los und erreichten zur Mittagsstunde unser Ziel.

Das Restaurant befand sich im Erdgeschoss eines sechsstöckigen Betonblocks. Hong Ju grüßte die anwesenden Chinesen im örtlichen Dialekt. Offensichtlich war sie mit dem Personal sehr vertraut. Sie stellte uns vor als die neuen Frauen, die hier arbeiten sollten. Die musternden Blicke der Chinesen wirkten unangenehm und machten mich etwas stutzig. «Ihr habt sicher Hunger nach der langen Anreise. Esst erst einmal etwas, bevor wir weiterreden», sagte eine Frau, die sich als Managerin vorstellte. Sie muss etwa Mitte 40 gewesen sein und war rundlich wie ein Schwein. Wir bekamen eine reichhaltige Mahlzeit aufgetischt. Es gab Naengmyeon – ein Nudelgericht, das in kaltem Wasser serviert wird. Hong Ju entschuldigte sich für einen Augenblick, weil sie draußen noch jemanden sprechen müsse.

Während wir unsere Mägen füllten, sagte die Frau uns unmissverständlich, dass sie hier das Sagen hätte und wir fortan für sie arbeiten müssten. Nach dem Essen sollten wir mit dem Koffer zu ihr nach oben kommen. Die Blicke der drei Männer am Nebentisch waren auf uns gerichtet. Ihr Tonfall war bedrohlich.

Soon Hee und ich schauten uns fragend an. «Ich würde gerne das Essen zahlen und mich draußen mit meiner Freundin beratschlagen», sagte ich. «Komm bloß nicht auf dumme Gedanken», drohte die Managerin. «Wenn ihr nur einen Schritt aus meinem Haus macht, dann melde ich euch bei der Polizei. Die schickt euch schneller nach Nordkorea, als ihr glaubt.» Bei diesen Worten sprangen Soon Hee und ich auf und rannten Richtung Tür, doch noch auf dem Weg dahin wurde ich von einem Mann festgehalten, der mir die Hände hinter dem Rücken verschränkte. «Hong Ju!», schrie ich verzweifelt, in der Hoffnung, dass sie uns mit ihren Kontakten aus dieser Situation befreien würde. Die Managerin blickte auf mich nieder und lächelte bösartig. «Eure Freundin ist sicher schon über alle Berge. Die wird euch nicht helfen, schließlich hat sie zweitausend Renminbi für jeden von euch gekriegt. Hoffentlich seid ihr euer Geld auch wert!» Die Gäste des Restaurants sahen deutlich, was hier passierte – doch unternommen haben sie nichts.

Ich konnte nicht fassen, was hier vor sich ging. Eine Nordkoreanerin hatte, ohne mit der Wimper zu zucken, zwei Landsleute als billige Arbeitskräfte in die chinesische Provinz verkauft. Wenn ich Hong Ju jemals in meinem Leben zu fassen bekäme, dann würde sie etwas erleben.

Von der Managerin wurden wir mit unseren Koffern schließlich in das obere Stockwerk geführt, wo bereits zahlreiche aufgestylte Frauen in verschiedenen Zimmern versammelt waren. Von wegen Restaurant! Wir waren hier in einer ganz gewöhnlichen Karaoke-Bar gelandet – als Hostessen, um männliche Kunden zu bedienen.

DIE KARAOKE-BAR

Niemand aus meiner Familie kann Alkohol vertragen, das ist genetisch bedingt. Daher hatte ich mich stets von Trinkgelagen ferngehalten. Bei meiner neuen Arbeit musste ich auf beschämende Weise mit dieser Tradition brechen.

Meine neue Arbeitsstelle, das waren Schlafzimmer – große Räume mit einem runden Tisch in der Mitte, einer Karaoke-Maschine und purpurnen Wandtapeten, deren Schmuddeligkeit von der Diskobeleuchtung nur halbherzig kaschiert wurde. Dutzende solcher Räume gab es hier auf über vier Stockwerke verteilt. In der obersten Etage hatten wir Frauen unsere Zimmer. 22 waren wir insgesamt, die meisten von uns nordkoreanische Flüchtlinge. Oft fragten die Kunden speziell nach einer Nordkoreanerin – nicht wegen des Aussehens oder des Charakters, sondern weil sie genau wussten, dass sie mit uns illegalen Flüchtlingen alles machen konnten. Wenn wir aufmuckten, drohten sie mit der Polizei.

Manche Kunden kamen bereits um zehn Uhr morgens, die letzten gingen weit nach Mitternacht. Ich musste nicht nur wildfremden Männern Alkohol servieren, sondern auch mit ihnen trinken. Dass ich mich bereits nach zwei Gläsern kaum mehr auf den Beinen halten konnte, spornte nur ihren sadistischen Ehrgeiz an, mich weiter abzufüllen. Um meinen Ekel abzuschwächen, dachte ich damals immerfort an ein nordkoreanisches Sprichwort: «Auch wenn man in der Tigerhöhle gefangen ist, kann man lebend herauskommen, wenn man sich nur stark genug beherrscht.»

Die Männer benahmen sich schändlich uns Frauen gegenüber. Die meisten gehörten der koreanischstämmigen Minderheit an, die jeden Abend in der Karaoke-Bar das Geld verprasste, dass ihre nach Südkorea emigrierten Frauen in Restaurants und Kneipen als Kellnerinnen hart erarbeiteten, um die Familie zu versorgen. Es war ein Hundeleben, ihre Schnapsgläser zu füllen und mit ihnen tanzen zu müssen. Oft passierte auch noch Schlimmeres. Sie fassten mich gegen meinen Willen an oder beschimpften mich, wenn ich mich zierte. Wenn sie mir am Ende das obligatorische Trinkgeld von 50 Renminbi – meinen einzigen Lohn – verweigerten, dann konnte ich nichts dagegen tun – ganz egal, wie viel Alkohol sie mir vorher aufgezwungen hatten. Noch heute muss ich an die schmerzliche Zeit von damals denken, sobald ich auf der Straße Neon-Schilder von Karaoke-Salons sehe. Den Geruch von Alkohol kann ich seither nicht mehr ertragen.

Richtig verdienen konnten nur die von uns, die ihre Kunden für eine «zweite und dritte Runde» begleiteten. Die Männer kamen nämlich nicht nur zum Singen und Trinken in die Bar, sondern baten uns meist im Anschluss, noch in ein Restaurant oder auf einen Kaffee mitzukommen. Wenn die gegenseitige Chemie stimmte oder zumindest der ausgehandelte Preis, dann zogen die Frauen mit den Kunden weiter in ein Motel. Zweite und dritte Runde mag harmlos klingen und in die Irre führen – doch unter dem Deckmantel der Karaoke-Bar ging es vor allem um illegale Prostitution. Von den 22 Frauen, die dort gearbeitet haben, verweigerte neben mir nur eine weitere solche Dienste. Damit ließen wir beide uns bis zu 500 Renminbi durch die Lappen gehen, die die Stammkunden für die Zweisamkeit mit ihren Karaoke-Mädchen zahlten. Das war das Zehnfache unseres mageren Lohns.

Nun, immerhin hatte ich überhaupt mein erstes Geld. Zwar dauerte es einige Monate, bis ich mich an das Bedienen der Männer gewöhnt hatte, doch nach und nach legte ich mir ein dickes Fell zu. Zudem genoss ich nach einem halben Jahr immer größere Freiheiten: Bald durfte ich mit meiner Chefin an freien Vormittagen den Markt besuchen, wenig später auch ganz alleine die Karaoke-Bar verlassen. Ich bemühte mich sehr, das Vertrauen der Chefin zu gewinnen. Nach einem Jahr fragte ich sie, ob ich für kurze Zeit verreisen dürfte. Ich musste unbedingt nach meinen Töchtern suchen. Sie gab mir drei Tage.

Ich nahm den Bus bis nach Kaesantun und ging schnurstracks zu dem Bauernhaus, in dem ich die ersten Tage in China verbracht hatte. Dort würde ich sicherlich einen nordkoreanischen Schlepper finden, den ich auf die Suche nach meinen Töchtern schicken könnte. Tatsächlich fand ich nach längerem Insistieren jemanden, dem ich das Versprechen abnehmen konnte, in Sechun nach meinen Töchtern Ausschau zu halten. Mehrere hundert Renminbi drückte ich dem Mann in die Hand. Sobald er wieder in China wäre, würde er sich bei mir melden, versprach er. Letztlich musste ich dem Mann vertrauen, dass er auch wirklich nach meinen Töchtern suchte. Ich wollte sie um jeden Preis ausfindig machen, und in meiner Situation gab es keine andere Möglichkeit als diese.

Eine Woche später erhielt ich den ersehnten Anruf. In unserem alten Haus wohnte meine Familie jedoch nicht mehr. Die Nachbarn hatten dem Mann den Ort genannt, in den mein Mann mit den Kindern gezogen war. Doch auch dort fehlte von ihnen jede Spur. Sechsmal gab ich den Schleppern Geld, jedes Mal verlief die Suche ohne Ergebnis. Ich war mir sicher: Meine Familie war in der Hungersnot elendig umgekommen. Auch mich hielt nun nichts mehr am Leben.

An jenem Abend stritt ich mit einem Kunden, der mir kein Trinkgeld geben wollte. Er drohte, mich zu schlagen. Gedemütigt zog ich mich in mein Zimmer zurück, wo mich die Managerin aufsuchte und mich anbrüllte: «Wieso arbeitest du nicht, du faules Stück!»

Kurz nachdem sie aus meinem Zimmer verschwunden war, griff ich in einer Kurzschlusshandlung zu Tabletten, die ich kurz zuvor wegen meiner Schlafprobleme geholt hatte. Die ganze Packung nahm ich auf einmal und verlor wenig später das Bewusstsein. Als ich aufwachte, saßen die Managerin und ein Arzt neben mir. Er hatte mir ein Brechmittel verabreicht, sodass ich die Tabletten wieder ausgespien hatte. Sollte ich meiner Chefin danken? Für sie ging es doch vor allem ums Geschäft. Wenn eine Nordkoreanerin tot bei ihr gefunden worden wäre, dann hätte sie ihren Laden dichtmachen können. Ich wäre in diesem Moment am liebsten gestorben. Mehrmals noch versuchte ich es mit Schlaftabletten, aber es wollte nicht klappen.

DER RETTER

Ständig musste ich auf der Hut sein. Regelmäßig besuchten uns Polizisten in Zivil, um die Karaoke-Bar auf illegale Einwanderer zu kontrollieren. Ein Glück hatten wir Kontaktmänner bei der Polizei, die uns rechtzeitig telefonisch Bescheid gaben. Eines Abends, als ich wie immer die Männer bediente, mit ihnen trank und tanzte, stürmte die Managerin in den Raum. «Verschwinde, aber schnell! Die Polizei steht unten vor der Tür!»

Ich rannte auf den Flur. Dort sah ich Jang Goon Sang, einen Kunden, mit dem ich bereits mehrere Male getrunken hatte. Er kam gerade aus der Toilette, nahm mich am Handgelenk und befahl mir, ihm zu folgen. Wir rannten in den zweiten Stock, wo er mir das Fenster öffnete. «Spring, wenn du nicht willst, dass die Polizei dein Leben beendet. Ich hol dich unten ab», sagte er zu mir. Ich hatte keine Zeit zum Nachdenken und tat, was er mir sagte. Er folgte mir über die Treppe nach, hielt ein Taxi an und nahm mich mit zu sich in seine Wohnung. Ich war ihm sehr dankbar, dass er mir geholfen hatte, obwohl uns nichts weiter verband als ein paar alkoholgeschwängerte Gespräche.

Bei ihm zu Hause lernte ich auch seine Oma und seine Tochter kennen. Er erzählte ihnen meine Geschichte, während sie interessiert lauschten. Am Ende seines Berichts wandte sich seine Großmutter mir zu: «Du hast hier in der Fremde viele Schwierigkeiten erfahren. Das tut mir leid. Bei uns kannst du dich wie zu Hause fühlen und ausgiebig erholen.» Ihre Worte waren mehr, als ich in einer solchen Situation erwarten konnte. Drei Tage blieb ich gemeinsam mit Jang Goon Sang und seiner Mutter in der Wohnung. Danach fragte sie mich, ob ich mit ihrem Sohn zusammenleben wolle.

Dabei war Goon Sang eigentlich schon verheiratet und hatte mit seiner Frau eine gemeinsame Tochter. Die Frau arbeitete ebenfalls in einer Karaoke-Bar. Seit einiger Zeit kam sie immer häufiger nach der Arbeit nicht nach Hause, manchmal verschwand sie tagelang, ohne von sich hören zu lassen. Es war offensichtlich, dass sie wohl einen anderen Mann kennengelernt hatte. Wenig überraschend kündigte sie eines Tages an, dass sie die Scheidung einreichen wolle. Ihre Begründung war mehr als fadenscheinig: Da sie selber fast rund um die Uhr in der Bar arbeitete, ihr Mann jedoch nichts verdiente, hätte sie keine Zeit, ihre gemeinsame Tochter zu erziehen. Dabei war klar, dass ihr geheimer Liebhaber der wahre Grund hinter dem Scheidungswunsch war. Besonders die Schwiegermutter war entsetzt, denn sie fürchtete, dass ihre Enkelin so aus der Obhut ihres Sohnes genommen werden würde. Durch mehrere Schicksalsschläge hatte sie bereits zwei ihrer Söhne verloren. Nun wollte sie nicht auch noch ihr einziges Enkelkind verlieren.

Goon Sang ahnte schon länger, dass seine Frau nur nach einem Anlass suchte, um sich von ihm scheiden zu lassen, deswegen probierte er gar nicht erst, ihre Beweggründe zu verstehen, geschweige denn sie zum Bleiben zu überreden. Er war ohne ein Wort der Widerrede damit einverstanden, dass sie die Scheidung einreichte. Die Frau verschwand daraufhin, während Goon Sang in seiner Einsamkeit immer wieder Karaoke-Bars aufsuchte, wo wir uns schließlich kennenlernten. Manchmal tranken wir gemeinsam etwas oder sahen uns zufällig auf dem Gang.

Jang Goon Sang erzählte mir, dass er anfangs nur Spaß mit mir hatte haben wollen. Als er jedoch bemerkte, dass ich anders war als die anderen Frauen und nicht für Geld alles mit mir machen ließ, brachte er Sympathie und auch Mitleid für mich auf. Später lernte er dann meine persönliche Seite kennen und entwickelte das Verlangen, mich als seine Frau zu gewinnen. Er kam immer öfter in die Karaoke-Bar, und durch den Schicksalswink mit der Razzia wurden seine Bemühungen schließlich von Erfolg gekrönt.

Ich entdeckte viele Ähnlichkeiten zwischen seinem und meinem Leben. Goon Sang hatte eine Tochter, die im selben Alter war wie Eun Hee. Genau wie er keine Macht in seiner Familie hatte, war auch ich in Nordkorea nicht gegen meinen Mann angekommen. Am Anfang war es vor allem Mitleid, das ich fühlte, aber später mochte ich ihn immer mehr. Seine Mutter hatte uns bereits ihren Segen für unsere Beziehung gegeben, und auch seine Noch-Ehefrau legte uns zunächst keine Steine in den Weg. Ein Jahr lang wohnten wir zusammen.

Da er aus einem kleinen Dorf stammte und außer der Landwirtschaft nichts Ordentliches gelernt hatte, war ich es, die das Geld heranschaffen musste. Im Winter, wenn er nichts zu tun hatte, begleitete er mich zur Arbeit und wartete dort auf mich bis spät in der Nacht. So konnte er mich auch beschützen – vor übergriffigen Männern und den Razzien der chinesischen Polizei. Nach Feierabend gingen wir stets gemeinsam nach Hause.

Ich war sehr gerne mit ihm zusammen – und das obwohl

er kein Geld verdiente. Dennoch war Goon Sang der erste Mann in diesem fremden Land, der mich als Mensch respektierte und als Frau wertschätzte. Morgens stand er noch vor mir auf und bereitete mein Frühstück zu. Am Abend kochte er für uns und ließ den Reis unter der Decke, um ihn warm zu halten. Wenn wir nachts von der Karaoke-Bar nach Hause kamen, aßen wir stets gemeinsam. Vorm Schlafengehen spülte er mein Gesicht mit warmem Wasser ab, wusch sorgfältig meine Hände und Füße. Dieses gemeinsame Jahr war eine glückliche Zeit für mich. So glücklich, wie ich sie vielleicht nie wieder erleben werde. Heute weiß ich, dass er die große Liebe meines Lebens gewesen ist.

Doch dieser Frieden sollte nicht ewig halten. So wurde die Karaoke-Bar, in der ich arbeitete, ab und an von der Schwester von Goon Sangs Noch-Ehefrau besucht, die mit ihrem Mann zum Singen vorbeikam. Als sie uns dort in glücklicher Eintracht sah, erzählte sie das natürlich sofort weiter. Unser gemeinsames Glück muss ihre Schwester rasend vor Wut gemacht haben, vielleicht weil ihre eigene Affäre schon bald in die Brüche gegangen war. Urplötzlich änderte sie ihre Meinung und wollte sich nicht mehr scheiden lassen. Ohne Scheidung blieb uns jedoch eine gemeinsame Zukunft versperrt. Indem ich mit Jang Goon Sang zusammenlebte, beging ich letztlich nichts anderes als Ehebruch.

Goon Sangs Frau begann nun, uns aus Eifersucht zu schikanieren. Eines Morgens eskalierte der Konflikt, als sie unvermittelt bei uns zu Hause auftauchte und mir ganz unverhohlen drohte: «Wieso wohnst du mit meinem Mann zusammen, wenn ihr doch gar nicht verheiratet seid? Du solltest Angst vor mir haben, denn wenn du jetzt nicht sofort verschwindest, melde ich dich bei der Polizei und lasse dich nach Nordkorea zurückschicken.»

Ihre Worte ließen mich zwar nicht kalt, doch Angst wollte ich mir dadurch keine einjagen lassen. Auch wenn Goon Sangs Ehefrau derselben Arbeit nachging wie ich, so kam sie aus China und ich aus Nordkorea, was in jeder Hinsicht einen Nachteil darstellte. Goon Sang sollte selber entscheiden, mit wem er zusammenleben wollte. Ich würde seine Wahl akzeptieren, ganz gleich, wie sie ausfallen sollte. Etwas anderes blieb mir auch gar nicht übrig. Vielleicht war es sogar besser, wenn wir beide rational dachten und uns trennten. Auf immer könnten wir diesen unehelichen Zustand nicht aufrechterhalten, und je länger wir zusammenblieben, desto schwerer würde uns die Trennung fallen. «Warte auf mich bis morgen – ich komme zur Karaoke-Bar», ließ er mich nach der Auseinandersetzung mit seiner Frau wissen und ging mit ihr vor die Tür.

Ungeduldig wartete ich bis zum nächsten Tag. Tatsächlich kam Goon Sang pünktlich zur verabredeten Uhrzeit vorbei. «Pack deine Sachen, wir müssen los», sagte er in Eile – ohne zu erwähnen, wohin es gehen würde. Ich kramte eine Tasche mit dem nötigsten Gepäck zusammen und fragte ihn währenddessen immer wieder, was das Ganze zu bedeuten habe. Aber anstatt mir die Situation zu erklären, bat er mich, ihm blind zu folgen. Er nahm mein Handgelenk und führte mich zum Bahnhof, wo er zwei Zugkarten kaufte. «Bald kommt unser Zug nach Yeongil», sagte er mit funkelnden Augen. Als der Zug einfuhr, zog er mich mit ins Abteil. Erst als der Bahnhof aus unserem Blickfeld verschwunden war, erklärte er mir, was los war.

Seine Frau hatte ihm am Tag zuvor offenbart, dass sie nicht mehr mit ihm zusammenleben wollte, aber niemals einer Scheidung zustimmen würde. Unverhohlen hatte sie zugegeben, dass sie ihm das Glück mit mir nicht gönnte. Das hatte ihn so wütend gemacht, dass er noch in derselben Nacht einen Plan ausgeheckt hatte. Seine Tochter sollte vorerst einmal bei seiner Mutter bleiben, während er mit mir in einer neuen Gegend zusammenleben wollte – fernab von den Intrigen seiner Ehefrau.

DAS HUNDE-RESTAURANT

Nach einer fast siebenstündigen Fahrt mit Zug und Bus kamen wir in der Ortschaft Cheolnam bei Yeongil an, wo Goon Sangs Bruder gewohnt hatte, bevor er gestorben war. Nun lebte dort die Schwägerin alleine mit ihren zwei Kindern und führte ein kleines Restaurant. Wir wollten dort nach Arbeit fragen und uns Schritt für Schritt eine neue Existenz aufbauen.

Natürlich fiel sie aus allen Wolken, als wir vor ihrer Haustür standen, zumal sie mich gar nicht kannte. Sie lauschte still unserer Geschichte, ohne irgendwelche Emotionen zu zeigen. Nachdem wir geendet hatten, sagte sie beiläufig, dass Goon Sang es sich mit mir noch mal gut überlegen solle, schließlich käme ich ja aus Nordkorea. Obwohl ich nur eine Handbreit von ihr entfernt saß, wählte sie solche direkten Worte. Das verletzte mich sehr – aber natürlich konnte ich die Realität nicht ändern. Dass ich aus Nordkorea komme, wird für immer mein Schicksal bleiben.

Am Abend quartierten wir uns in einem Gasthaus in der Ortschaft ein. Ich sagte zu meinem Lebensgefährten: «Gehen wir morgen lieber wieder nach Jilin zurück. Ich denke, wir können hier nicht bleiben. Ich bin eine Nordkoreanerin, und mit meiner Herkunft wird es immer schwierig sein, gemeinsam zu leben. Lass es uns beenden, bevor es uns noch schwerer fällt.» Goon Sang blieb jedoch stur.

Wir fingen schließlich in dem Restaurant seiner Schwägerin zu arbeiten an. Es war ein kleiner Laden, in dem Hundefleisch-Suppen in steinernen Töpfen serviert wurden – eine koreanische Spezialität. Ich half in der Küche, und Goon Sang kümmerte sich um all die Dinge, die im Betriebsalltag so anfielen. Wir arbeiteten von frühmorgens bis spätabends, ununterbrochen für zweieinhalb Monate – ohne jedoch einen Lohn dafür zu erhalten. Wir fragten immer wieder bei der Schwägerin nach der Bezahlung für unsere Arbeit, aber sie wies uns regelmäßig ab. «Wer hat euch gesagt, dass ihr hier arbeiten sollt? Außerdem bekommt ihr täglich drei warme Mahlzeiten. Ich habe kein Geld zu verschenken», meinte sie nur. Sie behandelte uns wie Fremde. Es war beschämend für uns. Unser Erspartes war bald aufgebraucht.

Eines Abends grübelten wir lange darüber nach, wie wir nun weiter vorgehen sollten, doch es wollte und wollte uns einfach kein passabler Plan einfallen. Am nächsten Morgen arbeitete ich wie gewohnt in der Küche, um das Mittagsgeschäft vorzubereiten. Nachdem alles erledigt war, ging ich zur Schwägerin und teilte ihr mit, dass wir wieder zurückfahren würden, und verlangte das Geld für die Zugfahrt. Doch selbst das war ihr zu viel, ihrer Ansicht nach hatten wir uns selbst darum zu kümmern. «Nicht mein Problem», blaffte sie und ging fort.

Später, als Goon Sang zurückkam, erzählte ich ihm alles und fragte, ob uns nicht jemand anderes aus der Gegend das Geld vorstrecken könnte. «Kommt gar nicht in Frage», erwiderte er erzürnt, suchte sofort seine Schwägerin auf und stellte sie zur Rede. «Wie kannst du nur so kalt zu uns sein, zumal mein Bruder gestorben ist?» – «Ich gebe dir das Geld für die Arbeit, die Zugfahrt und obendrein noch eine Prämie», sagte sie. Doch dann fügte sie an: «Aber nur wenn du mit der Nordkoreanerin Schluss machst. Andernfalls bekommst du keinen einzigen Renminbi!»

Ich weinte an Ort und Stelle los. Was hatte ich mir zuschulden kommen lassen? Dass ich in Nordkorea geboren worden war? Letztlich gehörten wir doch alle demselben koreanischen Volk an, nur dass ich eben auf der anderen Seite der Grenze aufgewachsen war. Wie konnte sich die Schwägerin derart vehement gegen uns stellen, obwohl wir doch bereits den Segen von Goon Sangs Mutter hatten? Hatte ich überhaupt eine Chance, bei all der Missgunst glücklich mit ihm zusammen zu sein? Die erfahrene Ablehnung machte mich sehr traurig.

Ernüchtert trotteten wir zum Bahnhof. Düstere Gedanken begleiteten mich. Ich bekam fürchterliche Kopfschmerzen und bat meinen Freund, kurz zur Apotheke gehen zu dürfen, wo ich mir Schmerztabletten kaufen wollte. Vor mir in der Reihe stand eine Frau, die über Einschlafprobleme klagte und eine Dose Schlafmittel ausgehändigt bekam. Ein banaler Zufall, doch für mich ein außerordentlich folgenreicher: Als ich die Tabletten sah, dachte ich plötzlich daran, wie sanft ich meinem traurigen Leben ein Ende setzen könnte. Auch ich besorgte mir kurzerhand eine Dose Schlafmittel. Als Goon Sang für einen Moment gedankenverloren in die Ferne schaute, schluckte ich hastig die gesamten Tabletten und spülte sie mit einer Flasche Wasser hinunter. Reflexartig steckte er seinen Zeigefinger in meinen Hals, bis ich mich übergeben musste. Doch für viele Tabletten war es bereits zu spät. Wir schauten uns in die Augen, beide schockiert darüber, was ich getan hatte. Reue empfand ich keine, zu frustriert war ich über mein

Leben in China. So wollte ich nicht mehr weitermachen. Mir wurde schwarz vor Augen.

Als ich wieder aufwachte, lag ich in der Wohnung der Schwägerin. Goon Sang hockte neben mir und weinte. «Yeong Ok, was soll ich nur machen, wenn du stirbst? Wieso machst du solche Dummheiten? Ganz egal, was auch passiert, ich möchte mich nicht von dir trennen. Mach bitte nie wieder so etwas Schlimmes.» Aus der Küche holte er eine Reissuppe für mich, reichte mir sorgsam Löffel für Löffel, während ein endloser Strom an Tränen von seinen Wangen rann. Als seine Schwägerin den Raum betrat, sagte sie abfällig: «Wie kann eine Frau nur so abscheulich sein? Liegt es daran, dass sie aus Nordkorea kommt? Wenigstens hat sie überlebt.»

Drei Tage später, als die beiden zum Markt gegangen waren und ich wieder bei Kräften war, schlich ich mich aus dem Haus. Wenn ich weiter bei Goon Sang geblieben wäre, hätte ich nicht gewusst, welch fürchterliche Demütigungen ich noch hätte erleiden müssen. So entschloss ich mich, den Rückzug anzutreten.

DIE FEHLGEBURT

Weil ich nicht wusste, wo ich hingehen sollte oder arbeiten könnte, zog ich wieder zurück in die Karaoke-Bar. In meiner Verfassung war ich jedoch kaum dazu fähig, fremde Männer beim Singen und Trinken zu bespaßen. Ich hatte auf nichts Lust und verspürte tagelang keinen Appetit. Ständig war ich müde und schläfrig, auf jeden Stress reagierte ich äußerst sensibel. Nachdem ich fast eine gesamte Woche im Bett gelegen hatte, ging es mir immer noch nicht besser. Ich suchte einen Arzt auf und ließ mich untersuchen. Anhand eines Ultraschallbilds fand er heraus, dass ich bereits im dritten Monat schwanger war. Sofort fragte ich, ob eine Abtreibung noch möglich wäre. Er verneinte.

Ich wusste ja nicht mal, wie ich weiterleben sollte! Wie sollte ich mich um ein Kind kümmern, von dessen Vater ich bereits getrennt war? Noch dazu in einem Land, in dem ich keinerlei Rechte besaß? Es wurde dunkel in meinem Kopf.

Am nächsten Morgen besuchte ich einen weiteren Frauenarzt, der in der Nähe der Karaoke-Bar seine Praxis hatte. Auch ihm erzählte ich von meinem Abtreibungswunsch. Der Arzt lehnte jedoch ebenfalls ab. Der Embryo sei bereits zu groß, eine Abtreibung könne daher auch für mich gefährlich werden. Ich flehte ihn an und gab offen zu, dass ich aus Nordkorea kam, doch es nützte nichts.

Von der Praxis ging ich direkt in die nächstgelegene Apotheke und kaufte zwei Packungen Abtreibungsmittel. Dafür brauchte ich weder ein Rezept, noch musste ich bohrende Fragen beantworten. In China konnte man sich die Tabletten einfach besorgen. Wenn nach einer Packung nichts passieren würde, so dachte ich bei mir, dann könnte ich zur Sicherheit noch die zweite nehmen. Ich war mir sicher, dass ich mein Problem selbst lösen konnte. Schlussendlich schluckte ich den Inhalt beider Packungen auf einmal.

Der Himmel schien tatsächlich auf meiner Seite zu sein. Noch in derselben Nacht bekam ich starke Bauchschmerzen und Krämpfe. Gegen fünf Uhr morgens erlitt ich eine Fehlgeburt. Das Kind hatte noch nicht einmal einen Bauchnamen bekommen. Ich musste weinen, doch dachte gleichzeitig, dass ich noch Glück im Unglück gehabt hatte.

Als sich meine Trennung von Goon Sang herumgesprochen hatte, besuchten mich immer wieder mal Bekannte und fragten mich, ob ich nicht jemand anderen heiraten wolle. Wahrscheinlich meinten sie es nur gut mit mir, aber ich konnte mir damals nicht vorstellen, jemals wieder mit einem Mann zusammenzuleben. Ich hatte schließlich genug Schwierigkeiten erlebt. In meinem Leben würde kein Platz mehr für einen Mann sein, da war ich mir sicher.

Bis mich am 5. April 2000 Kim Cheol Min besuchte, ein entfernter Verwandter von Goon Sang. Kim Cheol Min hatte zwar schon mehrere Frauen in seinem Leben kennengelernt und mit manchen von ihnen auch für kurze Zeit zusammengelebt, aber lange hatte keine seiner Beziehungen gehalten. Geheiratet hatte er nie. Wann immer ihm eine Frau gefallen hatte, hatte sich entweder seine Mutter oder seine Schwester gegen das Liebesglück gestellt. Schlugen die beiden wiederum eine Dame vor, mochte er sie nicht. Es hat Jahre gebraucht, bis ich das eigentliche Problem erkannte: Cheol Min war ein ziemliches «Muttersöhnchen», wie man bei uns sagt. Ihm fehlte manchmal das nötige Selbstbewusstsein, sich gegen den Einfluss seiner omnipräsenten Mutter durchzusetzen. Dennoch mochte ich ihn. Innerlich spürte ich, dass er ein warmes Herz hatte. Und so war die Entscheidung schnell gefallen, als er mich bat, mir zu überlegen, ob ich seine Frau werden wolle. Wir würden keine Probleme miteinander haben. «In Zukunft möchte ich dein Regenschirm sein und alles Unglück von dir fernhalten», sagte er mit ernstem Blick zu mir.

Um vier Uhr nachts, noch bevor es hell wurde, klingelte er mich aus dem Bett, um nach meiner Entscheidung zu fragen. Zwei Stunden später holte er mich ab – mit einem Korb prall gefüllt mit Äpfeln und Birnen im Gepäck. Als wir ins Taxi stiegen, sah ich Goon Sang auf der anderen Straßenseite. Er hatte über seinen Onkel von meinen Plänen gehört und wollte sich von mir verabschieden. Goon Sang hatte Tränen in den Augen, doch ich blieb im Auto sitzen. «Fahren Sie los», sagte ich zu dem Taxifahrer und schaute nach vorne.

Kim Cheol Min wurde mein Mann und ist es heute noch. Liebe auf den ersten Blick war es zwar nicht, auch brannte keine große Leidenschaft zwischen uns, aber wir kamen eigentlich immer gut miteinander aus.

QINGDAO

Auf der Suche nach einer gut bezahlten Arbeit landeten mein Mann und ich schließlich in Qingdao, einer ehemaligen deutschen Kolonie – die imposante Altstadt und eine beliebte Biermarke erinnern noch an diese Zeit.

Cheol Min hatte jedoch Schwierigkeiten bei der Arbeitssuche. Ständig wurde ihm gesagt, dass er bereits zu alt sei. Dabei war er gerade mal 37. Ich hingegen fand schnell eine Anstellung in einem koreanischen Restaurant. Mit meinem kargen Lohn kamen wir knapp über die Runden.

Für 80 Renminbi im Monat zogen wir als Untermieter in den Speicherraum einer Apartmentwohnung. Das Zimmer war so klein, dass wir neben dem Stahlbett kaum Platz zum Stehen hatten. Wir besaßen bloß ein Einzelbett, und da wir uns zu Beginn nicht mal eine Matratze leisten konnten, brachte ich vom Restaurant leere Pappkartons mit, aus denen wir eine Unterlage bastelten. Die Zimmertür war undicht, im Winter pfiff ein eiskalter Wind durch den Raum. Ohne Heizung schliefen wir fest umklammert unter einer dünnen Decke. Wenn wir morgens aufwachten, waren unsere Gesichter derart angeschwollen, dass wir unsere Augen nur halb öffnen konnten. Dennoch atmete ich jedes Mal auf und schätzte mich glücklich, einen weiteren Tag vor mir zu haben.

Die Arbeit im Restaurant war mühsam, doch es machte mir auch Spaß, die Kunden zu bedienen. Seit meiner frühen Kindheit hatte ich immer wieder gehört, dass ich die Fähigkeit besaß, Leute um mich herumzuscharen. Wo immer ich war, schenkten mir die Leute ihre Aufmerksamkeit. Auch in dem Restaurant, in dem ich nun arbeitete, war ich schon bald bei den Kunden beliebt.

Zudem gab es eine Karaoke-Bar im ersten Stock. Wenn alle Kunden gegangen waren, ging ich in der Pause zwischen Mittag- und Abendgeschäft nach oben und übte koreanische Lieder. Ich musste an meine Eltern denken, die früher gemeinsam Volkslieder gesungen hatten. Damals hatte auch ich ein paar Strophen gelernt. Beim Singen konnte ich Stress abbauen und alle Gedanken an meine Probleme zur Seite schieben. In jenen Momenten musste ich über nichts nachdenken und konnte mich nur aufs Singen konzentrieren. Niemand sah die Tränen, die ich in Gedanken an meine Eltern und Töchter vergoss.

So vergingen mehrere Jahre, bis eine Begegnung im August 2005 mein Leben für immer verändern sollte. Vor meiner Tür stand eine frühere Nachbarin, die ich sicher ein halbes Jahr lang nicht mehr gesehen hatte. Sie kam auch aus Nordkorea und war öfters bei mir zum Tratschen vorbeigekommen. Doch eines Tages war sie scheinbar spurlos verschwunden. Niemand wusste, wo sie abgeblieben war. An jenem Abend erzählte sie mir mit strahlenden Augen: «Ich lebe jetzt in Südkorea!»

Ich schaute sie fragend an. Da zeigte sie mir ihren Pass. «In Südkorea bekommen wir Nordkoreaner eine Wohnung zugeteilt und jeden Monat einen Mindestlohn ausgezahlt. Man muss gar nicht arbeiten und kann trotzdem gut leben», sagte sie. «Ich bringe dich auch dorthin.»

Als ich das hörte, fühlte ich mich, als ob mein Herz aufhören würde zu schlagen. Gab es wirklich einen Ort unter diesem Himmel, der uns nordkoreanische Flüchtlinge akzeptierte? Keinen Tag länger wollte ich in China leben. Die Gedanken an Südkorea raubten mir den Schlaf. Jeden Tag hatte ich weniger Appetit. Innerlich hatte ich schon die Entscheidung getroffen, doch mein Mann, dem ich alles erzählte, war gegen meinen Plan.

Er befürchtete, ich würde ihn verlassen, sobald ich in Südkorea wäre. Dort gäbe es viele Männer, die reicher wären als er und besser aussehen würden. «Bleib bei mir in China. Ich werde dich für immer beschützen», flehte er mich an.

Nachdem ich tagelang nachgedacht hatte, fiel mir endlich eine Lösung ein. An jenem Tag ging ich ein bisschen früher von der Arbeit nach Hause und wartete auf Cheol Min. Normalerweise trinke ich keinen Alkohol, da der Geruch mich an meine Zeit in der Karaoke-Bar erinnert, doch an diesem Abend bereitete ich einen kleinen Tisch mit Essen und Bier vor. Als wir gemeinsam aßen, sagte ich zu Cheol Min: «Ich möchte dir jetzt etwas versprechen. Ich hoffe, dass du mein Angebot annimmst – aber wenn nicht, kann ich meine Entscheidung nicht ändern. Bitte respektiere meine Meinung.»

Dann weihte ich ihn in meinen Plan ein: Wir würden uns zunächst bemühen, ein Kind zu bekommen. Dann würde ich alleine nach Südkorea vorgehen und würde ihn später als meinen Ehemann nachholen. Gemeinsam könnten wir mit dem Kind glücklich in Südkorea leben.

Nach drei Tagen Bedenkzeit sagte er zu.

Auf meiner Flucht sollte ich eine unschätzbare Freundin an

meiner Seite haben. Zwar hatte ich Soon Hee erst vor kurzem beim Einkaufen auf dem Marktplatz – einem beliebten Treffpunkt unter Nordkoreanern – kennengelernt, dennoch hatte ich sofort gespürt, dass sie einen besonderen Platz in meinem Herzen haben würde. Soon Hee hatte denselben Humor wie ich, war eine warmherzige Person und steckte mich mit ihrer positiven Ausstrahlung geradezu an. Außerdem teilten wir eine ähnliche Vergangenheit, auch sie hatte ihre Familie in Nordkorea zurücklassen müssen. Wir verstanden uns blind. In einem fremden Land, fernab der eigenen Heimat, sind solche Freundschaften mehr wert als jedes Gold der Welt.

Eines Abends, kurz vor unserer Flucht, verabredeten wir uns zum Karaoke-Singen, um auf unsere gemeinsame Zukunft anzustoßen. Voller Euphorie hob Soon Hee ihr Glas: «Unsere Freundschaft wird ewig halten, Yeong Ok! Wir werden gemeinsam in Südkorea leben und gemeinsam dort sterben.»

In jenem Moment wusste ich: Soon Hee wäre die richtige Patentante für mein künftiges Kind. Als ich ihr meinen Wunsch mitteilte, brach sie in Tränen aus. Sie erzählte mir, dass sie selber keine Kinder haben könne, auch wenn sie sich immer eines gewünscht habe. «Soon Hee, mach dir keine Sorgen. Wir werden das Neugeborene gemeinsam aufziehen – du und ich.»

DER APRIL HAT EIN GROSSES HERZ

Heute, da ich überlebt habe,
Dem April zu begegnen,
Der Jahreszeit für die,
Die den Winter überstanden haben

Dankbar für das Leben,
Lese ich aus der heutigen Messe.

Wie zu Ostern der Frühling erwacht,
Stehen im April die Toten auf,
Und trockene Knochen marschieren
Zur Jahreszeit der Wiedergeburt.

Heute, da ich überlebt habe,
Spüre ich eine blutige Ergriffenheit.

VIER

ZUR GRENZE

Endlich war der Tag gekommen, den wir so lange herbeigesehnt hatten. Am Morgen des 21. März 2006 ging ich wie gewöhnlich zur Arbeit, doch noch vor der Mittagspause fragte ich meinen Chef um Erlaubnis, früher nach Hause gehen zu dürfen. Den Nachmittag über packte ich wohlüberlegt meine Sachen. Für die kommenden Tage musste ich auf alle Eventualitäten eingestellt sein. Während ich meine Tasche herauskramte, dachte ich an die Militärübungen in Nordkorea, an denen wir alle paar Jahre hatten teilnehmen müssen, um uns für eine mögliche Invasion zu wappnen. Das Wichtigste, was wir mitzunehmen hatten, war natürlich die genau kalkulierte Wasserration, gefolgt von kleinen Reisbällchen oder gebratenem Mais für dringend notwendige Mahlzeiten. Zudem packten wir stets ein paar Bonbons ein. Natürlich durfte auch die Hausapotheke nicht fehlen. «Es kann immer das Schlimmste passieren» wurde uns bei den Militärübungen eingebläut. Das Wort «wenn …» sollten wir in unser Herz schnitzen, damit wir in keiner Situation unvorbereitet wären. Auch für die kommenden Tage wollte ich mich an diesen Grundsatz halten.

Allerdings durfte ich nur das Allernötigste mitnehmen, denn jedes Kilo wog doppelt schwer auf meinem Körper: Ich war bereits im siebten Monat. Hochschwanger eine solche Tortur anzutreten bereitete mir große Sorgen, doch da die Schlepper den Fluchttermin immer wieder verschoben hatten, musste ich mich wohl oder übel damit abfinden. Um jeden Preis wollte ich so bald wie möglich nach Südkorea, in das Land, das mir einen Pass schenken würde, Freiheit und Wohlstand.

Mit meinem Mann zusammen holte ich Soon Hee ab, und gemeinsam fuhren wir in unserem alten Hyundai Richtung Norden. In der Küstenstadt Yantai angekommen, verabschiedeten wir uns von ihm. «Ich traue dir und warte auf dich», sagte Chul Min zum Abschied zu mir. An seinen feuchten Augen konnte ich seine Angst ablesen, ich würde ihn vergessen. Doch all die gemeinsamen Jahre in Qingdao, in denen er mir Geborgenheit gespendet und seine schützende Hand über mich gelegt hatte, hatten ein festes Band zwischen uns entstehen lassen. «Sorg dich nicht um mich. Schon bald werden wir gemeinsam in Südkorea leben», sagte ich und stieg mit Soon Hee in den Bus nach Weihai. Von dort setzten wir mit einem Passagierschiff nach Dalian über, wo wir, wie zuvor vereinbart, auf die chinesischen Schlepper trafen.

Die Männer standen am Bahnhof vor einem Geländewagen, wie er auch von Militärs gefahren wird. Sie hatten Vollbärte und trugen dicke schwarze Kleider. Wir nordkoreanischen Flüchtlinge waren insgesamt zu acht, wobei Soon Hee und ich mit gehörigem Abstand die ältesten aus der Gruppe waren. Die Fahrt in dem Geländewagen war sehr unruhig und ruckelig, zumal wir auf den zwei Rückbänken eingepfercht saßen wie Hennen in der Legebatterie. In einem leeren Dorfhaus in der Inneren Mongolei übernachteten wir, doch schon in der Morgendämmerung setzten wir die Fahrt fort. Ich hatte wahnsinnige Schmerzen im Unterleib und

Angst um mein Kind, doch traute ich mich nicht, nach einer Pause zu fragen. Müssten wir wegen mir anhalten, würde ich noch unseren Zeitplan gefährden. Jede Abweichung würde die Risiken erhöhen.

Ich konnte regelrecht spüren, wie sich die Stimmung im Wagen änderte. Die anfängliche Euphorie, ähnlich wie beim Anbruch einer gemeinsamen Klassenfahrt, wich mit jedem weiteren Kilometer einer steigenden Anspannung, ausgehend von dem Unbekannten, das uns an der mongolischen Grenze erwarten würde. Während sich die Sonne vor meinen Augen in tiefem Orange verabschiedete, wurden meine Gedanken zunehmend schwerer. Die Nacht lag vor uns und barg lauter Gefahren. Jetzt würde es ernst werden.

Gegen Mitternacht schaltete der Fahrer das Licht aus. Das letzte Stück fuhren wir in völliger Dunkelheit, um nicht vom chinesischen Militär entdeckt zu werden. In jenen Minuten schworen wir Nordkoreaner, uns nicht zu trennen, bis wir Südkorea erreicht haben würden – ganz egal, was auch passierte. «Wir sitzen alle im selben Boot», sagte Soon Hee. Wir stimmten zu. Dann hielt unser Fahrzeug an.

Als wir ausstiegen, standen wir mitten im Niemandsland, in einer Landschaft, die uns keinerlei Sichtschutz bot: Um uns herum war nur die ewige Weite der Grassteppe. Ein satter Vollmond erhellte die Nacht und wurde von vereinzelten Schneeflocken reflektiert. Eisiger Wind blies uns ins Gesicht. Mein dünner Anorak schützte mich kaum vor den winterlichen Temperaturen. Gebückt liefen wir die letzten paar hundert Meter zur Grenze und sprachen kein Wort miteinander. Nur das Heulen des Windes durchbrach die Dunkelheit.

Soon Hee und ich gingen Hand in Hand, spendeten uns gegenseitig Zuversicht. Bis wir unser vorläufiges Ziel erreichten: einen über zwei Meter hohen Drahtzaun, gehalten von massiven Stahlsäulen, direkt an der chinesisch-mongolischen Grenze. Ab hier würden wir auf uns allein gestellt sein.

«Geht weiter Richtung Norden. Nach höchstens einer Stunde werdet ihr auf die mongolischen Grenzposten treffen. Die werden euch zur südkoreanischen Botschaft bringen», flüsterte einer der Schlepper. Die Männer halfen uns mit einer Räuberleiter dabei, heil über den Stacheldrahtverhau zu gelangen. Einer nach dem anderen sprangen wir auf die andere Seite. Ich tat mich am schwersten, doch am Ende schaffte auch ich es unversehrt über den Zaun.

Wir hatten einen Kompass, der uns führen würde, und zur Not könnten uns die Sterne den Weg weisen. Der Große Wagen leuchtete hell am Firmament. Wenn wir ihm nur lange genug folgen würden, wären wir sicher. Bald würde unser neues Leben beginnen. Mit diesen Gedanken zogen wir hinaus in die Steppenwüste.

Nach einer halben Stunde zog ein Schneesturm auf und erschwerte uns die Sicht. Der plötzliche Kälteeinbruch erwischte uns völlig unvorbereitet. Stumm setzten wir einen Schritt vor den anderen, über uns die Sterne der Nacht.

ODYSSEE IM NIEMANDSLAND

Draußen in der Steppe geht einem das Zeitgefühl vollkommen verloren, auch die örtliche Orientierung leidet, weil man sich nach keinem Bezugspunkt in der Landschaft richten kann. Je heftiger der Sturm wurde, desto stärker wurde unser Blickfeld eingeengt. Unser Schicksal lag nun in den Händen von Cheong Nam, der den Kompass bei sich trug. Ob er uns den richtigen Weg weisen würde, konnte ich nur hoffen. Dass wir jedoch bereits weit mehr als eine Stunde unterwegs waren, darüber hegte ich nicht den leisesten Zweifel.

Trotzdem wechselten wir kein einziges Wort miteinander, behielten den Unmut für uns und zogen einfach weiter, Düne um Düne, während sich die Kälte in unsere Knochen schlich. Nur Soon Hee murmelte leise Gebete vor sich hin, sprach zu Gott, zu dem sie in China gefunden hatte. Die Morgendämmerung kündigte sich am Horizont an und mit ihr die Gewissheit, dass wir uns verlaufen hatten. Wir hatten keinen blassen Schimmer, wo wir waren, doch mit dem Tageslicht kam auch ein wenig Zuversicht zurück.

«Kann der Kompass vielleicht kaputt sein?», brach ich unser endlos langes Schweigen. Niemand antwortete, doch wir hielten inne und schauten uns ratlos an. Zur gemeinsamen Stärkung aßen wir die restlichen Kekse von unserem Proviant. Noch während der Mahlzeit entlud sich die angespannte Stimmung in einer ersten Auseinandersetzung. «Wieso muss ich am meisten schleppen?», schimpfte Yeong Sun, die Jüngste in der Runde. «Wenn wir doch ohnehin bald ankommen, wozu dann unsere Körper unnötig mit Ballast schinden?» Wir froren, litten an Schlafmangel und waren über alle Maße gereizt. Das Letzte, was wir in dieser Situation gebrauchen konnten, war ein handfester Streit. Ich hatte Yeong Suns Worten am wenigsten entgegenzusetzen, denn außer meinem Babybauch trug ich nichts weiter als eine kleine Handtasche. Unser Reservewasser landete so schließlich im Schnee. Ohne groß darüber nachzudenken, ging es weiter, denn wir hatten keine Zeit zu verlieren. Der Frost saß uns im Nacken.

Keine halbe Stunde später war es wieder Yeong Sun, die uns zusammenrief. «Seht doch, hier», schrie sie und zeigte mit dem rechten Zeigefinger vor sich auf den Boden. Man musste schon genau hinschauen, um die Spuren im Schnee zu erkennen. Dass es sich jedoch um menschliche Fußspuren handelte, war nicht von der Hand zu weisen. «Sind hier Soldaten unterwegs gewesen?», wollte Soon Hee wissen. «Nein, schaut doch! Wir sind im Kreis gelaufen – das sind unsere Fußabdrücke!», entgegnete Yeong Sun. Ein kalter Schauer lief uns den Rücken hinunter. In jenem Moment waren wir abergläubisch genug, um von bösen Geistern zu phantasieren. Das Schicksal stand nicht auf unserer Seite, so viel war sicher. Kälte und Schlafmangel nagten an unserem Verstand. Der Wahnsinn küsste unsere Geister. Bei Gegenwind marschierten wir weiter.

Gegen Abend waren wir bereits so erschöpft und durchgefroren, dass wir uns zu einer Verzweiflungstat durchrangen: Wir würden uns in zwei gleich große Gruppen teilen und in jeweils entgegengesetzte Richtungen laufen. So verdoppelten wir unsere Chancen, schnell die Grenzposten zu finden. Die erste Gruppe, die das Militär erreichte, würde die anderen dann nachholen. So lautete der Plan.

Mir war die Sache von Anfang an nicht geheuer, doch was blieb uns schon anderes übrig? Wir hatten den ganzen Tag nichts getrunken, geschweige denn etwas gegessen. Die Kälte nistete sich in unseren Gliedern ein. Die Zeit lief uns davon. Unsere Vernunft ging allmählich in Trance über.

Wir trennten uns. Brachen unseren Schwur. Dabei war unser Wort das Einzige, was uns blieb.

Ohne Essen kann man mindestens drei Tage überleben. Wer den Hunger gewohnt ist, auch wesentlich länger. Ohne Wasser hält es der menschliche Körper durchaus einige Zeit aus. Aber der Kältetod, der holt einen schneller, als man denkt. Wir mussten auf der Hut sein.

Nachts saßen wir am Feuer. Unsere Körper brauchten Schlaf, doch sobald wir wegdämmerten, würden wir die Kontrolle verlieren und möglicherweise nicht mehr aufwachen. Wir schlangen unsere Körper eng ineinander und rückten so nah wie möglich an die wärmenden Flammen. Auch von innen durchströmte mich allein bei dem Gedanken an die bevorstehende Nachtruhe eine wohlige Wärme.

Nach kaum einer Stunde ließ mich ein stechender Schmerz aufschrecken. Es war nicht die Kälte, die mich aus dem Schlaf riss, sondern gleißende Hitze. Ich schaute auf meine Schuhe: Die rechte Sohle war angesengt und schwarz verkohlt. Den Rest des Weges würde ich mit einem kaputten Turnschuh durch die Schneewüste marschieren müssen.

Bis zum Nachmittag starb jeder Gefühlsnerv in meinen Zehen ab. Meine Füße wurden zu leblosen Eisklumpen, auf die ich meinen Körper stützte. Als die Dunkelheit einsetzte, waren nur noch Soon Hee und ich übrig. Unbewusst wollten wir wohl die vielleicht letzten Stunden unseres Lebens nicht mit zwei Fremden verbringen. Vielleicht hatten wir uns aber auch unabsichtlich aus den Augen verloren, genau kann ich das nicht mehr sagen. In einer Sache war ich mir jedoch hundertprozentig sicher: Soon Hee würde ich nicht von der Seite weichen. In Qingdao waren wir beste Freunde geworden. Nichts sollte uns jemals wieder trennen – auch nicht die Wüste Gobi.

Die Sorgen um meine Freundin raubten mir die letzte Zuversicht. Der Hunger ließ Soon Hee halluzinieren. Sie wurde von Wahnvorstellungen heimgesucht. Wenn wir an einem Felsen vorbeigingen, dessen dunkle Spitze aus dem Schnee herauslugte, dann redete sie von Brot. Sobald sie das Schwarz der Steine auf dem Boden erblickte, wünschte sie sich eine Flasche Cola. Ihren geistigen Verfall mit anzusehen bereitete mir größere Schmerzen als meine erfrorenen Füße. Es fühlte sich an, als ob mein Herz entzweigerissen würde. Meine Tränen waren das Einzige, was ich ihr geben konnte. «Gleich, hinter der nächsten Düne, warten schon die Soldaten auf uns», wiederholte ich mantraartig, glaubte jedoch selbst nicht daran.

Mitten in der Wüste gebar ich meinen ersten Sohn, schleppte ihn in inniger Umarmung durch die karge Schneelandschaft. Soon Hee hatte ihren Überlebenswillen da längst aufgegeben und sehnte sich nach einem Ende. In der dritten Nacht betteten wir uns in das Schilf. Gemeinsam warteten wir auf den Tod.

DAS MILITÄRKRANKENHAUS

Das Bellen der Hunde holte meine Sinne zurück. Wie lange ich bereits im Schnee lag, vermochte ich nicht zu sagen, doch es muss zur Mittagszeit gewesen sein, als die Soldaten mich fanden. Helles Weiß umgab mich. Obwohl ich die Augen weit öffnete, konnte ich nur schemenhafte Gestalten erkennen: Männer auf Pferden, die um mich herumkreisten. Das musste das Militär sein. Ich schrie aus voller Leibeskraft, doch aus meinem trockenen Mund kamen nur heisere Wortfetzen. Ich spürte die weiche Schulter einer Frau. Sie nahm mich vorsichtig in ihre Arme und legte mich auf eine Bahre.

Ich würde überleben, das war mein erster Gedanke. Meine wunden Augen waren zu sehr geblendet, um Soon Hee und mein Kind auszumachen. Ich wollte auch ihr Schicksal gesichert wissen. Doch ganz gleich, wie stark ich um mein Bewusstsein rang, ich kämpfte auf verlorenem Posten. Nach wenigen Augenblicken dämmerte ich wieder fort.

Als ich aufwachte, befand ich mich in einem winzigen, kargen Zimmer. Die gesamte Einrichtung bestand aus einem Metallschrank und zwei nackten Holzpritschen. Auf der einen lag ich, auf der anderen Cheong Nam, den ich zuletzt gesehen hatte, als wir uns in der Gobi trennten. Als er meine Körperregungen bemerkte, beugte er sich sofort zu mir und brach in Tränen aus. «Du hast überlebt!», schluchzte er. Aus seinem Tonfall hörte ich Überraschung heraus.

In jenem Moment fühlte ich rein gar nichts. Weder Schmerz, Freude, noch Trauer. Ich lag einfach nur da. Vor meinem inneren Auge flimmerten meine letzten Erinnerungen aus der Wüste: rechts neben mir Soon Hee, in meinem linken Arm mein Neugeborenes. Friedlich ruhten wir im Schnee. «Wo sind die anderen?», fragte ich reflexartig. Ich hörte meine Stimme wie die einer Fremden. Mein Geist war noch nicht an seinem Platz. Cheong Nam eröffnete mir, dass ich alleine gekommen war. Obwohl ich keine Emotionen spürte, liefen Tränen an meinen Wangen hinunter.

Er erzählte mir, was mit dem Rest der Gruppe passiert war. Cheong Nams Geschichte ähnelte auf erschreckende Weise dem, was auch ich erlebt hatte. Nachdem wir uns in der Wüste getrennt hatten, sackten schon bald zwei aus Cheong Nams Gruppe zusammen. Sie wollten lieber sterben, als sich weiter durch den Schnee zu schleppen. Cheong Nam und sein Freund ließen die beiden hinter sich. Sie machten sich auf den Weg, die Grenzbeamten zu finden. Und tatsächlich: Nach mehreren Stunden stießen sie auf eine Gruppe Soldaten. Sofort stiegen sie zu ihnen ins Auto, um die im Schnee Zurückgebliebenen zu holen. Als sie die zwei fanden, bot sich ihnen ein schreckliches Bild: Sie waren bereits steif gefroren. Eng umschlungen wurden sie vom Kältetod eingeholt. Den Soldaten blieb nichts anderes übrig, als die Leichen zu fotografieren und die Todesumstände zu dokumentieren.

Cheong Nams Erzählung berührte mich nicht. Noch immer saß ich wie versteinert auf meiner Pritsche – heftig weinend, doch ohne zu wissen, warum. Ich schaute auf meine Füße, die leblos von meinen Beinen hingen. Sie waren in einen Verband aus Stofffetzen einer Soldatenuniform gewickelt. Meine Lippen waren spröde und aufgerissen. Mein Gesicht glich dem harten Panzer einer Schildkröte, ausgetrocknet und brüchig. Meine Haut war vom Wind der Wüste, der Kälte und den Sonnenstrahlen bis zur Unkenntlichkeit entstellt worden. Direkt unter meinen Augen erblickte ich etwas Weißes. Es waren lose Hautfetzen auf meiner Nase. Sie lösten sich, Haut wuchs nach, dann häutete sich das Ganze erneut. Noch heute sind die Spuren von Sonne und Kälte auf meinen Wangen sichtbar. Sie beweisen mein damaliges Leid.

Als ich meinen Blick zur Seite richtete, entdeckte ich neben mir auf dem Fenstersims eine dampfende Hirsesuppe. Eine Krankenschwester betrat den Raum. Als sie mich bei vollem Bewusstsein vorfand, lächelte sie und zeigte mir ihre nach oben gerichteten Daumen. Sie streichelte meine Schultern, hielt mir die Hirsesuppe unter die Nase und reichte mir den ersten Löffel. Als ich den warmen Brei auf meiner Zunge spürte, wurde ich von dem Geschmack überwältigt. Nie hatte eine Mahlzeit süßer geschmeckt als in jenem Moment. Der Appetit, der sich in mir auftat, war nicht zu bändigen. Die Langsamkeit, in der mir die Krankenschwester den zweiten Löffel reichte, fühlte sich wie die qualvollste Folter an. Obwohl ich kaum meine Finger bewegen konnte, zuckte ich unkontrolliert mit den Gliedern, um der Mongolin zu signalisieren, dass ich die ganze Schüssel selber trinken wollte. Wie ein nörgelndes Kind hetzte ich sie. Vergeblich versuchte die Krankenschwester, mich zu beruhigen.

Aus Mitleid legte sie mir die heiße Suppenschüssel in meine geschundenen Finger. Ich setzte meine Lippen an und leerte den Brei in einem einzigen Zug. Zwar konnte ich spüren, wie die Suppe meinen Rachen verbrannte, doch der Hunger wog in jenem Moment ungleich stärker. Natürlich sättigte mich die Suppe nicht. Wie ein Bettler flehte ich um Nachschlag. Die Krankenschwester deutete mit einer Fingerbewegung an ihrem Hals an, dass ich durch meine Gier mein Leben gefährden würde. Ich fing wieder an zu weinen, ohne zu wissen, warum.

Schlussendlich brachte mir die Pflegerin noch eine zweite Schüssel mit Suppe. Auch diese führte ich sofort zum Mund und leerte sie, ohne abzusetzen. Ich wollte keine Zeit mit Löffeln verschwenden. Mein einzig klarer Gedanke war, mich möglichst schnell zu sättigen. Nachdem ich den Nachschlag in meinen Magen getrichtert hatte, fiel mir wieder ein, dass ich erst vor wenigen Stunden meinen Sohn und meine Soon Hee verloren hatte. Wie einen Fremdkörper betrachtete ich mich von außen, wie ich das Essen ohne Rücksicht in mich hineinschlang, wo ich doch eigentlich trauern sollte. Ob ich wirklich ein Mensch war, musste ich immer wieder denken. Bis ich nach wenigen Wimpernschlägen wieder in einen komatösen Schlaf fiel.

Als ich meine Augen öffnete, war es noch oder wieder dunkel im Zimmer. Durch das kleine Fenster konnte ich den Großen Wagen am Firmament erkennen. Plötzlich spürte ich den Grund für mein abruptes Aufwachen: Mein Magen fühlte sich an, als ob sich die Gedärme im Leib umdrehen würden. Die Schmerzen im Bauch wurden immer schlimmer. Ich schrie laut auf. Das Echo hallte durch den Gang.

Die Krankenschwester musste mich gehört haben. Als sie das Zimmer betrat, zeigte ich auf meinen Bauch und meine Beine – dort, wo die Schmerzen am stärksten waren. Sie ging gleich wieder raus und kam mit einer Spritze in der Hand zurück. Nachdem sie mir die Nadel in den Bauch gedrückt hatte, wurden die Schmerzen erträglicher. Jedoch nur für ein paar Stunden: Schon bald brüllte ich wieder aus voller Kehle.

Unweigerlich musste ich an meine Kindheit denken. Als ich klein war, habe ich meine Schmerzen meist unterdrückt. Wenn ich mich erkältete, verbarg ich die Symptome vor meinen Eltern. Sobald ich im Krankenhaus einen Arzt mit einer Spritze erspähte, habe ich sofort das Weite gesucht. Und als mich einmal mein Klassenlehrer halb totgeprügelt hat, weil ich ein paar Kartoffeln von den Feldern gestohlen hatte, ließ ich die Strafe scheinbar regungslos über mich ergehen. Deswegen gab mein Vater mir den Spitznamen «kerniges Kind», weil ich jedem körperlichen Leid trotzte.

Hier im Militärkrankenhaus schrie ich jedoch um mein Leben – wie mein Bruder Chul Ho, nachdem er sich am Herd verbrannt hatte. In meinen Gedanken wollte ich mich kontrollieren, so wie früher in der Schule, doch gegen den Schmerz war ich machtlos. In der Mongolei war das kernige Kind nicht mehr da.

Im Morgengrauen trugen Soldaten mich sowie Cheong Nam und Yeong Sun, die die Flucht durch die Wüste ebenfalls überlebt hatte, in einen Geländewagen. Wir drei lagen nebeneinander auf der ausgeklappten Rückbank. Als die Fahrt etwas ruckelig wurde, musste ich wieder schreien – bis irgendwann meine Stimme komplett versagte. Wir fegten über ungepflasterte Straßen hinweg. Staub und Wüstensand wirbelten durch das Zeltverdeck in den Wagen, sodass ich die Augen die gesamte Fahrt über geschlossen hielt. Wir fuhren bis in die tiefe Nacht hinein. Erst am frühen Morgen kamen wir in Ulan Bator an, der mongolischen Hauptstadt.

Dort bogen wir in eine Einfahrt ab, die von hohen Mauern gesäumt war. Ich konnte drei einstöckige Gebäude ausmachen. Anscheinend hatten wir die südkoreanische Botschaft erreicht, unsere Heimat für die nächsten Tage. Wir wurden in einen überfüllten Raum gebracht, in dem wir zu über zwanzig schlafen sollten. Uns wurden Shampoo, Duschzeug und Handtücher gereicht. Da es keine Betten gab, musste ich mich, nur mit einer Stoffdecke als Unterlage, auf den nackten Boden legen.

In unserem Gebäudetrakt gab es neben den Schlafräumen eine Dusche, eine Küche und ein Esszimmer. Der Lärmpegel war enorm, es ging zu wie auf einem nordkoreanischen Marktplatz. Die Frauen tratschten, kleine Kinder weinten. Die Atmosphäre war angespannt. Fast stündlich brachen Streitereien aus. Die Ältesten waren bereits über 60, doch es waren auch Kleinkinder unter den Asylsuchenden. Die Frauen stellten mit Abstand die Mehrheit. Unter ihnen entdeckte ich sogar eine alte Bekannte wieder, die mit mir in Yanji im

Karaoke-Salon gearbeitet hatte. Sie hatte weit mehr Glück gehabt als wir. Es hatte nur wenige Stunden gedauert, bis sie in der Wüste auf mongolische Truppen gestoßen war. Von allen Zimmerbewohnern hatte Cheong Nam, Yeong Sun und mir die Flucht am stärksten zugesetzt.

Wie es schien, waren wir hier in einer Art improvisiertem Flüchtlingslager gelandet. Offensichtlich versuchten regelmäßig Nordkoreaner aus China über die Mongolei nach Südkorea zu gelangen. Insgesamt hausten über 100 Landesgenossen in der südkoreanischen Botschaft.

Gleich am nächsten Morgen wurde ich von zwei Männern in schwarzen Anzügen in einen silbernen Minibus getragen. Nach einer kurzen Fahrt stoppten wir hinter einem Apartmentgebäude. Die Fahrer trugen mich in einen weiteren Wagen. Als sie mich anhoben, konnte ich die Schmerzensschreie nicht unterdrücken. Die Männer herrschten mich jedoch an, leise zu sein. Andernfalls könne noch etwas Schlimmes passieren. Anscheinend ahnten sie nicht, wie bestialisch sich die Erfrierungen anfühlten. Noch dreimal mussten wir das Auto wechseln, ehe wir im Krankenhaus ankamen. Wir machten das, um nicht von Journalisten entdeckt zu werden, erklärten die wortkargen Fahrer.

Im Krankenhaus untersuchte der Arzt zuerst meine Füße. Die Botschaftsmitarbeiter übersetzten für mich: Auch wenn er regelmäßig Mongolen behandeln würde, die ihn wegen Erfrierungen aufsuchten, sagte der Arzt, habe er solch schwerwiegende Wunden noch nie gesehen. Die Beine müsse man amputieren. Er sei sich jedoch nicht sicher, ob er die OP hier im Krankenhaus durchführen könne, und wolle das Risiko lieber nicht eingehen.

Also versuchten wir es in einer Frauenklinik. Dort waren so viele Patienten, dass der Botschaftsmitarbeiter mit dem zuständigen Arzt flüstern musste. Er schaute mich skeptisch an und musterte meine von der Fehlgeburt blutige Hose, bevor er sich wieder dem Südkoreaner zuwandte. Ich konnte seine Worte zwar nicht hören, doch das Kopfschütteln verstand auch ich. Er war nicht einmal bereit, mich zu untersuchen – aus welchen Gründen auch immer. Es gab ohnehin keine ausreichende Begründung, um mich in meiner Situation abzuweisen. Ich solle ein anderes Krankenhaus aufsuchen, sagte der Arzt und ging zum nächsten Patienten. Meine Schmerzen wurden immer stärker.

So fuhren wir zu einem dritten Spital. Nachdem der Arzt mich über meine Symptome ausgefragt hatte, war er nachdenklich geworden. Nach einigen Minuten Bedenkzeit schickte er mich in die Röhre. Ich musste eine Magnetresonanztomographie machen. Nach dem Verfahren schoben mich meine Begleiter wieder mit dem Rollstuhl zum Arzt. «Sie hat Magenkrebs», sagte der Doktor. «Für die Behandlung muss sie dringend zurückfliegen – nach Südkorea oder Nordkorea.» Die Diagnose riss mir den Boden unter den Füßen weg.

Womit hatte ich das nur verdient? Auf der Flucht hatte ich meine beste Freundin und meinen Sohn verloren, nur um wenige Tage später eine solche Diagnose zu erhalten. Würde ich überhaupt nach Südkorea einreisen dürfen? Und wenn ja, wie lange könnte ich dort überleben? Bei diesen düsteren Gedanken brach ich in lautes Schluchzen aus. Die Patienten im Krankenhaus starrten mich an, doch ich schämte mich nicht.

Das erste Mal in meinem Leben verspürte ich Wut auf meine Oma. Sie hatte mich über alles geliebt und sich unter allen Enkelkindern am fürsorglichsten um mich gekümmert. Wann immer sie uns besuchte, hatte sie mir eine Handvoll

Bonbons und Süßigkeiten mitgebracht. Drei Jahre und drei Monate bevor sie starb, hatte sie die gleiche Diagnose bekommen wie ich an jenem Tag. Sie hatte einen qualvollen Lebensabend verlebt und war in den Armen meiner Mutter gestorben. Nun vererbte sie mir dieselben Qualen – obwohl sie mich doch so sehr gemocht hatte. Mein Schicksal schien besiegelt.

Als wir abends wieder zurück in die Botschaft kamen, händigten mir die Mitarbeiter eine Algensuppe und eine halbvolle Schüssel Reis aus. Die anderen bekamen dagegen eine schwer bekömmliche Pferdefleischsuppe mit ein paar Nudeln. Für uns Nordkoreaner roch dieses Gericht wie verschimmelte Pilze. Die vier Mütter im Raum hatten Probleme, ihre Säuglinge zu stillen, weil das Essen nicht nahrhaft genug war. Als sie nach einem anderen Gericht fragten, bekamen sie nur steinhartes Brot. Die Kinder schrien vor Hunger. Die Trauer um meinen Sohn war noch sehr frisch. Bei den Gedanken an ihn bekam ich keinen Bissen von dem Reis runter. Ich teilte ihn unter den Müttern auf und trank nur die Suppe. Die warme Brühe würde mich beruhigen und die Schmerzen ein wenig lindern, dachte ich. Doch nichts half.

Zwei Tage lang bannte ich all meinen Frust in Tränen, erst danach konnte ich den Schmerz ertragen. Als ich mein Schicksal akzeptiert hatte, fand ich wieder etwas innere Ruhe. Mit amputierten Beinen und einem feindlichen Karzinom im Magen wäre es vielleicht ohnehin besser zu sterben.

Am nächsten Tag verließ ich mit Yeong Sun und Cheong Nam die Botschaft und wechselte in die Intensivstation eines Krankenhauses. Wir schrieben den 1. April, und neben all der Tragik erlebten wir auch einige Absurditäten, die geradewegs zum Brüllen komisch waren.

In den ersten Tagen war mir jedoch nach allem anderen als nach Lachen zumute: Während Yeong Sun und Cheong Nam jeden Morgen ein vierzigminütiges medizinisches Fußbad gegen ihre Erfrierungen verabreicht bekamen, erhielt ich lediglich Spritzen gegen die Schmerzen. Ihre Füße wurden eingesalbt, verbunden, und nach fünf Tagen konnte man bereits erste Fortschritte der Wundheilung sehen. Meine Beine hingegen waren bis auf die Knochen abgemagert. Die Haut war dunkel, ausgetrocknet und sah aus wie abgestorben. Immer wieder bekam ich ausschließlich Spritzen: gegen die Erfrierungen am Hintern, an den Füßen, meine immer stärker werdenden Magenschmerzen. Die Ursachen wurden gar nicht angegangen, sondern nur die Symptome unterdrückt. Es fühlte sich an, als ob die Ärzte kapituliert hätten. Mein Herz brannte in dunklen Flammen.

Hinzu kam das unerträgliche Essen, zumal meine Zunge so ziemlich der einzige Körperteil war, der noch wohlauf war. Jeden Tag erhielten wir von den Krankenschwestern die immer gleiche strengriechende Pferdesuppe. Als Beilage wurden kleine Bällchen aus grobgeschnittenen Kohlblättern gereicht, die mit ein paar Reiskörnern gefüllt waren. Sonst bekamen wir nichts.

In Nordkorea hatte es so gut wie niemals Fleisch gegeben, deshalb waren unsere Körper nicht an dessen Verdauung gewöhnt. In China hatte ich dann jede Art von Fleischgerichten verschmäht, weil ich immerfort an meine hungernden Eltern, Geschwister und Kinder hatte denken müssen, die ich zurückgelassen hatte. Sobald ich nun die Pferdesuppe roch, stieß es mir übel auf. Auch wenn ich vor lauter Hunger gekrümmt auf meinem Krankenbett lag, bekam ich keinen Bissen runter. Yeong Sun und Cheong Nam erging es ähnlich.

Nach langer Überlegung heckten wir einen Plan aus: Wir hatten das chinesische Geld, das wir noch besaßen, gesammelt und wollten damit jemanden zum Essenholen schicken. Da wir alle bettlägerig waren und die Krankenschwester sich stundenlang nicht blicken ließ, kraxelte Yeong Sun schließlich von ihrem Bett und robbte auf allen vieren zur Tür. «Hier! Hier!», brüllte sie in den Gang – und tatsächlich kamen sofort zwei Krankenschwestern. Auf dem Boden liegend, sprach Yeong Sun in höflichstem Chinesisch: «Schwestern, wir haben noch Geld aus China. Könnten Sie bitte für uns Essen und Obst besorgen?» An den ahnungslosen Gesichtern sahen wir, dass die Krankenschwestern unser Chinesisch nicht verstanden. Da zeigte Yeong Sun mit ihrem Finger auf das Notizbuch einer der beiden Krankenschwestern, das sie ihr samt Kugelschreiber reichte. Dort hinein malte sie Reiskörner und Kimchi, unser Nationalgericht. Es schien, als ob sie keinen blassen Schimmer hatten, was wir wollten. Nochmals zeichnete Yeong Sun eine Schüssel mit dampfendem Reis und deutete mit ihrer rechten Hand einen Löffel an, den sie zum offenen Mund führte. Die Krankenschwestern schüttelten nur den Kopf. Ein drittes Mal malte sie in das Heft, diesmal schlängelnde Instant-Nudeln, und formte mit ihren Fingern zwei Essstäbchen – mit demselben Erfolg. Es war zum Haareraufen.

Allerdings spürten die Krankenschwestern zumindest unsere Verzweiflung, jedenfalls brachten sie einen fremden Arzt zu uns. Kaum zu glauben, er konnte Koreanisch. Wir fühlten uns sehr heimisch, einen Mann im weißen Kittel zu treffen, der unserer Sprache mächtig war. Dennoch verhielten wir uns äußerst vorsichtig, schließlich könnte der Doktor auch aus Nordkorea kommen. Wir überlegten lange, was wir nun sagen sollten. Schließlich ergriff der Arzt selber das Wort: «Ich habe gehört, dass Sie den Krankenschwestern irgendwelche Bilder gezeigt haben. Was ist denn genau los?» Yeong Sun fragte zunächst, ob er im Krankenhaus arbeiten würde. Er bejahte, und wir atmeten erleichtert auf.

Wir erzählten ihm von unserem Wunsch. Yeong Sun erwähnte auch, dass ich an Magenkrebs leiden würde und dass sie mir Reis und mein Lieblingsobst geben wollte. Der Arzt betrachtete uns eine Weile, ohne etwas zu sagen. Dann brachte er eine weitere Krankenschwester in unser Zimmer. Er nahm unsere 200 Renminbi, reichte sie ihr und bat sie, unseren Essenswunsch zu erfüllen. Sie solle das Geld einwechseln und bei einem koreanischen Markt in der Gegend ein Lunchpaket aus Obst, Kimchi und Reis besorgen. Wir freuten uns wie kleine Kinder.

Am Abend kam die Frau mit einem zwei Kilogramm schweren Reissack zurück. «Bitte kochen Sie uns den Reis», baten wir sie, schließlich konnten wir uns nicht aus dem Zimmer bewegen. Nach einer halben Stunde öffnete sich wieder die Tür: Die Krankenschwester kam mit einem prallgefüllten Kochtopf voller Reis an – viel zu viel für eine Portion. Wir füllten den Reis in unsere Schüsseln um und aßen uns satt. Doch wenig später kam die Krankenschwester erneut zu uns, wiederum mit einem vollen Topf Reis. Wir waren sprachlos. Wo sollten wir den Reis ohne Kühlschrank lagern? Die Hälfte des Reises schleppten wir mühsam ins Nachbarzimmer, wo

Cheong Nam lag – nur um festzustellen, dass er ebenfalls einen vollen Topf bei sich stehen hatte. Wegen banaler Verständigungsprobleme stapelten sich bei uns nun die gesamten zwei Kilogramm, ohne dass wir den Reis anständig aufbewahren konnten. Wir ließen die Kochtöpfe am Fenster stehen. Mit vollem Magen schliefen wir tief und fest.

Gegen Vormittag am nächsten Tag besuchte uns eine Frau, die nicht älter als Mitte zwanzig sein konnte. Ihr Aussehen war blendend, und sie trug einen vornehmen Mantel. Sie stellte sich als südkoreanische Journalistin vor. Von uns wollte sie wissen, warum wir hier im Krankenhaus lägen. Uns beschlich ein ungutes Gefühl. Wie uns die Leute von der Botschaft ermahnt hatten, gaben wir uns daher als südkoreanische Rucksacktouristen aus, die in der Mongolei ihren Reisepass verloren und sich beim Wandern in der Wüste verletzt hatten.

«Aus welcher Stadt kommt ihr denn?», fragte sie uns mit wachen Augen. «Aus Seoul», antwortete ich instinktiv. «Ich auch», entgegnete sie. «Und woher genau?» Was hätten wir darauf antworten können? Sie hatte uns erwischt. Bevor wir in ratloses Schweigen übergingen, kam mir eine Idee. «Wieso willst du das so genau wissen? Was geht dich das überhaupt an?», blaffte ich. Angriff ist eben oftmals doch die beste Verteidigung.

Die Frau ließ von ihrer neugierigen Fragerei ab. Verdutzt überlegte sie, was sie nun sagen sollte. Was wir denn am liebsten zum Essen haben wollten, fragte sie, offensichtlich im Versuch, unsere Sympathien zurückzugewinnen. Oder war das etwa erneut eine Art Testfrage? «Reis, Kimchi und Äpfel», sagte ich aufrichtig. Nachdem sie gegangen war, haben wir nie mehr von ihr gehört.

«Wacht auf, wir müssen so schnell wie möglich los», flüsterten uns die zwei Botschaftsmitarbeiter in die Ohren. Es waren dieselben, die uns vor kurzem ins Krankenhaus gefahren hatten. Es habe sich herumgesprochen, dass hier drei Patienten aus Nordkorea stationiert seien, und daher könnten wir keine Minute länger im Krankenhaus bleiben. «Was ist denn das Problem?», wollte Cheong Nam wissen. «Ihr könnt jederzeit abgeschoben werden», sagte der Mann. Das Botschaftspersonal gab sich wie immer wortkarg und bedeckt. Mit ihren schwarzen Anzügen wirkten sie wie aus einem Agentenfilm. In Eile zogen wir uns um und verließen mitten in der Nacht das Spital.

Vorher wandten wir uns noch an die Krankenschwester, die Nachtschicht hatte. Da wir die Unmengen an Reis nicht mitnehmen durften, baten wir sie, ihn unter den Patienten zu verteilen – damit sie nicht immer nur jeden Tag die gleiche Pferdefleischsuppe essen mussten.

In der Botschaft riefen die Mitarbeiter gleich am Morgen bei ihren Kollegen in Seoul an. Nach wenigen Minuten stand bereits unser Flugtermin fest: Am 10. April 2006 würde ich mit Yeong Sun und Cheong Nam nach Incheon fliegen.

In Euphorie brachen wir jedoch nicht aus, dafür hatten wir auf unserem Weg hierher viel zu viel mitmachen müssen. Am Vorabend unseres Flugs fuhr mich Cheong Nam, der schon wieder recht gut auf den Beinen war, im Rollstuhl auf den Innenhof der Botschaft, wo sich ein kleiner Spielplatz befand. Neben der Schaukel unterhielten wir uns über die vergangenen Wochen. Wir ließen unsere Flucht durch die Gobi noch einmal Revue passieren. Ob sich all das Leid gelohnt hatte, fragten wir uns immer wieder. Zu einer Antwort sind wir nicht gekommen.

Am meisten schmerzte der Tod meines Kindes: Wenn ich doch nur in Qingdao auf die Geburt gewartet hätte, dann hätten wir nun womöglich vor einer gemeinsamen Zukunft gestanden. Während wir uns in unserer Trauer gegenseitig Trost spendeten, drangen aus den Fenstern die Rufe spielender Kinder. Sie erinnerten mich an eines der tragischsten Kapitel meines Lebens.

DER FLUG

In China hatte ich einst Stunden damit verbracht, Flugzeugen aus der Ferne beim Abheben zuzuschauen. Wie Miniaturspielzeuge waren sie jeweils im Himmel verschwunden. Als ich nun am Flughafen von Ulan Bator das erste Mal direkt vor einer solchen Maschine stand, war ich von deren Majestät überwältigt. Nie hätte ich gedacht, dass Flugzeuge so groß sein können. Ein ganzes Haus auf Flügeln, dachte ich bei diesem Anblick.

Wie gerne hätte ich Yeong Sun und Cheong Nam meine Gedanken mitgeteilt, doch wir hatten uns zu Stillschweigen verpflichten müssen. Unter keinen Umständen dürften wir mit irgendjemandem reden, hatten uns die Botschaftsmitarbeiter angewiesen. Ihr Tonfall war dringlich gewesen. Sie schoben uns in unseren Rollstühlen durch die Flugzeughalle, vorbei an Pass- und Gepäckkontrollen. Im Flugzeug parkten sie uns in der letzten Reihe. Sie verabschiedeten sich und ließen uns alleine.

Ich schaute mich um und kriegte es sofort mit der Angst zu tun: Vor uns saßen dickliche, kräftige Männer. Sie sahen viel besser genährt aus als die Mongolen, die ich bislang gesehen hatte. Offenbar waren das alles Männer mit politischen Funktionen, denn in Nordkorea hatten nur die hochrangigen Parteikader eine solche Leibesfülle.

Meine Kehle war ausgetrocknet, doch ich wagte es nicht, die Stewardess zu rufen. Sobald ich meinen Mund aufmachte, würde ich meine Herkunft verraten und verhaftet werden. Überhaupt sahen die Stewardessen wie Spioninnen aus. Vielleicht saßen wir ja in einer Falle. Flog unsere Maschine vielleicht gar nicht nach Seoul?

Die Turbinen heulten auf, und wir hoben ab. Meine Paranoia wich allmählich einer ganz anderen Panik: aus zehntausend Metern abzustürzen. Auch wenn die Sonne schien, schüttelte der Wind unsere Maschine ordentlich durch. Der Flug war ruckelig und die Schmerzen unerträglich. Doch dieses Mal schaffte ich es, das in mir aufkeimende Schreien zu unterdrücken. Wie es schien, war das kernige Kind wieder da.

ALBTRAUM

Jede Nacht erlebe ich ein und denselben Traum: Ich laufe mit meinen beiden Töchtern einen staubigen Feldweg entlang, der sich endlos bis zum Horizont erstreckt. Irgendwann kommt immer der Moment, an dem ich über die Schulter schaue – und meine Töchter plötzlich verschwunden sind. Ich lasse den Blick in alle Himmelsrichtungen gleiten, doch kann ich weit und breit keine Spur mehr von ihnen entdecken. Sie sind wie vom Erdboden verschluckt.

Panisch fange ich an zu schreien, renne wie um mein Leben, aber bewege mich doch nur in Zeitlupe vorwärts. Erst als ich völlig außer Atem bin, entdecke ich am Horizont einen See, an dessen Ufer meine Töchter stehen und mir zuwinken. Erleichtert atme ich auf. Ich laufe ihnen entgegen, doch als ich meine Hand nach ihnen ausstrecken will, sind sie von einem Moment auf den anderen verschwunden. Ich weine und schreie ihre Namen in die endlose Weite. Bis ich ihre kleinen Körper wieder am Horizont entdecke, ihnen entgegeneile, doch keinen Meter vorankomme. So träume ich bis zum Morgen.

Auch heute hatte ich einen ähnlichen Albtraum: Ich gehe einen matschigen Weg entlang und höre von weit her verzweifelte Hilferufe. Ich erblicke zwei Mädchen, beide im Alter meiner Töchter, die in ein Sumpfloch gefallen sind. Ehe ich sie erreiche, sind sie bereits im Erdboden versunken. Ich versuche vergeblich, durch den Matsch ihre Hände zu ergreifen. Als ich mich umschaue, sehe ich weit und breit niemanden. Schreiend renne ich bis zum nächsten Dorf. Dort lungern viele Männer herum, die mit ihren Dreitagebärten, Kurzhaarfrisuren und Trainingshosen aussehen wie Gangster.

Einem von ihnen erzähle ich von meinem Erlebnis. Teilnahmslos zuckt er mit den Schultern. «Hier in der Gegend gibt es viele Tote», sagt er und will weitergehen. Instinktiv halte ich ihn fest. Ich muss an meine Töchter denken und frage mich, ob sie wohlauf sind. «Wo gibt es hier Tote?», frage ich ihn. Er weist mit seinem Arm in die entgegengesetzte Richtung zu der, aus der ich gekommen bin. Ich folge seiner Weisung und gerate in einen dunklen Wald, doch finde keinerlei Spuren von meinen Töchtern. Erschöpft lande ich wieder im Dorf.

Dort sehe ich schemenhaft, wie am Hauptplatz ein paar Männer ein Loch graben. Als ich die Szenerie erreiche, sind die Männer bereits verschwunden, doch die Erde ist frisch umgegraben. Eine düstere Vorahnung überkommt mich: Wurden meine Kinder gekidnappt und hier begraben? Mit meinen Händen wühle ich mich durch den Boden, bis ich auf ein Holzbrett stoße. Ich hebe es zur Seite. Ein Mann mit Bauernhut liegt dort, offensichtlich wurde er bei lebendigem Leib verschüttet. Ein Kreuz liegt auf seinem Kopf. Ich werde den Gedanken nicht los, dass meine Töchter dasselbe Schicksal ereilt haben könnte.

Als ich aufschaue, erkenne ich auf einmal die Straßen wieder. Ein Schauer läuft mir kalt den Rücken hinunter. Ich befinde mich in Hoeryong – an jenem Ort, an dem ich meine erste Tochter geboren habe. Panisch renne ich von Tür zu Tür, schaue in jedes der Häuser, doch kann sie noch immer nicht finden.

Ich bitte die Männer in den Straßen, mir bei der Suche nach meinen Töchtern zu helfen. Stattdessen jedoch lodern ihre Augen auf. Sie beschimpfen mich und jagen mich mit Holzstöcken davon. Mit Mühe und Not kann ich flüchten. Ich lande wieder auf dem matschigen Weg und erkenne nun endlich auch, wohin dieser führt: zum politischen Gefangenenlager, das in den Bergen versteckt liegt. Ringsherum erstrecken sich die Felder, auf denen die Insassen regelmäßig Zwangsarbeit verrichten müssen.

Auf einem der Felder entdecke ich eine kleine Erhebung, die mir bis zum Knie reicht. Die Erde ist noch frisch aufgewühlt. In einer dunklen Vorahnung grabe ich, bis meine Hände von blutigen Wunden verkrustet sind. Mein schlimmster Albtraum wird wahr: In einem Meter Tiefe stoße ich auf die Körper meiner Töchter, die lebendig im Feld begraben wurden. Wie in Trance möchte ich sie aus dem Erdloch herausziehen, doch werde ich plötzlich von den Männern aus dem Dorf eingeholt, die mich niederschlagen, das Loch mit Erde zuschütten und verschwinden. Mit letzter Kraft stampfe ich mit meinen Beinen die Erde über uns weg, doch meine Töchter sind bereits tot. Dann klingelt der Wecker und holt mich in die Realität zurück.

Noch im Halbschlaf greife ich zu meinem Handy und schreibe meiner jüngeren Tochter eine SMS: «Sei heute bitte vorsichtig, ich habe schlecht geträumt.» Die Bilder aus meinem Albtraum lassen mich den ganzen Tag nicht los. Noch am Nachmittag muss ich daran denken. Gegen Abend treffe ich mich mit ein paar Bekannten, die ebenfalls aus Nordkorea geflohen sind. Die Stimmung ist gedrückt. Wir tauschen traurige Erzählungen aus, die wir auf unserer Flucht erlebt haben. Indem wir einander zuhören, spenden wir uns gegenseitig Trost. Vielleicht habe ich ja deswegen heute Nacht einen solch schlimmen Albtraum gehabt, denke ich bei mir – als Vorahnung, dass ich heute viele traurige Geschichten hören werde.

Ohne Schlaftabletten kann ich längst nicht mehr einschlafen. Wenn ich sie nehme, schlafe ich zwei, drei Stunden durch. Manchmal schlucke ich jedoch keine Tabletten, weil ich mir denke, dass ich da alleine durchmuss, ohne von den Medikamenten abhängig zu werden. Natürlich liege ich dann die ganze Nacht wach.

Auch mit meinem Psychiater rede ich oft über meine Träume. Wer könnte schon psychisch gesund bleiben, wenn er jede Nacht aufs Neue einen solchen Horror durchleidet? Die Ärzte sagen mir immer, dass meine Depressionen sehr schwerwiegend seien. Ich würde an posttraumatischem Stress leiden. Sie verschreiben mir Antidepressiva in hohen

Dosen. Alle anderen, die ich kenne und die dieselben Medikamente einnehmen, verschlafen den ganzen Tag. Ich bleibe hellwach. Den ganzen Tag über bin ich unterwegs. Rastlos arbeite ich bis zur Erschöpfung, damit ich nicht so viel nachdenken muss.

Immer wieder höre ich von Bekannten, dass ich aussehen würde, als ob ich keine Sorgen hätte. Tatsächlich bin ich ein Meister im Unterdrücken meiner Gefühle. Dennoch muss ich manchmal auf offener Straße weinen. Sobald mir Tränen in die Augen schießen, drehe ich mich zur Wand oder renne auf die nächste Toilette. Dort weine ich dann, soviel ich kann. Oft geht es mir danach wieder besser. Auch zu Hause versuche ich meine Emotionen, so gut es geht, zu kontrollieren. Erst wenn mein Mann morgens zur Arbeit gegangen ist, weine ich allein auf dem Balkon.

Oft kochen meine Gefühle aber auch über. Ich raste dann wegen Nichtigkeiten aus. Es muss mir nur etwas Kleines nicht gefallen, und schon verliere ich die Fassung. Nicht selten richten sich meine Wutausbrüche gegen meinen Mann. Er erkennt mich manchmal gar nicht wieder. Oft streiten wir uns wegen meiner Aussetzer. Natürlich kann er mich nicht verstehen. Wer nicht die gleichen Erfahrungen gemacht hat wie ich, der kann mein Innenleben nur schwer begreifen.

Mehrmals habe ich versucht, mir das Leben zu nehmen. Warum ich überhaupt noch auf dieser Welt bleiben soll, frage ich mich täglich. Es fällt mir oft nicht leicht, eine Antwort darauf zu finden. Natürlich kann sich meine Depression irgendwann bessern. Hoffnung auf eine Heilung habe ich jedoch nicht – solange ich getrennt von meiner Familie bin.

Dennoch bin ich noch immer am Leben, und ich denke, das hat auch mit meiner Herkunft zu tun. In Südkorea denken die Leute ganz anders als im Norden. Hier bekommen die Hinterbliebenen bei einem Selbstmord sogar Geld von der Versicherung ausgezahlt. Ich finde das falsch. Manch einer denkt sich so vielleicht: Wenn ich nicht mehr da bin, dann lösen sich die Probleme von selbst. Deshalb bringen sich viele Leute um, wenn sie in Schulden geraten. Für mein Empfinden ist ein solches Verhalten egoistisch.

In Nordkorea gibt es meines Wissens nur wenige Selbstmorde. Wenn man selbst Hand an sich legt, bringt man damit seine gesamte Familie in Verruf. Allein aus Angst vor der Stigmatisierung schrecken daher viele vor einem Suizid zurück. Alle Verwandten würden schließlich ihr Leben lang daran erinnert, dass sie aus der Familie eines Selbstmörders stammen. Das gilt als sehr große Schande.

Zudem werden Nordkoreaner rigide kontrolliert – nicht nur physisch, sondern auch in ihrer Gedankenwelt. Natürlich ist das hochgradig unmenschlich. Das Land fühlt sich zuweilen wie ein riesiges Gefängnis an. Andererseits denke ich jedoch, dass dies auch ein Grund für die niedrige Selbstmordrate ist.

Das lässt mich an die Christen in Südkorea denken, von denen sich auch nur selten jemand das Leben nimmt. Was für sie Gott ist, ist für Nordkoreaner Kim Il Sung. Alles, was wir erwirtschaften, widmen wir unserem geliebten Führer. Auch unser Leben steht in seinem ewigen Dienst. Sich dieses eigenhändig zu nehmen ist der größtmögliche Treuebruch.

FÜNF

INCHEON

Als das Fahrwerk auf der Landebahn aufsetzte, atmete ich erleichtert auf. Die Passagiere aus den Reihen vor uns strömten nach und nach aus dem Flugzeug. Als wir ungeduldig in den Gang schauten, bedeutete uns die Stewardess mit einer unmissverständlichen Geste, unbedingt sitzen zu bleiben. Die Sekunden verstrichen quälend langsam. Längst waren wir die letzten verbliebenen Menschen an Bord. Nach einer Viertelstunde sah ich mehrere Männer ins Flugzeug steigen. Sie trugen schwarze Anzüge, schwarze Krawatten und schwarze Brillen – in Nordkorea sind nur Sicherheitsbeamte so angezogen. Mein Herz fing an zu rasen. Anscheinend waren wir nicht in Seoul, sondern in Pjöngjang gelandet. Meine Handflächen waren feucht vor Schweiß. Die Männer schritten geradewegs auf uns zu. Meine Gedanken rasten im Kreis. *All das Leid für wieder und wieder nichts.* Während wir ohne Worte aus dem Flugzeug geschoben wurden, sah ich mich bereits in einer Gefängniszelle verrotten. Mit gesenktem Kopf weinte ich vor mich hin. Salzige Tränen trübten meine Sicht.

Neben dem Flugzeug standen mehrere farbige Minibusse aneinandergereiht. Die Männer setzten uns in ein gelbes Fahrzeug und klappten die Rollstühle zusammen. Niemand sagte ein Sterbenswörtchen. Nur mein Schluchzen drang durch den Bus. «Wieso weinen Sie denn?», fragte der Beifahrer, vermutlich ein Geheimdienstmitarbeiter. Keiner von uns antwortete, doch ich schöpfte plötzlich Hoffnung – der Mann sprach definitiv kein Nordkoreanisch. Ich hob meinen Blick und schaute aus dem Fenster. «Flughafen Incheon» prangte dort auf einem großen Schild. Ein Gefühl tiefen Friedens erfüllte all meine Sinne. Meine Hirngespinste waren unbegründet gewesen: Endlich war ich in Südkorea angekommen, dem Ziel meiner Reise.

Erst jetzt sah ich, was für ein schöner Frühlingsmittag draußen herrschte. Die Sonne schien, der Himmel erstrahlte in kräftigem Blau, und entlang der Autobahn blühte ein weißrosa Meer aus Kirschblüten. Für einen kurzen Moment musste ich an den Kirschbaum meiner Kindheit denken, der unseren Innenhof zierte, doch ich bemühte mich, nicht zu sehr in der Vergangenheit zu schwelgen. Nun würde schließlich ein neues Kapitel in meinem Leben beginnen. Wir fuhren vorbei an riesigen grauen Apartmentblocks, die immer wieder von Hügeln durchbrochen wurden. Es gefiel mir hier. Erleichtert atmete ich auf. Endlich konnte ich zuversichtlich in die Zukunft blicken.

Nach einer knappen Stunde erreichten wir den Seouler Vorort Bundang. Wir bogen in eine kleine Seitenstraße ein und hielten vor einem Militärgelände, das von einem Stacheldrahtzaun umgeben war. Wir passierten einen Wachposten, und der Fahrer parkte den Wagen auf dem Gelände. Die Männer hievten uns wieder in unsere Rollstühle und fuhren uns in eines der vielen Gebäude. «Das Haus des Friedens» prangte über der Eingangstür.

Wir betraten ein geräumiges, großzügig geschnittenes Zimmer. Die Einrichtung bestand aus drei Reihen mit Holzbänken und einem Kreuz, das am Ende des Raums aufgestellt war. Da wir noch nie eine Kirche von innen gesehen hatten, wussten wir nicht, in was für einem Gebäude wir uns befanden. Erwartungsvoll schauten wir auf die Männer, die uns hierhergebracht hatten. Einer von ihnen ergriff endlich das Wort: «Wir sind hier beim Geheimdienst, wo Sie die nächsten drei Monate untersucht werden.»

IM KRANKENHAUS

Mit jeder weiteren Minute, die wir uns wartend in dem Raum aufhielten, wurden meine Schmerzen an Gliedmaßen und Magen unerträglicher. Ich wollte nur noch ins Krankenhaus gebracht werden, doch die Männer bestanden darauf, dass wir erst die Formulare für das Einreiseverfahren ausfüllen müssten. Yeong Sun flehte sie an, eine Ausnahme zu machen, da ich Magenkrebs habe und umgehend behandelt werden müsse – aber es half alles nichts. Über eine Stunde dauerte es, bis der zuständige Beamte aus der Mittagspause zurückkam und sich unser annahm. Yeong Sun füllte die Dokumente für mich mit aus und setzte auch die Unterschrift darunter. Ich konnte meine Finger kein Stückchen bewegen, geschweige denn einen Stift halten. Das Fleisch an meiner Hand fühlte sich an, als ob es auf Nadeln gespießt wäre.

Gegen 15 Uhr fuhren wir dann endlich in das örtliche Militärkrankenhaus. Dort überreichte ich den Ärzten die Behandlungspapiere aus Ulan Bator. Der folgende Untersuchungsmarathon stellte sich als wahre Odyssee heraus. Bis um zehn Uhr abends wurde ich von einem Zimmer ins nächste geschickt. Ich war völlig erschöpft, als man mich schließlich mit Yeong Sun und Cheong Nam in ein Zimmer brachte, in dem außer uns noch mehrere verletzte Soldatinnen untergebracht waren. Vor dem Einschlafen bekamen wir Spritzen gegen die Schmerzen verabreicht. Dennoch wand ich mich die ganze Nacht hellwach unter meiner Decke. Die Ärzte kümmerten sich jedoch gewissenhaft um mich. Wann immer ich es nicht mehr aushielt, gaben sie mir weitere Spritzen und maßen meine Körpertemperatur. Allerdings war uns nicht jeder im Krankenhaus derart wohlgesinnt.

Neben uns lag eine Soldatin nach einem Autounfall im Koma. Am Morgen kam ihre Großmutter zu Besuch, die uns anfangs einfach zu ignorieren schien. Nach einer halben Stunde unterbrach sie jedoch unerwartet unsere Unterhaltung: «Wieso fallt ihr uns hier zur Last? Warum seid ihr überhaupt gekommen? In Nordkorea hättet ihr gut mit dem Reis und den Medikamenten leben können, die wir euch jedes Jahr von unseren Steuergeldern schicken.»

Wir blieben stumm und taten so, als hätten wir nichts gehört. Was konnten wir auch erwidern? Wir waren schließlich ungefragt ins Land geflüchtet, ohne dass man uns darum gebeten hätte. Auch wenn wir uns nichts anmerken ließen, schmerzten uns die Worte der alten Frau sehr. Alle waren wir schließlich Koreaner, gehörten dem gleichen Volk an. Oder hatte uns die 50 Jahre währende Teilung bereits endgültig entzweit?

Am nächsten Tag fragte uns der Arzt bei seiner Morgenvisite, ob uns der Nachtisch schmecken würde. Er dachte sich wohl nichts bei seinen Worten, doch als wir ihm eine Antwort schuldig blieben, blickte er verdutzt auf: «Schmeckt euch der Nachtisch denn gar nicht?» Wir schauten uns ratlos an. «Welchen Nachtisch meinen Sie? Wir haben doch gar nichts bekommen», antwortete Yeong Sun. Der Arzt musterte uns mit ungläubigem Gesichtsausdruck und rief schließlich die Krankenschwestern herbei, um sich bei ihnen zu erkundigen. Wieso wir keinen Nachtisch bekommen würden, herrschte er sie schroff an. Die Schwestern schworen jedoch hoch und heilig, dass sie uns immer einen Joghurt ausgeteilt hatten – genau wie den anderen Patienten auch. Als die Schwestern der Sache nachgingen, stellte sich heraus, dass die Großmutter der verletzten Soldatin unsere Desserts wahlweise selber gegessen oder für ihren Mann mit nach Hause genommen hatte. Ab dem nächsten Tag stellten die Krankenschwestern den Joghurt für uns nicht mehr in den Kühlschrank, sondern reichten ihn uns direkt in die Hand. Ich empfand das als beschämend und bedauerlich.

Ironischerweise konnte ich Milchprodukte ohnehin nicht vertragen, denn in Nordkorea hatte ich Joghurt, Käse oder Milch niemals gesehen. Auch in China hatte ich kein Geld dafür gehabt. Als ich nun in Südkorea erstmals Joghurt aß, litt ich umgehend unter Durchfall, weil mein Magen die ungewohnten Milchprodukte gar nicht verdauen konnte. Deshalb brachten die Schwestern mir künftig frisches Obst als Nachtisch und dabei, wann immer es ging, meine geliebten Äpfel.

Trotz allem musste ich die Großmutter fast täglich sehen, denn Nachmittag für Nachmittag hockte sie am Krankenbett ihrer Enkelin. So bekam sie auch unweigerlich mit, dass ich Magenkrebs hatte und an den Füßen operiert werden musste. Wahrscheinlich erregte das ein wenig Mitleid in ihr, jedenfalls sprach sie mich nun hin und wieder an. Wie es mir ginge, wollte sie wissen, und ob meine Familie auch mit nach Südkorea gekommen sei. So kamen wir ins Gespräch, und ich erzählte ihr meine Geschichte, ohne die tragischen Details auszusparen. Die Großmutter erwiderte nichts, sondern nickte nur immerfort. Auch wenn sie sich niemals ordentlich für ihre Beleidigungen entschuldigte, so änderte sie doch ganz offensichtlich ihre Meinung über uns Nordkoreaner. Fortan erkundigte sie sich regelmäßig nach meinem Befinden, und tatsächlich verstanden wir uns letztendlich so gut, dass wir auch nach meinem Krankenhausaufenthalt ab und an telefonierten. Erst als sie irgendwann umzog, verloren wir uns aus den Augen.

Anscheinend hatte sie nach den anfänglichen Vorkommnissen ein schlechtes Gewissen mir gegenüber, vielleicht ohne sich dessen überhaupt bewusst zu sein. Sie bemühte sich dennoch sehr, die Sache wiedergutzumachen. In einer Angelegenheit konnte sie mir tatsächlich behilflich sein.

Die Geheimdienstmitarbeiter hatten uns angewiesen, mit niemandem außer dem Krankenhauspersonal zu sprechen. Doch nach zwei Wochen im Bett, abgeschnitten von der Außenwelt, hatte ich endgültig genug. Als die Großmutter wieder einmal mit ihrem Mann zu Besuch war, fragte ich höflich, ob ich sein Handy für ein Ferngespräch benutzen könne. Da ich laut Krankenhausordnung keine Telefonate führen durfte, bat ich den Mann, mich in den Rollstuhl zu hieven und zur Toilette zu fahren. Als ich die Tür der Toilettenzelle hinter mir geschlossen hatte, drückte ich die chinesische Nummer in die Tasten.

Mein Mann hob ab. «Ja?», hörte ich seine vertraute Stimme am anderen Ende der Leitung. Cheol Min musste bemerkt haben, dass eine südkoreanische Nummer auf dem Display stand. Ich war daher ein wenig von seiner Reaktion enttäuscht, denn wirklich euphorisch klang er nicht. «Ich bin's, Yeong Ok!», rief ich in die Telefonmuschel. Ein Moment der Stille entstand. «Was? Du? Am Leben?», brachte er dann völlig fassungslos heraus.

Mit meinem Anruf hatte ich Cheol Min zu Tode erschreckt.

Wie sich im weiteren Gespräch herausstellte, hatte er von den Schleppern eine Fehlinformation erhalten: Sie hatten ihm mitgeteilt, ich sei in der Wüste Gobi erfroren und Soon Hee hätte überlebt. Mein Mann konnte sein Glück kaum fassen. Seine Freude war nicht gespielt. Doch mein siebter Sinn sagte mir, dass irgendetwas mit ihm nicht stimmte.

Die Verbindung war schlecht, und lange Funklöcher unterbrachen unser Gespräch. Dennoch erzählte ich ihm meine Fluchtgeschichte in aller Ausführlichkeit, erwähnte natürlich auch die Fehlgeburt. Trotz des lauten Rauschens in der Leitung hörte ich klar und deutlich sein Schluchzen. Ich vermutete, dass er aus Trauer weinte, weil er seinen ungeborenen Sohn verloren hatte – und nicht aus Freude darüber, dass ich überlebt hatte.

Nur wenige Tage später hatte ich einen fürchterlichen Albtraum: Ich befand mich vor unserer gemeinsamen Wohnung in Qingdao und ging die Straße entlang, vorbei an großgewachsenen Trauerweiden. Rechts am Straßenrand stand eine kleine Bude, in der Lammspieße verkauft wurden und auch Bier ausgeschenkt wurde. Dort entdeckte ich Cheol Min, gemeinsam mit einem alten Freund und einer Frau. Unverkennbar flirtete mein Mann mit ihr. Die beiden verabschiedeten sich schließlich von dem Freund und zogen von dannen.

Schweißgebadet wachte ich auf. Bei der ersten Gelegenheit lieh ich mir nochmals das Handy des Großvaters und meldete mich bei Cheol Min. «Wo warst du gestern Abend?», wollte ich von ihm wissen. «Warst du Lammspieße essen?» – «Woher weißt du das?», fragte er mich verwundert. Ich hakte so lange nach, bis er mir alles gestand: Im vermeintlichen Glauben, dass ich verstorben sei, war er mit einer anderen Frau fremdgegangen. Natürlich war ich enttäuscht, traurig und sauer. Doch all die Jahre, die er mich in Qingdao beschützt hatte, wollte ich nicht von heute auf morgen vergessen. Nach ein paar Tagen entschied ich mich, ihm eine zweite Chance zu geben.

Noch heute messe ich meinen Träumen eine besondere Bedeutung bei. «Gib heute gut auf dich acht», rufe ich meinem Mann auf dem Weg zur Arbeit nach, wenn ich in der Nacht eine schlechte Vorahnung hatte.

DER OPERATIONSMARATHON

Die Ärzte im Krankenhaus ermahnten mich, dass sich mein Körper erst erholen müsse, bevor ich operiert werden könne. Vor allem wäre es wichtig, weiter an Gewicht zuzulegen. Sie verabreichten mir Nahrungsergänzungsmittel und achteten penibel darauf, dass ich meine Mahlzeiten vollständig aufaß. Nach etwa einem Monat begann schließlich der Operationsmarathon. Meine Beine hatten die Ärzte retten können, doch Schritt für Schritt amputierten sie nun meine Zehen. Insgesamt musste ich fast 20-mal in den OP-Saal. Am Ende hatte ich an meinem linken Fuß alle Zehen verloren und am rechten nur noch zwei übrig.

Wann immer mich die Schwestern in den Operationssaal schoben, musste ich an meine Eltern denken. Ob sie mir wohl in dieser Situation beigestanden hätten, fragte ich mich. Tief im Inneren war ich mir sicher, dass sie mich niemals alleingelassen hätten. Ich biss meine Lippen blutig, nur um nicht in Tränen auszubrechen.

Auch tagsüber im Krankenzimmer unterdrückte ich mein Weinen. Niemandem wollte ich offenbaren, wie viel Schmerz ich in mir trug. Meinen Kummer behielt ich für mich – auch aus Angst, den Leuten auf die Nerven zu gehen. Nur nachts schluchzte ich heimlich unter der Decke. Am nächsten Morgen tat ich wieder, als ob alles in Ordnung wäre. Dabei wusste ich, dass die gravierendste OP noch bevorstand.

Mehrere Internisten und Schwestern umringten mich, als ich auf dem Operationstisch lag. Heute würden Teile meines Magens herausgeschnitten werden, um das Karzinom zu entfernen. Einer der Ärzte fragte mich routinemäßig nach meinem Wohlbefinden. Doch ich wusste nicht recht, was ich antworten sollte. Nach außen hin wollte ich mir meine Furcht nicht anmerken lassen. Mitleid würde ich auch keines zulassen – vor allem kein Selbstmitleid. Innerlich fühlte ich mich jedoch wie ein kleines Kind, das sich gerne im Schoß seiner Mutter versteckt hätte. Während all die anderen Patienten von ihren Geschwistern oder Verwandten zur OP begleitet wurden, hatte ich niemanden an meiner Seite. Ich fasste all meine Willenskraft zusammen und sagte, dass ich mich hier im Krankenhaus so behütet und umsorgt fühlen würde, als sei ich zu Hause bei meinen Eltern. Meine Worte wählte ich, ohne groß über sie nachzudenken, doch plötzlich bekamen einige in der Runde feuchte Augen. Das überraschte mich sehr, und diese Anteilnahme rührte auch mich ganz unverhofft zu Tränen. Die Ärzte hielten meine Hände und redeten mir gut zu, dass wir jede Schwierigkeit gemeinsam überwinden würden. Wenn ich solch gutherzige Menschen um mich herum hatte, so war ich mir in diesem Moment sicher, dann würde sich alles bald zum Guten wenden.

Nach einer 19-stündigen Narkose wachte ich endlich auf. Die Ärzte umringten den Operationstisch und warteten auf ein Lebenszeichen von mir. Das Schlimmste sei überstanden, versicherte mir der Chefarzt. Ich müsste mir keine Sorgen mehr machen. Auch die Ärzte und Schwestern konnten endlich nach einem langen und nervenaufreibenden Tag nach Hause zu ihren Familien gehen. Ihren unermüdlichen Einsatz für mein Leben werde ich niemals vergessen.

In Nordkorea hatte ich oft das Gefühl, dass ein Menschenleben nicht mehr wert war als das einer Fliege. Hier im Militärkrankenhaus fühlte ich mich hingegen unendlich wertgeschätzt. Mein zweites Leben würde bald beginnen, und ich spürte, dass glückliche Tage vor mir lagen. Nach der OP konnte ich etwas Reissuppe zu mir nehmen. Jeden Tag ging es mir ein bisschen besser, und allmählich kam ich zu neuen Kräften.

In jener Zeit begann auch das Verhör durch den Geheimdienst. Ein etwa 50-jähriger Mann im Anzug betrat eines Tages das Krankenzimmer und stellte sich als Geheimdienstmitarbeiter vor. Wie alle Flüchtlinge müsse auch ich nach der Einreise ins Land befragt werden, teilte er mir freundlich mit. Da ich körperlich noch sehr geschwächt war, bräuchte ich keine schriftlichen Dokumente auszufüllen, sondern müsse nur mündlich antworten.

Zuallererst fragte er meine Personalien ab – Name, Alter, Geburtsdatum und -ort. Dann wollte er bis ins letzte Detail wissen, wie ich in Kaesong aufgewachsen war, wie meine Familienmitglieder hießen, die Nachbarn, Freunde und Arbeitskollegen. Ich musste ihm den morgendlichen Arbeitsweg meines Vaters zu seiner Fabrik schildern, genau beschreiben, wie unsere Straße aussah und wo das Parteigebäude stand. Dieses Prozedere wiederholten wir für meine zweite Heimat in Hoeryong. Der Mann fragte mich detailliert über meine Tätigkeit als Ban-Leiterin aus und wollte natürlich auch alle Einzelheiten meiner Flucht hören.

Nach zwei langwierigen Gesprächen war das Verhör dann beendet. Das dachte ich zumindest. Bevor sich der Geheimdienstmitarbeiter an diesem Tag verabschiedete, überreichte er mir eine lange Liste mit Fragen, die ich beantworten sollte, sobald es mir wieder besserging. Unter anderem musste ich nochmals einen genauen Plan von meinem Dorf aufzeichnen, und zwar bildlich als Karte. Offensichtlich wollte er testen, ob meine mündlichen Angaben damit übereinstimmten.

Ich fühlte mich zu Unrecht verdächtigt, konnte aber auch verstehen, dass der Geheimdienst überprüfen musste, dass ich wirklich aus Nordkorea kam. Schließlich hätte ich auch eine chinesische Koreanerin sein können, die sich einen südkoreanischen Pass erschleichen wollte – oder schlimmer noch, ein nordkoreanischer Spion. Außerdem versuchte man natürlich, durch mich an möglichst viele vertrauliche Informationen über die nordkoreanische Gesellschaft zu gelangen.

Ich konnte die bohrenden Fragen jedoch gut aushalten, denn der für mich zuständige Beamte hatte die Sanftmut eines warmherzigen Vaters. Yeong Sun hatte da weit weniger Glück: Als der Geheimdienstmitarbeiter, der sie verhören sollte, zum ersten Mal das Krankenzimmer betrat, lag sie dösend im Bett, den Rücken zur Tür gewandt. «Wieso stehst du nicht auf, wenn ich ins Zimmer komme? Du unerzogene Göre!», blaffte er sie daraufhin an. «Was hat man dir nur in Nordkorea beigebracht?»

HANAWON

Als es uns allmählich besserging, wurden wir ins Auffanglager Hanawon gebracht. Das Hanawon-Gelände besteht aus mehreren Gebäuden, darunter einem Wohnheim, einer Aula, einem Krankenhaus, mehreren Büros und Klassenzimmern. Ich gehörte dort dem 87. Jahrgang an, der aus insgesamt 150 Nordkoreanern bestand. Das Programm, das wir in Hanawon absolvieren würden, würde ganze drei Monate dauern. Vieles erinnerte hier an eine Schule, und im Grunde war es das auch.

Denn in Hanawon durchlaufen alle Nordkoreaner, die neu ins Land kommen, einen Erziehungskurs. Hier lernt man vor allem die Alltagsbewältigung in einer kapitalistischen Gesellschaft: Wie man ein Konto eröffnet, eine Hausratversicherung abschließt oder einen Computer bedient. Für viele Nordkoreaner ist all das Neuland, schließlich kommen sie aus einem Staat, in dem die Partei sich um alles kümmert. Einige Neuankömmlinge in meinem Jahrgang waren schon überfordert, wenn sie vor einem prallgefüllten Supermarktregal standen und zwischen 20 Zahnpasten auswählen mussten. Andere hatten keinen blassen Schimmer, wie man ein U-Bahn-Ticket löst.

Ich hingegen erfuhr in Südkorea keinen wirklichen Kulturschock. Dafür hatte ich bereits zu lange in China gelebt, einem Land, das in vielerlei Hinsicht ja auch kapitalistische Züge aufweist. Zudem musste ich ohnehin die meisten Tage im Krankenhausbett verbringen, sodass meine Zeit im Erziehungsprogramm bereits nach zwei Wochen beendet war.

Von den Lehrern bekamen wir alle eine eigene E-Mail-Adresse zugewiesen, damit wir uns mit der Kommunikation im Internet vertraut machen konnten. In jedem Zimmer stand ein Computer zur freien Benutzung. Ich erinnere mich noch gut daran, wie wir lange Nachmittage damit verbrachten, uns gegenseitig E-Mails zu schicken – fasziniert davon, wie die Nachrichten in Windeseile im Nebenzimmer ankamen.

Gegen Ende des Programms hatte ich mich gesundheitlich so weit erholt, dass ich nicht mehr auf den Rollstuhl angewiesen war. Während der Mittagszeit wurden wir zu unseren künftigen Wohnungen gefahren, die uns der Staat bereitgestellt hatte. Zu elft saßen wir im Minibus, acht Nordkoreaner und drei Integrationsbeauftragte. Voller Euphorie fuhren wir zur Bank, wo wir unsere Kontodaten ausgehändigt bekamen: Dreieinhalb Millionen Won waren jeweils auf die Konten überwiesen worden, das war eine stolze Summe.* Mein Glück kam mir umso surrealer vor, als meine schrecklichen Erlebnisse in der Wüste Gobi nur wenige Monate zurücklagen.

Nach und nach setzten uns die Fahrer schließlich einen nach dem anderen in Gayang ab, einem Wohnbezirk im Westen von Seoul. Ganze Straßenzüge waren hier von riesigen, neuwertigen Apartmentklötzen durchzogen. Wie Dominosteine reihten sie sich aneinander, bis zu zwanzig Stockwerke hoch. In einem würde auch ich wohnen. Auf Krücken schleppte ich mich zum Hausmeister, um meinen Schlüssel abzuholen. Nun war die Zeit gekommen, sich von den anderen zu verabschieden – zu Yeong Sun habe ich den Kontakt dabei bis heute gehalten.

Alleine betrat ich den Hausflur und blieb staunend vor den Dutzenden Briefkästen im Eingangsbereich stehen. Eine ganze Ortschaft wohnte allein in meinem Haus. Mit dem Fahrstuhl fuhr ich in den sechsten Stock und folgte den Nummern bis zu meiner Wohnungstür. Komisch, dachte ich bei mir, als ich sah, dass die Tür sperrangelweit offen stand.

Vorsichtig betrat ich die Küche. Auf dem Tisch entdeckte ich ein angebrochenes Brot und zwei Packungen Instantnudeln. Im Wohnzimmer saßen drei alte Bekannte: die

* Entspricht in etwa 3000 Euro.

nordkoreanischen Schlepper, die meine Flucht aus China organisiert hatten. Woher wussten sie nur meine Adresse?

«Nun bist du also auch Südkoreaner», sagte einer der Männer. «Und du hast deine eigene Wohnung bekommen.» Er schaute mir jetzt direkt in die Augen: «Hast du denn auch schon das Geld auf dein Konto erhalten?» Ich deutete ein Nicken an. «Dann kannst du ja jetzt endlich für deine Flucht bezahlen.»

Im Grunde forderten sie zwar nur ein, was wir ausgemacht hatten, nämlich viereinhalb Millionen koreanische Won, ich hatte jedoch nicht vor, mich an diese Abmachung zu halten. «Den ganzen Betrag werde ich euch sicher nicht zahlen», sagte ich zu den Männern. «Auf dem Weg hierher habe ich meinen Sohn verloren, und meine beste Freundin ist gestorben.»

Doch saß ich natürlich am kürzeren Hebel: Als Krüppel stand ich drei Männern gegenüber, die meine genaue Adresse kannten und mich jederzeit wieder hätten ausfindig machen können.

Sie hoben mich an den Schultern und trugen mich zum Fahrstuhl. In ihrem Wagen fuhren wir zum nächsten Bankautomaten. Das gesamte Konto musste ich leerräumen – bis auf den letzten Won. Als ich wieder in meiner Wohnung war, gegen acht Uhr abends, hatte ich kein Geld mehr und bis auf ein paar Brotkanten nichts zu essen. Die Instantnudeln konnte ich auch nicht warm machen, da es kein Gas gab und nur kaltes Wasser. Ohne Bett lag ich auf dem nackten Boden in dem kahlen Zimmer. Drei volle Tage vegetierte ich hier vor mich hin, ohne dass ich irgendetwas gegen meine Misere hätte unternehmen können.

Am Vormittag des 14. Oktober klopfte es an meiner Tür, doch ich lag erschöpft am Boden. Nach einer halben Stunde schloss der Hausmeister die Wohnung auf. Neben ihm standen der Manager des Hanawon und eine weitere Integrationshelferin. Sie entdeckten mich auf dem Boden liegend, in einer dunkelroten Blutlache, die von meinen ramponierten Füßen ausging.

«Hat dich denn niemand besucht?», fragte der Manager erschrocken. Die Integrationshelferin rechtfertigte sich, dass sie sich um so viele Nordkoreaner gleichzeitig kümmern müsse und meine Visite eben erst jetzt an der Reihe gewesen sei. Dafür handelte sie sich eine ordentliche Strafpredigt ihres Vorgesetzten ein. An Ort und Stelle holte der Manager einen Zehn-Kilo-Sack Reis für mich. Die Helferin bereitete mir eine Suppe zu. In Zukunft würde sie regelmäßig vorbeikommen, versprach sie mir.

Auch die Schlepper kamen nach einem Monat wieder – genau rechtzeitig zur nächsten Rate meiner Sozialhilfe. Sie zwangen mich, auch die letzte Million Won zurückzuzahlen. Erst Jahre später sollte ich erfahren, wie sie meine Adresse ausfindig gemacht hatten: Eine Nordkoreanerin, die mit uns gemeinsam durch die Wüste Gobi geflüchtet war, hatte unsere Daten weitergegeben. Im Gegenzug wurde ihr ein Teil der Fluchtkosten erlassen. Wenn es um Geld ging, hörte der Zusammenhalt auf – auch unter Nordkoreanern.

DIE SUCHE NACH GOTT

Bereits im Krankenhaus, als ich noch an den Rollstuhl gefesselt war, brachten mich die Soldaten sonntags immer abwechselnd zur Kirche oder zum Tempel. Der Zusammenhalt dort gefiel mir, auch die Spiritualität sowie die Ruhe, die diese Orte ausstrahlten.

Am Ende entschied ich mich für den katholischen Glauben und ließ mich noch während meines Krankenhausaufenthalts taufen. Das hatte zum einen mit den sinnlichen Kirchenliedern zu tun, die vom Wunsch nach Erlösung handelten, einem Leben im Diesseits und dem Trost des Glaubens. Vor allem aber hat eine der Nonnen ganz besonderen Eindruck auf mich gemacht. Sie besuchte mich regelmäßig im Krankenzimmer und brachte fast immer Suppe mit, damit ich mich stärken konnte. Mit Engelsgeduld lauschte sie meinem Kummer und schenkte mir zu allem ihren aufrichtigen Rat. Als ich das Sakrament der Taufe erhielt, wählte sie meinen Taufnamen aus: Justina, die Gerechte. Die Bedeutung des Namens gefiel mir.

Meine Suche nach Gott wurzelte natürlich in meiner Trauer um Soon Hee, an die ich jeden Tag denken musste. Da sie nicht mehr am Leben war, wollte ich den von ihr eingeschlagenen Weg fortsetzen. Ich erinnerte mich daran, wie Soon Hee mich stets überreden wollte, den Gottesdienst mit ihr zu besuchen, und dass sie den innigen Wunschtraum hegte, in Südkorea Pfarrerin zu werden. Leider konnte sie nicht mehr miterleben, wie ich ihren Traum vollendete und den Glauben für mich entdeckte.

In China hatte ich nie eine Kirche von innen gesehen. Ob es Gott gab oder nicht, dafür interessierte ich mich kein bisschen. Ich musste erst in lebensbedrohliche Gefahren geraten, dem Tod in seine düstere Fratze blicken, um den Allmächtigen um Erlösung zu bitten. In der Wüste Gobi, als Soon Hee im Schnee zusammenbrach, habe ich das erste Mal in meinem Leben Gott um Hilfe gerufen. Obwohl er mir damals seine wärmende Hand nicht ausgestreckt hat, reichte er sie mir jetzt, damit ich mein von Gott geschenktes Leben weiterführen konnte. Ich entschloss mich, auch nach meinem Krankenhausaufenthalt weiterhin regelmäßig zur Kirche zu gehen.

Die ersten Monate in meinem neuen Zuhause konnte ich kaum die Wohnung verlassen, doch sobald ich mich auf meinen Krücken sicherer fühlte, humpelte ich zur U-Bahn und fuhr bis ans andere Ende der Stadt zur Konkuk-Volkshochschule. Dort wollte ich mich für einen Theologiekurs einschreiben lassen. Mein Ziel war es, mich als internationaler Missionar ausbilden zu lassen, um im Anschluss das Wort Gottes zu verbreiten. Allerdings fehlte mir das nötige Geld für die Kursgebühr.

Jede Nacht schuftete ich daher mit meinen geschundenen Beinen in kleinen Nebenjobs. In meiner Apartmentsiedlung klapperte ich die Gebäude ab, um Werbebroschüren und Flyer zu entfernen. Das nahm meist den ganzen Tag in Anspruch. Wenn ich erst gegen Abend Zeit hatte, dann musste ich bis tief in die Nacht arbeiten. Eine Million Won konnte ich so zusätzlich im Monat verdienen.*

Klar, das war hart. Mit gebrechlichem Körper lernte ich, dass Kapitalismus kein Zuckerschlecken ist. Damals war ich jedoch viel zu beschäftigt, um über meinen Alltag ins Grübeln zu kommen. Auch heute denke ich eher mit Stolz an die damalige Zeit zurück, auch wenn ich ein ums andere Mal mit blutenden Beinen nach Hause gekommen bin und bei Wind und Wetter meine Runden drehte. Das war schwer verdientes Geld, doch immerhin habe ich dafür etwas geleistet. Und je mehr ich leistete, desto mehr bekam ich auch. Dieses Gefühl überraschte und überwältigte mich.

* Entspricht in etwa 800 Euro.

In Nordkorea mussten wir immer alles dem Staat widmen, ganz egal, wie sehr wir uns abmühten. In den neunziger Jahren wurde es fast unmöglich, seine Grundbedürfnisse abzudecken, denn der Staat ließ einem kaum etwas – weder Geld noch genug zu essen.

Doch hier in Südkorea konnte ich mit dem dazuverdienten Geld bald einen Theologiekurs finanzieren, den ich vier Jahre lang neben meiner Arbeit absolvierte. Am Ende diente ich als zertifizierte Missionarin bei einer evangelikalen Kirchengemeinde, die hauptsächlich von nordkoreanischen Flüchtlingen besucht wurde.

Das erste Gebet nach meinem Abschluss richtete ich an meinen Sohn und Soon Hee im Himmel. Ich weinte und rief ihre Namen. Für mich war jener Moment zweifelsfrei ein Schlüsselerlebnis. Seitdem hat sich mein Leben von Grund auf geändert. Ich wollte von nun an auf jedes meiner Worte achten, mich jeden Tag in meinem Verhalten bemühen. Auch heute noch versuche ich, stets nach Gottes Wort zu handeln. Obwohl ich acht von zehn Zehen verloren habe und körperlich beeinträchtigt bin, bedanke ich mich sehr beim Allmächtigen, dass ich mittlerweile ein eigenständiges Leben führen kann.

Als Missionarin brachte ich innerhalb von drei Jahren weit über 40 Leute in unsere Gemeinde, fast allesamt Nordkoreaner. Noch heute gibt uns der Gemeinschaftsgedanke Halt im Leben. Wir lachen und weinen miteinander, und wann immer jemand Hilfe braucht, unterstützen wir uns gegenseitig.

EINE ZUFÄLLIGE BEGEGNUNG

In Seoul gibt es eine Organisation, die sich «die Heimatlosen» nennt. Sie wurde von Koreanern gegründet, die im Norden der Halbinsel geboren wurden, während der Kriegswirren dann aber im Süden gelandet sind – und seither unfreiwillig getrennt von ihren Familien leben. Aus Solidarität mit den nordkoreanischen Flüchtlingen organisieren sie jeden Monat die verschiedensten Veranstaltungen, sie bieten EDV-Kurse an, Diskussionsrunden oder unterhaltsame Filmabende. Regelmäßig besuchte ich ihre Veranstaltungen, so auch im Oktober 2008.

Zur Mittagsstunde herrschte chaotisches Treiben in der Aula des Messecenters, in dem die Veranstaltungen stattfanden, denn die Leute machten sich auf den Weg in die Kantine. Auch ich stand gerade von meinem Sitz auf, als ich auf meiner rechten Schulter eine Hand spürte. Leicht erschrocken drehte ich mich um.

«Bist du nicht die Mutter von Sun Hee?», fragte mich eine Frau, die etwa in meinem Alter war. Woher kannte sie meinen Namen? Ihr Gesicht konnte ich beim besten Willen nicht einordnen. «Wer sind Sie?», fragte ich vorsichtig zurück. «Erkennst du mich nicht mehr? Ich bin die Mutter von Chang Mi», sagte sie daraufhin.

Mit einem Mal kamen die Erinnerungen wieder hoch: Chang Mi war die Spielkameradin meiner älteren Tochter gewesen. Ihre Familie hatte in Sechun im selben Haus gewohnt wie wir. Wie durch Himmelshand hatte ich soeben meine alte Nachbarin aus Nordkorea wiedergetroffen! Wir umarmten uns herzlich und gingen gemeinsam zur Mensa. Beim Mittagessen erzählten wir uns gegenseitig unsere Fluchtgeschichten.

Unweigerlich landete ich schließlich beim traurigsten Kapitel meines Lebens.

«Ich vermute, dass meine Kinder bereits gestorben sind. Sun Hee lebt möglicherweise noch, aber bei Eun Hee kann ich es mir schwer vorstellen. Als ich nach China ging, war sie schon extrem unterernährt. Ich glaube nicht, dass sie lange überleben konnte.»

«Das stimmt doch gar nicht!», unterbrach mich meine alte Nachbarin. Ich horchte auf und schaute sie mit großen Augen erwartungsvoll an. «Deine Kinder haben sogar mit ziemlicher Sicherheit überlebt. Vor vier Jahren erst habe ich sie mit eigenen Augen gesehen!»

Jede ihrer Silben löste eine Glückswelle aus, die ich so intensiv spürte, dass sie mit Worten nicht zu beschreiben ist. Es war unglaublich! Meine Töchter waren noch am Leben! Was wohl mit ihnen passiert war? «Sag mir alles, was du weißt. Ich muss unbedingt wissen, was mit ihnen geschehen ist!»

Das Zusammentreffen hatte sich an einem Winternachmittag im Jahr 2004 ereignet. Die Mutter von Chang Mi sah auf dem Nachhauseweg zwei schmächtige Kinder vorm Hauseingang sitzen. Sie erschrak, als sie die Gesichter von Sun Hee und Eun Hee wiedererkannte: Die beiden sahen aus wie Straßenkinder, waren bis auf die Knochen abgemagert und in Lumpen gekleidet. Ihre Schuhe waren löchrig und die Füße nackt, die Haut schmutzig und dunkel. Dabei waren sie doch noch Kinder, gerade einmal 12 und 13 Jahre alt.

Ohne zu zögern, nahm die Mutter von Chang Mi die beiden in ihrer Wohnung auf. Sie ließ sie sich waschen, gab ihnen neue Kleidung und kochte eine warme Suppe zur Stärkung. Natürlich fragte sie meine Töchter, warum sie als Obdachlose auf der Straße herumstreunen würden und wieso sie nicht bei ihren Eltern seien. Ihre Antworten waren herzergreifend traurig.

Ihre Mutter habe sie schon lange verlassen, erzählten meine Töchter am Esstisch, und ihr Vater sei kurz darauf ebenfalls verschwunden. Er würde nun mit einer anderen Frau zusammenleben. Eines Tages habe er zu ihnen gesagt, sie würden Verwandte in Chongjin besuchen, in einer Küstenstadt im Nordosten des Landes. Stattdessen wurden sie jedoch ins dortige Waisenheim geschickt. Als den Jüngsten unter den Kindern sei es ihnen dort schrecklich ergangen. Sie wären misshandelt worden, fürchterlich verprügelt und gehänselt. Als sie es nicht mehr aushielten, ergriffen sie die Flucht. Beim Klauen von Essen auf dem Marktplatz wurden sie schließlich von der Polizei erwischt und nach Sechun, in ihren Heimatort, zurückgeschickt, wo sie nun auf der Straße lebten.

Da die Mutter von Chang Mi selber Probleme hatte, ihre Familie durchzufüttern, konnte sie die beiden nicht für längere Zeit bei sich aufnehmen. «Ihr solltet zu eurem Vater zurückgehen», riet sie ihnen. Meine Töchter versprachen, dass sie es sich überlegen würden. Dann zogen sie wieder in die nächtliche Kälte.

Einerseits wurde in jenem Moment meine schon länger gehegte Befürchtung traurige Gewissheit: Meine Kinder schlugen sich als Kkotjebi durch, als Straßenkinder, fernab der Obhut ihres Vaters oder der Großeltern. Andererseits war ich glücklich darüber, dass sie immerhin noch am Leben waren. Die schlimmste Hungersnot Ende der neunziger Jahre hatten sie zumindest überstanden.

Dass ich über einen Großteil ihrer Kindheit nicht für meine Töchter da sein konnte, werde ich mir nie verzeihen. Gutmachen kann ich dieses Versäumnis niemals, nicht einmal ansatzweise. Jedoch wollte ich ab sofort für die verlorene Zeit aufkommen. Ich schwor mir tief und fest, alles daranzusetzen, meine Töchter wiederzufinden und sie zu mir zu holen.

DIE SUCHE

Das Schwierigste würde sein, einen ersten Anhaltspunkt zu finden. Dafür brauchte ich einerseits die richtigen Kontakte, andererseits aber auch das nötige Quäntchen Glück. Beides fand ich über eine Flüchtlingsorganisation, bei der wir in Südkorea lebenden Nordkoreaner in einer Art Kulturaustausch unsere Volksmusik und traditionellen Tänze darboten. Dort lernte ich zufällig eine Frau kennen, die wie ich einst in Hoeryong gelebt hatte. Ihr Mann, so verriet sie mir, hätte noch immer gute Kontakte dorthin, weil seine Schwester ein hohes politisches Amt bekleide. Er selber würde seinen Lebensunterhalt durch Schwarzhandel verdienen. Genauer gesagt kaufte er illegal Waren aus Nordkorea an, etwa Antiquitäten und Kunstwerke, um diese dann im Ausland weiterzuverkaufen. Gleichzeitig würde er auch als Schlepper Leuten zur Flucht verhelfen. Dafür benutzte er ständig neue Decknamen.

Ich lernte ihn als Kim Geun Cheol kennen. Der Deal war schnell ausgehandelt: Ich müsse ihm 400 000 Won geben, im Gegenzug würde er seine Kontaktmänner in Hoeryong auf die Suche schicken. Sobald er etwas in Erfahrung brächte, würde er sich bei mir melden. Viermal hatte ich ihn schließlich bezahlt, aber keinerlei relevante Informationen erhalten. Ich war bereits am Verzweifeln und fühlte mich hintergangen.

Bis ich eines Abends einen unerwarteten Anruf bekam. Am anderen Ende der Leitung begrüßte mich Kim Geun Cheol mit den Worten: «Komm morgen früh zu mir. Ich erzähle dir, was mit deinen Töchtern geschehen ist.» Noch ehe ich nachfragen konnte, legte er auf.

Die ganze Nacht über bekam ich kein Auge zu. Meine Gedanken kreisten unablässig um die Frage, wie es wohl mit meinen Töchtern weitergegangen war. Innerlich malte ich mir die schlimmsten Szenarien aus. Ob meine Befürchtungen eintreten würden?

Am nächsten Morgen stand ich bereits eine Stunde vor dem vereinbarten Zeitpunkt vor Kim Geun Cheols Wohnungstür. «Sie sitzen schon länger im Gefängnis ein», waren seine ersten Worte, als er mich eingelassen hatte. Als sie beim Stehlen erwischt worden seien, habe die Polizei ihre Identität festgestellt und herausgefunden, dass ihre Mutter illegal über die Grenze geflohen sei. Als unmittelbare Verwandte einer Landesverräterin hatten sie sich laut der nordkoreanischen Gesetzgebung mit strafbar gemacht. Vom Gericht wurden sie zu über acht Jahren Jugendgefängnis und Zwangsarbeit verurteilt.

Nie in meinem Leben habe ich mich schuldiger gefühlt als in dem Moment, als ich dies erfuhr. Ich war nicht nur dafür verantwortlich, dass meine Töchter niemals eine richtige Kindheit gehabt hatten, sondern auch dafür, dass sie ins Gefängnis mussten. Ein Lebensjahrzehnt wären sie ihrer Freiheit beraubt, ohne dass sie auch nur ein Quäntchen Verantwortung für die Geschehnisse trugen. Ich mochte mir gar nicht ausmalen, wie sie für ihre Mutter empfanden. Ob sie mir jemals verzeihen könnten?

Die Zeit verstrich unendlich langsam. Ich zählte die Tage bis zur Haftentlassung meiner Töchter. Regelmäßig überwies ich den Schleppern Geld, damit sie mich auf dem Laufenden hielten, mehr konnte ich nicht tun. Solange Sun Hee und Eun Hee im Gefängnis einsaßen, war es unmöglich, Kontakt mit ihnen aufzunehmen oder ihnen Geld zukommen zu lassen.

In jener Zeit litt ich unter schlimmen Depressionen. Ich schlief kaum, aß so gut wie nichts und sah bald besorgniserregend aus: blasse Haut, tiefe Augenringe, abgemagerte Gliedmaßen. Gleichzeitig musste ich jedoch meinen geschwächten Körper jeden Tag zur Arbeit schleppen. Mit kleinen Nebenjobs versuchte ich genug Geld anzusparen, um die Rechnungen der Schlepper begleichen zu können. Sie blieben der einzige Draht zu meinen Töchtern. Um diesen aufrechtzuerhalten, musste ich so sparsam wie möglich leben.

Gleichzeitig versuchte ich mich darum zu kümmern, meinen Mann, der weiter in China auf mich wartete, nach Südkorea nachzuholen. Sobald ich den südkoreanischen Pass bekommen hatte, flog ich das erste Mal nach Qingdao. Mein Mann war sehr misstrauisch, da er befürchtete, dass ich ihn in Seoul für einen anderen Mann verlassen könnte. Umso glücklicher war er, als er mich am Flughafen endlich in den Arm nehmen konnte.

Für die Behörden mussten wir etliche Dokumente ausfüllen und fünf Fotos vorweisen können, auf denen wir als Paar zu sehen waren. Wir ließen uns den Familienstammbaum meines Mannes ausstellen, holten seinen Meldezettel ab und fertigten eine Kopie seines Reisepasses an. Damit machte ich mich wieder auf den Weg nach Südkorea und meldete ihn bei den dortigen Behörden als meinen Ehemann. Nun durfte ich ihm eine offizielle Einladung nach Südkorea schicken. Mehrere Monate später zog er dann in mein Apartment in Gayang ein.

Ein wirklich harmonisches Eheleben führen wir nicht,

doch das war wohl auch nicht zu erwarten. Leidenschaft gab es nie viel zwischen uns, arrangiert haben wir uns aber allemal. Meinem Mann fiel es nicht leicht, sich an den Alltag in Südkorea zu gewöhnen. Seoul ist eine schnelllebige Stadt, die Leute haben den Kapitalismus verinnerlicht und wirken zuweilen kalt und materialistisch. An die Gegebenheiten muss man sich anpassen, anders geht es nicht. Auch mein Mann hat das irgendwann eingesehen. Mittlerweile möchte er gar nicht mehr zurück nach China und klagt auch immer seltener. Ich denke, er ist in seiner Wahlheimat angekommen.

SUN HEE

Noch vor ihrer jüngeren Schwester wurde Sun Hee mit 19 als Erste aus dem Gefängnis entlassen. Zu Beginn wollte sie nicht mit mir reden. Jeder meiner Kontaktversuche schlug fehl. Ihre Ablehnung brachte mich an den Rand der Verzweiflung, doch ich konnte sie natürlich auch verstehen. In ihren Augen hatte ich schließlich die Familie verlassen, um in China ein besseres Leben zu führen. Damit hatte ich unsere Familie und ihre Kindheit zerstört und war letztlich auch daran schuld, dass sie im Gefängnis gelandet war. Ich mochte mir gar nicht ausmalen, was man ihr alles über mich erzählt hatte: Nicht zuletzt mein erster Mann Kim Won Sung, der unendlich sauer auf mich gewesen sein muss. Aber auch die Sicherheitsbeamten, in deren Augen ich wohl eine Art menschlicher Abfall war. Ich betete dafür, dass ich nur einmal im Leben die Chance erhalten würde, Sun Hee meine Geschichte zu erzählen.

Nach einem knappen halben Jahr erklärte sie sich endlich zu einem Gespräch bereit. Der Mittelsmann nannte mir den Tag und die Uhrzeit, zu der wir telefonieren würden. An jenem Abend wartete ich mit feuchten Händen vor dem Telefon. Pünktlich klingelte es. Innerhalb weniger hundertstel Sekunden hatte ich den Hörer an meinem Ohr. Der Schlepper meldete sich, dann reichte er das Handy weiter an meine Tochter.

«Wie geht es dir? Geht es dir gut?», fragte ich hastig.

Was hätte ich in einer solchen Situation auch sagen sollen? Meine Worte kamen mir banal und unpassend vor.

Sun Hee schwieg.

«Es tut mir alles so unendlich leid. Ganz egal, welche Vorwürfe du mir machst, ich entschuldige mich für alles. Ich will nur, dass du eine Sache weißt: Ich wollte euch nie wehtun.»

Wieder erntete ich nichts als Stille. Trotz des Rauschens in der Leitung meinte ich, Sun Hees schweren Atem auszumachen. Für mehrere Sekunden sagten wir nichts. Schließlich ergriff sie das Wort.

«Mutter, ich will dich eine Sache fragen. Wieso hast du uns verlassen und unseren Staat verraten?» An ihrer Stimme konnte ich jedoch erkennen, dass sie ähnlich aufgeregt war wie ich.

«Ich habe euch nicht verlassen. Ich wollte für drei Monate nach China, um Geld zu sparen und Essen zu holen. Dann wurde ich gekidnappt und weiterverkauft. In Nordkorea haben die Behörden nach mir gefahndet. Wie hätte ich in einer solchen Situation zurückkehren können?»

Auf meine Entschuldigung antwortete sie nicht, doch mehr als Schweigen konnte ich in der Situation nicht erwarten. Ich konnte ihr nicht jedes Detail erzählen, dafür war die Zeit zu knapp und der Empfang zu schlecht. Alle paar Minuten mussten wir die Verbindung unterbrechen, um nicht vom nordkoreanischen Sicherheitsapparat geortet zu werden.

Als das erste Mal die Verbindung unterbrochen wurde, hielt ich inne. Eine wahnsinnige Angst überkam mich: Vielleicht sprach ich ja gar nicht mit Sun Hee. Mein Misstrauen war keinesfalls unbegründet. Viele der nordkoreanischen Schlepper betrogen ihre zahlenden Auftraggeber. Oft nutzten sie deren verzweifelte Situation aus. Ich hatte das allzu oft selbst erlebt. Eine weitere Enttäuschung würde ich jedoch nicht verkraften. Um wirklich sicherzugehen, dass meine Tochter am anderen Ende der Leitung war, musste ich noch mal mit dem Mittelsmann sprechen. Als das Telefon erneut klingelte, atmete ich einmal kräftig durch, bevor ich abhob.

«Bleib kurz am Telefon und sag mir: Wenn du dir die Füße von Sun Hee anschaust, fällt dir dort etwas auf?»

«Nein, nichts. Was soll dort sein?», antwortete der Schlepper.

«Schau doch genau hin, am rechten Fuß.»

«Ja, du hast recht: An der Ferse hat sie einen kleinen Leberfleck.»

Ab da war ich mir sicher, mit meiner Tochter zu sprechen. Wir weinten viel während dieses ersten Gesprächs. Die wenigen Minuten, die uns am Telefon vergönnt waren, wollten wir nicht mit Streit oder Vorwürfen füllen. «Ich melde mich bald wieder bei dir», sagte ich zum Abschied, bevor die Verbindung endgültig abbrach.

Ohne mir dessen wirklich bewusst zu werden, hatte die Suche nach meinen Töchtern meinem Leben einen neuen Sinn verliehen. Die Mission, sie zu mir nach Südkorea zu holen, forderte all meinen Einsatz. Viel reflektierte ich nicht zu jener Zeit, da ich einfach zu beschäftigt war. Ich hatte einen

Haushalt zu führen und arbeitete von morgens bis abends, um genug Geld für die Schlepper zusammenzusparen.

Drei Monate später konnte ich die 400 000 Won für ein weiteres Telefonat berappen. Ich wollte die Zeit nutzen, um direkt zum Punkt zu kommen. «Sun Hee», sagte ich eindringlich. «Ich kann dich nach Südkorea holen. Hier kann ich für dich sorgen, dich beschützen und auf deinem Lebensweg unterstützen. Wir können gemeinsam leben, so wie eine richtige Familie.»

Nie werde ich ihre Antwort vergessen: «Nein, Mama. Ich möchte kein Verräter sein wie du.»

Die Worte trafen mich wie Messerstiche mitten ins Herz.

«Sun Hee! Lass dich nicht von der Propaganda täuschen. Hier in Südkorea kannst du viel besser leben, freier leben. Glaub nicht, was die im Fernsehen über den Süden sagen.» Sie wollte jedoch nichts von der Idee wissen. Es brauchte ein drittes Telefonat zwei Monate später, bis sie mir zumindest versprach, sich ihre Entscheidung noch einmal gründlich zu überlegen.

Zwei weitere Telefonate später versprach sie mir zu kommen – sobald ihre Schwester aus dem Gefängnis käme.

EUN HEE

Für den Großteil der Menschheit wird der 21. September 2012 nur ein Tag wie jeder andere sein. Bei mir hat er sich unwiderruflich ins Gedächtnis eingebrannt. Er teilt mein Leben in ein Vorher und Nachher.

Am Abend des 21. September klingelte unverhofft das Telefon. Es war der Schlepper aus Nordkorea, der mir berichtete: «Yeong Ok! Deine Tochter Eun Hee wurde vorzeitig aus der Haft entlassen. Bis morgen kann ich sie gemeinsam mit ihrer Schwester über die Grenze nach China schleusen.» Ich könne sie in Yeongil abholen, sagte er noch, vier Millionen Won müsse ich pro Person zahlen.

Nun galt es keine Zeit zu verlieren. Zum Glück konnte ich mir das nötige Geld von Yeong Sun ausleihen, die mittlerweile im Süden des Landes wohnte, in der Küstenstadt Busan, und mit einem wohlhabenden Südkoreaner verheiratet war. Umgehend reservierte ich für meinen Mann und mich den nächsten Flug nach Yeongil. Natürlich wollte ich meine Töchter so schnell wie möglich abholen, denn unter keinen Umständen durfte sie in China dasselbe Schicksal ereilen wie mich vor 14 Jahren. Da unser Flug jedoch nicht rechtzeitig ankommen würde, wies ich eine Verwandte meines Mannes aus Yeongil an, meine Töchter vom vereinbarten Treffpunkt abzuholen, sie die erste Nacht bei sich unterzubringen und keine Sekunde aus den Augen zu lassen. Voller Erwartung stiegen mein Mann und ich bei Anbruch der Morgendämmerung ins Flugzeug. Schon bald würde unsere Familie vereint sein.

Am Vormittag kamen wir bei der Verwandten an. Sie führte uns in ihrer Wohnung zu einer verschlossenen Zimmertür. Mit ihrem rechten Zeigefinger deutete sie an, dass wir möglichst leise sein sollten. Behutsam öffnete sie die knarzende Tür. Im Augenwinkel sah ich, wie Eun Hee aufschreckte und sich in die Zimmerecke kauerte. Sie hielt die Bettdecke vor sich wie ein Schutzschild. Nur das Weiß ihrer Augen schimmerte dahinter hervor. Ich musste sofort an ihre Zeit im Jugendgefängnis denken. Was hatten die Wärter meiner Tochter bloß angetan?

Schon an ihrem Gesicht konnte ich erkennen, wie stark sie abgemagert war. Durch die Decke hindurch zeichnete sich der schmächtige Körper eines 12-jährigen Mädchens ab. Tatsächlich war meine Eun Hee aber bereits eine 20-jährige Frau. Die Haut ihrer Wangen war derart dunkel, dass das Weiß der Augen surreal groß wirkte. Ihre Pupillen pendelten ständig von einer Person zur anderen, wie bei einem verängstigten Tier.

«Schau mal, Eun Hee, deine Mutter ist gekommen», sagte die Verwandte meines Mannes mit sanfter Stimme. Eun Hee klammerte sich fest an ihre Decke, schaute uns weiter mit weit aufgerissenen Augen an, doch blieb stumm.

«Eun Hee, ich bin's. Erkennst du mich nicht wieder?» Auch meine Worte bewirkten nichts als ängstliche Blicke und Schweigen. Wie in Zeitlupe ging ich auf sie zu. Ich achtete darauf, dass meine Bewegungen gleichmäßig waren, um sie nicht zu verschrecken. Ich ergriff ihre zitternde Hand.

«Du hattest es sicher nicht einfach. Musstest du schlimme Dinge durchstehen?»

Als wieder keine Antwort von ihr kam, ergriff die Verwandte meines Mannes das Wort: «Eun Hee, vor dir steht deine leibliche Mutter. Wieso freust du dich nicht? Hast du sie denn gar nicht vermisst?»

Wieder sagte sie nichts. «Wo ist deine Schwester? Warum bist du alleine gekommen?», wollte ich von ihr wissen.

Zum ersten Mal öffnete sie ihren Mund. Ihr nordkoreanischer Akzent war unüberhörbar: «Bist du wirklich meine Mutter?»

«Ja, Eun Hee. Ich bin deine Mutter.» Ich konnte sehen, wie ihr eine Träne in die Augen schoss.

«Wieso bist du erst jetzt gekommen?»

Ich beugte mich zu ihr und umarmte sie innig. Beide weinten wir ohne Unterlass. Unendlich viel Schmerz, Leid und

Trauer über die verlorene Zeit lag in unseren Tränen. Wie lange wir eng umschlossen dasaßen, weiß ich nicht mehr. Ich habe mein Zeitgefühl in jenem Moment gänzlich verloren. Innerlich durchlebte ich noch einmal die Jahre, die wir gemeinsam in Nordkorea verbracht hatten. Für einen kurzen Moment kam es mir so vor, als ob ich erst gestern den beiden einen halben Maiskolben in ihre kleinen Hände gedrückt hätte, bevor ich zur Grenze aufgebrochen war. Gleichzeitig fühlte ich, wie stark wir uns entfremdet hatten. Ob sich Eun Hee überhaupt noch richtig an mich erinnerte? Sie war noch ein Kleinkind, als ich sie verließ.

Unter Tränen versuchte ich ihr zu erklären, warum ich nach China gegangen war und nicht mehr zurückkehren konnte. Sie nickte nur und blieb stumm. Ob meine Worte wirklich zu ihr durchdrangen, wusste ich nicht.

«Kein Tag ist vergangen, an dem ich nicht an dich und deine Schwester gedacht habe», sagte ich mit brüchiger Stimme. «Mein Mann und ich, wir haben uns so sehr bemüht, dich wiederzufinden.» Eun Hee schaute uns misstrauisch an. Sie wirkte sehr verschlossen und verletzlich.

Später erzählte sie uns, warum ihre Schwester Sun Hee nicht über die Grenze mitgekommen war: Sie sei schwanger geworden und habe den Vater des Kindes noch vor der Geburt geheiratet. Er wollte das Land nicht verlassen. Wegen ihm musste sie bleiben. «Sun Hee bittet dich um Vergebung. Sie hat mir gesagt, dass ich unbedingt zu dir gehen und bei dir leben soll», sagte sie und fing wieder an zu weinen.

In jenem Moment fühlte ich mich, als ob das Herz aus meinem Körper gerissen würde. All meine Erwartungen nach 14 Jahren fernab von meiner Familie schienen gescheitert. Ich konnte nicht anders, als das Verhalten meiner älteren Tochter herzlos zu finden. Gleichzeitig war ich unendlich dankbar, nun zumindest meine Eun Hee in den Armen halten zu können.

Benommen schaute ich auf. Die Uhr zeigte Mittag.

KARAOKE-GLÜCK

Nachdem sich Eun Hee ein wenig ausgeruht hatte, nahmen wir sie mit in ein Restaurant. Heute würde ihr neues Leben beginnen, in dem es ihr an nichts mehr fehlen sollte. Ich bestellte uns Sundae, koreanische Blutwurst, und eine deftige Hundefleischsuppe. Als die Gerichte serviert wurden, sah ich jedoch bereits an ihrem erstaunten Blick, dass etwas nicht passte. Sie roch zaghaft an der Suppe und verzog das Gesicht. Offensichtlich wurde ihr speiübel.

«Mama, mir ist das alles zu viel», sagte sie entschuldigend. Keinen Bissen brachte sie runter, nicht einmal vom Reis. Ihr Magen war zu sehr an die jahrelange Gefängnisdiät gewöhnt: Grassuppe und ab und an ein wenig Maisbrei. Als sich nun die Fleischgerichte vor ihr türmten, konnte sie mit all den Köstlichkeiten nichts anfangen. Wie verloren sie am Speisetisch ausschaute! Ihr Anblick machte mich so unglaublich traurig, dass auch ich den Appetit verlor.

«Möchtest du nicht zumindest etwas trinken?», fragte ich sie. Gemeinsam gingen wir zum Getränkekühlschrank, aus dem sie sich eine Flasche Fanta herausnahm. Nach dem Restaurantbesuch zogen wir weiter in eine Karaoke-Bar, doch vorher kaufte ich meiner Eun Hee noch eine ganze Kiste Fanta. Händeringend suchte ich nach Wegen, ihr zumindest eine kleine Freude bereiten zu können.

In der Karaoke-Bar angekommen, traute ich meinen Augen kaum: Selbstsicher nahm Eun Hee das Mikrophon in die Hand, wählte mit der Fernbedienung einen Song von *Girls Generation*, einer unter südkoreanischen Jugendlichen besonders beliebten Girlgroup, und sang, sobald die ersten Takte einsetzten, die Strophen und Refrains textsicher mit. Ausgelassen wippte sie zur Musik, als ob es das Natürlichste der Welt wäre – unglaublich für jemanden, der gerade aus Nordkorea gekommen war.

Nach dem Lied fragte ich sie in leisem Flüsterton: «Du warst bis gestern noch in Nordkorea. Woher kennst du solche Lieder aus dem Süden?» – «Ach, Mama», erwiderte sie in einem Tonfall, als ob ich die letzten Jahre auf einem anderen Planeten gelebt hätte. «Wenn man etwas Geld hat, kann man auch in Nordkorea in die Karaoke gehen, singen und tanzen – selbst zu südkoreanischem Pop. Man darf sich nur nicht von der Polizei erwischen lassen. Das Land ist jetzt ganz anders als früher.»

Erstaunen ist gar kein Ausdruck für das, was ich fühlte. Als ich noch in Nordkorea gelebt hatte, wäre der Besuch einer Karaoke-Bar mit südkoreanischer Musik undenkbar gewesen. Die Gesellschaft hatte sich anscheinend rasend schnell verändert und mit ihr die Denkweise der Leute.

Vor allem aber freute mich, wie meine Tochter beim Singen auftaute. Sie hatte großen Spaß dabei und lächelte auch erstmals. Zwischen den Liedern schlürfte sie an ihrer Limonade und schaute fröhlich zu uns herüber. In jener Karaoke-Bar verlebten wir so etwas wie unser erstes Familienglück.

Anschließend zogen wir weiter auf den Markt. Dort fragte ich Eun Hee erneut, ob ich ihr nicht etwas zu essen kaufen könnte, zumindest etwas Kleines. «Äpfel», sagte sie mit funkelnden Augen, als wir die unzähligen Marktstände passierten. Anscheinend hatten wir in Sachen Obst denselben Geschmack. Wir holten ihr nicht nur einen Korb voller Äpfel, sondern auch Birnen, Bananen und einen ganzen Flusskrebs. Mit dem Proviant im Gepäck zogen wir weiter zum Bahnhof und nahmen den Zug nach Gyoha, zur Schwiegerfamilie meines Mannes. Während sich vor unserem Zugfenster schneeweiße Gebirgsgipfel am Horizont abzeichneten, naschten wir vergnügt vom Obst.

DAS FESTMAHL

Als wir bei der Familie meines Mannes ankamen, hatten sie bereits zur Feier des Tages ein opulentes Festmahl aufgetischt. Vor uns türmten sich so absurd viele Fleisch- und Gemüsegerichte, dass man förmlich Angst haben musste, dass die Tischbeine unter der Last brechen würden. Alle waren sie gekommen, um meine Tochter zu sehen: Verwandte, Nachbarn und Freunde. Gemeinsam wollten wir das Leben feiern, meiner Tochter gratulieren und auf sie anstoßen.

Ich spürte jedoch, wie sich Eun Hee in Anwesenheit der fremden Leute zunehmend unwohl fühlte. Ihr Verhalten änderte sich schlagartig. Sie wurde wieder zu dem schreckhaften Mädchen, das allem und jedem misstraute. Je fröhlicher wir feierten, desto stärker zog sie sich in sich zurück.

Die Chinesen hatten beim Anblick meiner Tochter offenbar Mitleid. Sie sahen ja, dass sie für ihr Alter viel zu klein geraten war, abgemagert und ungepflegt. «Wie kann man nur so etwas seinem Volk antun?», rief einer aus der Tischrunde. Ein anderer meinte: «Wenn Kim Jong Un seine Bevölkerung verhungern lässt – wieso gehen die Leute nicht dagegen auf die Straße?» Die Konversation wurde zunehmend politisch, und mit steigendem Pegel gewannen die Kommentare über das nordkoreanische System an Schärfe.

Fast unbemerkt legte meine Tochter ihren Löffel auf den Tisch und ging hinaus. Als sie nach einer halben Stunde noch immer nicht zurückgekommen war, entschuldigte auch ich mich von der Tischrunde. Ich entdeckte Eun Hee vor der Tür, wo sie in der Hocke saß und weinte. Verwundert fragte ich sie, was los sei und ob sie ihre ältere Schwester sehr vermissen würde. Das war es jedoch nicht.

Ihre Antwort erschreckte mich, weil sie ganz und gar unerwartet kam: «Mama, wieso beleidigen die Leute unseren Führer Kim Jong Un auf so schreckliche Weise? Und wieso schimpfst du auch über ihn? Er ist doch unser Führer, bitte mach das nicht!», antwortete sie aufgewühlt. Ich war fassungslos.

Meine Tochter hatte über acht Jahre ihres Lebens im Jugendgefängnis absitzen müssen. Dort wurde sie von den Wärtern schlechter als ein Hund behandelt und vom Sonnenaufgang bis zur Dämmerung zu körperlicher Arbeit gezwungen. So unendlich viel hat sie in diesem ungerechten System gelitten. Und doch verteidigte sie nun im Ausland ihre Peiniger. Meine Gefühle schwappten über.

«Was denkst du, wieso du überhaupt ins Gefängnis musstest? Wieso hast du in deinem Heimatland solch unfassbares Leid erleben müssen? Du durftest in deinen 20 Jahren nicht mal zur Schule gehen. Ist das etwa der Segen von Kim Jong Un? Die Elite nimmt keine Rücksicht auf das Volk, merk dir das ein für alle Mal. Obwohl du gerade erst aus Nordkorea gekommen bist, solltest du die Wahrheit wissen. Du bist jetzt alt genug dafür.»

«Mama», erwiderte sie mit betrübter Stimme. «Das kannst

du innerlich ja alles denken, aber bitte erzähl das nicht vor den Chinesen. China ist Nordkoreas Bruderland und Kim Jong Un noch immer unser Führer – oder etwa nicht?»

Auch wenn man als Mutter immer einen Rat für seine Kinder übrig haben sollte, war ich in jenem Moment schlicht und einfach sprachlos. Die nordkoreanische Gehirnwäsche jagte mir fürchterliche Angst ein – Angst, meine Tochter an einen ungerechten Tyrannen verloren zu haben.

Natürlich hatte auch ich mich früher stets bemüht, unserem Führer und der Partei die Treue zu halten. Sobald ich aber im Ausland die Manipulation dahinter erkannt hatte, hatte ich keinen Deut Respekt mehr für das Regime übrig. Mit jedem Tag, den ich getrennt von meiner Familie leben musste, wuchs mein Hass auf Kim Jong Il. Oft habe ich mir gar gewünscht, ihn zu töten.

Nun stand ich jedoch vor meiner Tochter und musste mich mit größter Mühe in ihre Denkweise hineinversetzen, die früher auch die meine war. Es gelang mir nicht.

Die Reaktion meiner Tochter zeigte mir auf eindrückliche Weise, warum das Regime bis heute überleben konnte. Die Gehirnwäsche funktionierte perfekt. Selbst ich kann nicht mehr genau rekonstruieren, worin meine Wut auf Kim Il Sung und Kim Jong Il letztendlich wurzelte, wann ich zum ersten Mal hinter die Lügen geblickt und realisiert habe, wie falsch das System ist. Es brauchte Jahre, bis die Saat des Zweifels in mir heranwuchs. Irgendwann, so war ich mir in diesem Moment sicher, würde aber auch meine Tochter diesen Erweckungsmoment erleben und die Realität des nordkoreanischen Systems verstehen.

Als die Gäste spät am Abend nach Hause gingen, freuten wir uns bereits auf die wohlverdiente Bettruhe. Im Gästezimmer hatte ich die Matten für meine Tochter und mich ausgebreitet. Als sie sich das Gesicht wusch, konnte ich durch den offenen Türspalt erkennen, wie ihre Nase zu bluten anfing. Ich fragte sie, was los sei, doch sie winkte nur ab. «Nichts ist, Mama, glaub mir doch endlich!», wiederholte sie ständig. Als ich nicht lockerließ, rückte sie mit der Wahrheit raus: Im Jugendgefängnis hatte sie eine Art Vorstandsfunktion für ihre Zelle inne. Wann immer jemand aus dem Zimmer etwas Unrechtes tat, musste sie dafür die Verantwortung tragen. Die Wärter hatten sich daher meist sie ausgesucht, um ihren Frust rauszulassen. Oft setzte es auch Schläge. Einmal wurde sie so unglücklich getroffen, dass ihr Nasenbein brach. Seitdem blutete sie dort mehrmals am Tag.

Ich blieb stumm. Kein Wort fiel mir ein, das in dieser Situation angebracht gewesen wäre. Vergeblich versuchte ich, meine Tränen zu unterdrücken. Keine von uns beiden sagte etwas, als wir nebeneinander vor dem Badspiegel standen.

Behutsam fasste ich ihr Gesicht mit der linken Hand. Mit der anderen kämmte ich die Läuse aus ihren Haaren. So viel körperliche Nähe war für sie sichtlich ungewohnt, doch ich gab mein Bestes, sie mit meiner mütterlichen Fürsorge nicht zu erdrücken. Vorm Einschlafen unterhielten wir uns über die letzten 14 Jahre. Jede Silbe von ihr kam mir unwirklich vor. Ich fühlte mich wie im Traum.

ABSCHIED AUF ZEIT

Acht Tage verbrachte ich gemeinsam mit meiner Tochter bei der chinesischen Schwiegerfamilie. Jeden Vormittag brachte ich sie zum Arzt, damit sich ihr fragiler Gesundheitszustand möglichst bald stabilisierte. Das war auch bitter nötig, denn bis sie nach Südkorea kommen würde, hatte sie noch eine lange Reise vor sich.

Am neunten Tag fuhren wir gemeinsam zum Bahnhof. Den Schlepper hatte ich bereits im Vorfeld bezahlt. Er wartete am Gleis auf uns. «Pass gut auf meine Tochter auf», mahnte ich ihn. Dann wandte ich mich Eun Hee zu. «Du bist in sicheren Händen. Folge dem Mann, ganz egal, was auch passiert. Er wird dich führen. Ihr fahrt bis nach Thailand, und von dort kannst du über die Botschaft nach Südkorea kommen. Wenn alles nach Plan läuft, dann sehen wir uns bereits in zwei Wochen wieder. Wichtig ist, dass du jeden Tag deine Tabletten nimmst – das darfst du nicht vergessen, hörst du?»

«Mama, muss ich wirklich alleine losgehen?», fragte sie. Die Enttäuschung in ihrer Stimme war nicht zu überhören.

«Eun Hee, ich kann nicht mitkommen. Mach dir keine Sorgen, von nun an wird alles gut.»

«Warum kommst du nicht mit?», fragte sie noch einmal.

«Schau dir meine Füße an. Ich humple selber, und mein Körper ist schwach. Um den Schlepper zu zahlen, musste ich Schulden aufnehmen. Ich kann nicht mitkommen, du musst das alleine schaffen.»

Wir umarmten uns ein letztes Mal, bevor sie in den Zug stieg. Ich versuchte nicht zu weinen, doch sobald sie sich umdrehte, konnte ich die Tränen nicht mehr unterdrücken. Meine größte Sorge war es, dass Eun Hee auf ihrem Weg von Polizisten erwischt würde. Ich betete, dass alles gut werden würde.

Durch das Fenster schaute ich, wie Eun Hee im Abteil Platz nahm. Die Türen schlossen sich, und der Zug fuhr ab. Vom Bahngleis sah ich dem Zug noch lange nach, bis er in der Ferne winzig klein wurde und schließlich verschwand. Von nun an musste meine jüngere Tochter noch einmal ohne mich klarkommen – für ein paar Tage zumindest.

Schon in den nächsten Stunden klingelte mein Handy ohne Unterlass. Der Schlepper war am Verzweifeln: Meine Tochter würde ununterbrochen weinen und nach ihrer Mutter fragen. Ihre Nase blutete schrecklich, und sie würde keinen Bissen zu sich nehmen. «Wann komme ich endlich in Südkorea an?», hörte sie nicht auf zu fragen. «Bald, meine Liebe», antwortete ich ihr. «Bald sehen wir uns wieder.»

Über 15 Tage lang erhielt ich kein Lebenszeichen mehr von den beiden. Innerlich malte ich mir bereits die schlimmsten Horrorszenarien aus. Als der Schlepper eines Abends endlich anrief, fiel all die angestaute Last von meinem Herzen. Wegen eines schlimmen Hochwassers könne er sich erst jetzt melden, erklärte er. Sie hätten eine beschwerliche Odyssee hinter sich. Ständig mussten sie ihre Unterkunft wechseln, um nicht entdeckt zu werden. Ich bat ihn schließlich, den Hörer an meine Tochter weiterzugeben.

«Eun Hee, wie geht es dir?», fragte ich besorgt.

«Mutter, wir sind an einem Ort angekommen, der sich Bangkok nennt. Bitte überweise mir etwas. Ich brauche Geld für Essen.»

NACHWORT

Wenn ich heute auf meine 48 Lebensjahre zurückblicke, komme ich immer wieder ins Staunen. Erst jetzt finde ich langsam die Muße, darüber zu reflektieren.

Meine Tochter Eun Hee lebt mittlerweile in ihrem eigenen Apartment, rund eine halbe Stunde von mir entfernt. Trotz der räumlichen Nähe haben wir nur sporadischen Kontakt. Das letzte Mal hat sie uns vor zwei Monaten zum koreanischen Familienfest besucht. Zumindest telefonieren wir alle paar Wochen miteinander. Soweit ich weiß, hat sie keinen Freund, aber so genau kann ich das nicht sagen. Sie ist immer noch sehr verschlossen und erzählt nicht viel von sich.

Natürlich hat sie in ihrer Jugend eine riesige Schutzmauer um sich gebaut, allein schon um die Zeit im Lager seelisch zu überstehen. Dennoch stellt ihre introvertierte Art unsere Beziehung erheblich auf die Probe. Sie antwortet nur selten auf meine Fragen und hält lang ausgemachte Verabredungen nicht ein. Manchmal ist sie unglaublich stur und verhält sich wie ein pubertierendes Mädchen. Ich fühle mich dann regelrecht ohnmächtig: Mit meinen Erfahrungen, die ich über die Jahre gesammelt habe, könnte ich ihr wertvolle Ratschläge geben und hätte ihr so schon manchen Kummer ersparen können – doch sie hört mir einfach nicht zu.

Manchmal triezt sie mich bis zur Weißglut. Auch wenn ich

sie Dutzende Male im Guten bitte, macht sie doch immer und immer wieder die gleichen Fehler. Mehr als einmal haben bereits beschämende Gedanken meine Sicht getrübt: Ob es nicht vielleicht besser gewesen wäre, Eun Hee in Nordkorea zu lassen? Die bitteren Tränen, die ich während ihrer Abwesenheit weinte, waren schier unerträglich, doch der Kummer über unsere Streitereien ist es manchmal auch. «Geh doch zurück nach Nordkorea!», habe ich ihr einmal im Eifer des Gefechts an den Kopf geworfen. Heute schäme ich mich dafür in Grund und Boden.

Doch natürlich haben wir nicht nur kalte Momente. Am nächsten kamen wir uns, als ich vor zwei Jahren wegen einer Nachbehandlung meiner Füße noch mal ins Krankenhaus musste. Sie besuchte mich damals am Krankenbett, Abend für Abend, einen ganzen Monat lang. Oft hat sie auch neben mir übernachtet, um in den Morgenstunden bei mir zu sein.

Damals absolvierte sie gerade den Erziehungskurs im Hanawon. Anschließend besuchte sie zweieinhalb Jahre lang eine Abendschule für Flüchtlinge, um einen Bildungsabschluss nachzuholen. In Nordkorea konnte sie ja niemals richtig zur Schule gehen. Mittlerweile arbeitet sie als Verkäuferin in einem kleinen Handyladen. Es ist eine harte Arbeit, die zudem nicht gut bezahlt wird. Doch natürlich bin ich wahnsinnig stolz auf Eun Hee, dass sie nun ganz auf eigenen Beinen steht.

Wahrscheinlich hat sie noch immer Probleme mit meiner mütterlichen Kontrolle. Im Gefängnis war sie stets auf sich allein gestellt, und auch als sie mit ihrer Schwester auf der Straße gelebt hat, sagte ihr niemand, wie sie den Tag zu verbringen hatte. Heute lässt sie sich noch immer ungern etwas vorschreiben.

Ob sie wirklich glücklich mit ihrem Leben ist, weiß ich

nicht. Wenn ich sie frage, antwortet sie meist lakonisch: «Es gibt halt gute und schlechte Zeiten.» Dabei klingt sie eher unzufrieden. Manchmal mahne ich sie dann, an ihre Zeit in Nordkorea zu denken, als sie noch im Gefängnis saß. In Seoul würde sie zumindest in Freiheit leben, und auch wenn sie nicht viel verdienen konnte, würde sie wenigstens ihrer Leistung entsprechend bezahlt. Ist das etwa nicht besser? «Geht so», erwidert sie dann kurz angebunden. Dass sie ihre Flucht in den Süden bereut, glaube ich jedoch nicht.

Allerdings ist das Leben für uns Nordkoreaner auch nicht immer einfach. Neben dem finanziellen Druck fällt es vielen schwer, sich an das Konkurrenzdenken und die bisweilen stark verbreitete Ellbogenmentalität zu gewöhnen. Auch werden Nordkoreaner oft mit Misstrauen beäugt. Es gibt nicht viele Arbeitgeber, die Flüchtlinge in ihrem Betrieb anstellen.

Eun Hee ist jedoch im Gegensatz zu mir bereits im Alter von 20 Jahren in den Süden geflohen. Irgendwann, so vermute ich, wird aus ihr noch eine waschechte Südkoreanerin. Ohnehin hat sie sich bereits sehr verändert. Ihren rauen nordkoreanischen Akzent hat sie längst abgelegt, und auch von der Mode und Schminke her gleicht sie sich immer mehr ihren Altersgenossinnen aus dem Süden an.

Ich wünschte mir nur, wir könnten ein wenig offener miteinander reden. Nun, im Grunde war sie schon als kleines Kind die Kühlere von den beiden – ganz im Gegensatz zu Sun Hee.

Die lebt mittlerweile mit ihrem Ehemann in Hoeryong. Er arbeitet bei einer Cargo-Firma als Fahrer. Da jedoch von seinem kargen Lohn eine Familie nur schwer über die Runden zu bekommen ist und es keine staatliche Verteilung mehr gibt, verdient Sun Hee neben ihrer Tätigkeit im Haushalt etwas dazu. Was immer sie bekommen kann, verkauft sie auf dem Markt weiter.

Wie gut es ihnen geht, weiß ich nicht. Wann immer wir die seltene Chance auf ein Telefonat haben, klagt sie. Vielleicht übertreibt sie auch ein wenig, denn natürlich will sie, dass ich ihr Geld schicke. Mein Mann darf davon jedoch nichts wissen, denn wir leben selber am Rande des Existenzminimums. Irgendwie schaffe ich es aber dennoch, alle halbe Jahre heimlich zwei Millionen Won zusammenzukratzen. Davon kommt leider nur ein Bruchteil bei Sun Hee an: Zuallererst muss der Schlepper für seinen Kurierdienst bezahlt werden, anschließend geht beim Währungswechsel noch mal einiges verloren.

Auf meinem Handy habe ich mehrere Fotos von ihrem Familienglück gespeichert: Ihr Sohn ist dort mit nach hinten gedrehter Baseballkappe zu sehen, Sun Hee trägt Dauerwelle und ihr Mann die typisch nordkoreanische Kurzhaarfrisur. Der Blick meiner Tochter ist ernst, aber gleichzeitig willensstark. Als ich das letzte Mal mit ihr geredet habe, erwartete sie gerade ihr zweites Kind.

Alle zwei bis drei Monate bekomme ich einen Anruf von ihr. Da sie nah an der chinesischen Grenze wohnt, ist es uns möglich, zumindest sporadisch Kontakt zu halten. Bei jedem Telefonat versuche ich sie aufs Neue zu überreden, doch endlich zu mir nach Südkorea zu kommen. Am Anfang wollte sie nicht, weil für ihren Mann eine Flucht nicht in Frage käme. Nun vertröstet sie mich, dass sie in ein paar Jahren nachkommen wird. Ich denke, dass sie nur darauf wartet, bis die Kinder groß genug sind.

Auch wenn wir uns nur selten sprechen und nie wirklich offen reden können, hege ich noch immer starke mütterliche Gefühle für sie. Manchmal fühlt es sich so an, als ob Sun Hee nur kurz zum Spielen vor die Tür gegangen wäre und ich auf ihr Heimkommen warten würde – auch wenn das Warten nun schon fast 20 Jahre andauert. Ich bin fest davon überzeugt, dass wir uns schon bald wieder in den Armen halten werden.

Seit einem halben Jahr habe ich jedoch nichts mehr von ihr gehört. So lange hatten wir noch nie Funkstille. Die Gründe dahinter kenne ich leider nicht. Natürlich mache ich mir höllische Sorgen, dass der Familie etwas passiert sein könnte. Nur mein Vertrauen zu Gott gibt mir in solchen Momenten Halt. Mein schlechtes Gewissen erdrückt mich bis an die Grenzen meines Verstands. Ich fühle mich, als hätte ich meinen Töchtern ihr Schicksal vererbt.

Wenn mein Heimweh unerträglich wird, setze ich mich in den Zug nach Süden. In der Küstenstadt Busan besuche ich Yeong Sun, die mir über die Jahre zu einer echten Schwester geworden ist. Wir unterhalten uns über unsere Jugend in Nordkorea und darüber, wie wir es gemeinsam durch die Wüste Gobi geschafft haben. Sie ist die Einzige, mit der ich offen über den Tod von Soon Hee und meinem Sohn reden kann.

Allein schon den beiden bin ich es schuldig, mein Leben fleißig zu nutzen und keine Zeit zu verschwenden. Natürlich habe ich noch immer Depressionen und fühle mich tief im Inneren unglücklich. Das möchte ich jedoch nicht mehr nach außen zeigen. Ich wünsche mir, auf die Leute eine positive Ausstrahlung zu haben, ihnen Hoffnung zu geben und Kraft.

Mein Mann hat sein erstes Jahr in Südkorea auf dem Bau gearbeitet. Dort konnte er sich an den Umgang der Leute gewöhnen und den regionalen Dialekt lernen. Später fuhr er LKWs für ein Logistikunternehmen und arbeitete als Paketzusteller. Mittlerweile schuftet er wieder auf der Baustelle. Es ist schwer geworden, in seinem Alter noch eine sichere Beschäftigung zu finden.

Mich hält meine eigene Arbeit beschäftigt. Für eine NGO kümmere ich mich um die Anliegen von Nordkoreanern, die bereits gebrechlich sind oder unter einer körperlichen Beeinträchtigung leiden. Jeden Morgen gehe ich um neun ins Büro und bespreche mit meinen Kollegen die Tagesplanung. Dann stehen meist Hausbesuche an. Oft ist schon viel geholfen, wenn ich den alleinstehenden Pensionären mein Ohr leihe. Ich höre mir ihre Sorgen und ihren Kummer ganz genau an. Bis zum Abend besuche ich rund ein Dutzend Haushalte. Nachts kehre ich dann heim – doch nicht immer ist mein Arbeitstag damit auch beendet.

Manchmal klingelt mich mein Handy weit nach Mitternacht aus dem Bett. Meist handelt es sich um verzweifelte Hilferufe – wie neulich der eines alten Herrn, der nicht mehr weiterwusste und sich umbringen wollte. Über eine Stunde habe ich ihm zugeredet, bis er sich beruhigt hat.

Ich muss die Leute regelrecht davon überzeugen, dass sie letztlich doch ein gutes Leben führen. Wenn es mir möglich ist, fahre ich persönlich zu den Betroffenen. Wenn sie zu weit weg wohnen, verständige ich zumindest die örtliche Polizeistation. Viele ihrer Probleme kenne ich ja selber, deswegen bin ich in einer guten Position, um zu helfen. Ich versuche anderen Nordkoreanern Kraft zu geben, ihr Leben in ihrer Wahlheimat zu meistern. Dadurch tanke auch ich letztlich neue Energie. Außerdem erinnern mich die alten Leute an meine eigenen Eltern, um die ich mich laut der konfuzianischen Tradition kümmern müsste. Leider kann ich meine Fürsorgepflicht nicht erfüllen. Oft habe ich mich seit meiner Flucht aus Nordkorea gefragt, was wohl aus ihnen geworden ist. Ende des Jahres 2013 sollte ich es dann endlich erfahren.

Im Dezember 2013 erzählte mir Sun Hee bei einem unserer seltenen Telefonate, dass sie jemanden kennen würde, der in den nächsten Tagen geschäftlich nach Kaesong reisen müsse. Sie versprach mir, ihn auf die Suche nach meinen Eltern zu schicken und ihnen ausrichten zu lassen, dass ich noch am Leben sei. Auf diesem Wege erhielt sie wenige Wochen später die Telefonnummer einer Nachbarwohnung, da meine Eltern selbst kein Telefon besaßen. So nahm Sun Hee schließlich mit meiner jüngeren Schwester Kontakt auf, die sich anscheinend nun um den Familienhaushalt kümmerte.

In freudiger Aufregung berichtete mir meine Tochter, dass sich meine Familie dazu entschlossen habe, umgehend nach Hoeryong zu reisen. Als meine Mutter erfuhr, dass ich noch am Leben war, wollte sie unbedingt noch einmal meine Stimme hören. Ihr ging es körperlich bereits sehr schlecht, und innerlich spürte sie wohl, dass sie nicht mehr lange zu leben haben würde. Meine Mutter war zu diesem Zeitpunkt immerhin schon 76 Jahre alt – für Nordkoreaner ein ungewöhnlich hohes Alter.

Sehnsüchtig wartete ich ab diesem Moment jeden Abend zu Hause vor dem Telefon, doch wochenlang hörte ich nichts mehr von meiner Familie. Bis es eines Abends endlich klingelte. Meine Schwester war dran.

«Hallo?»

«Hallo, bist du es, Yeong Sun? Hier ist Yeong Ok. Wieso hat es so lange gedauert? Ich habe mir solche Sorgen gemacht.»

«Yeong Ok, endlich! Ja, die Reise hat über zwei Wochen gedauert, die Zugfahrt war überaus beschwerlich, besonders für Mutter, die all die Tage nicht richtig essen konnte. Wie du dir denken kannst, ist unsere Mutter alt geworden, ihre Glieder schwach. Schon vor Jahren ist sie erblindet, und sie leidet zudem an fürchterlichen Knochenschmerzen. Sie ist unendlich traurig, dass sie nicht mit dir sprechen kann. Wir müssen hier kilometerweit auf einen Berg steigen, damit wir überhaupt Empfang haben. Mutter schafft das nicht mehr.»

Es brach mir das Herz, die Hoffnung endgültig begraben zu müssen, jemals wieder die Stimme meiner Mutter zu hören. Lange konnte ich mich jedoch nicht mit meiner Trauer aufhalten, denn die Zeit war knapp bemessen. In zwei Tagen müssten sie bereits wieder nach Kaesong zurück, erklärte meine Schwester, da ihre Reiseerlaubnis zeitlich beschränkt war. Uns blieb also nur eine halbe Stunde zum Telefonieren – dreißig Minuten für über zwei verlorene Jahrzehnte.

Mein Vater hatte Asthma und Rheuma gehabt, erzählte mir Yeong Sun. Er hatte die letzten Jahre nur noch im Bett gelegen. Vor gerade einmal zwei Monaten war er schließlich verstorben. Meinen Bruder Chul Ho hatte es schon vor Jahren getroffen, noch während der Hungersnot. Mit seiner körperlichen Beeinträchtigung hatte er es doppelt schwer gehabt, auch konnte er niemals heiraten. Mein älterer Bruder kam ebenfalls durch den Hunger um. Nach seinem zehnjährigen Militärdienst hatte er wieder als Schreiner gearbeitet, doch schon damals litt er an schweren Magenproblemen. Richtig schlimm wurde es dann, als er am 60. Geburtstag seiner Schwiegermutter gezwungen wurde, ein Bier zu trinken. Mit seiner genetischen Disposition hat er den Alkohol nicht vertragen können. Von da an ging es nur mehr bergab. Noch vor seinem Ableben verließ ihn seine Frau. Seine zwei Kinder lebten nun bei Yeong Sun. Zusätzlich hatte sie noch ihre zwei eigenen Kinder zu versorgen. Auch sie war jedoch von ihrem Mann geschieden.

Ich sagte ihr, wie leid es mir tue, dass sie all die Last auf ihren schmalen Schultern tragen müsse. Um sie ein wenig zu unterstützen, tätigte ich noch am selben Abend eine Überweisung an den Schlepper. Ich ließ Yeong Sun zweieinhalb Millionen Won zukommen – alles, was ich besaß.

Die Zeit während des Telefonats mit meiner Schwester verging wie im Flug. Der Moment des Abschieds rückte unweigerlich näher.

«Ich hoffe, ihr könnt das Geld gut gebrauchen. Wenn ihr Hilfe braucht, dann versucht euch irgendwie zu melden. Richte Mutter aus, dass es mir hier gutgeht. Bitte kümmere dich gut um sie. Yeong Sun, es tut mir alles so unendlich leid.»

«Mach dir keine Sorgen, Yeong Ok», waren ihre Abschiedsworte. «Ich freue mich sehr, dass es dir dort gutgeht. Wie schön, dass wir noch einmal reden konnten! Wir werden dich nicht vergessen.»

MIX
Papier aus verantwortungsvollen Quellen
FSC® C083411
FSC
www.fsc.org

Das für dieses Buch verwendete FSC®-zertifizierte Papier *Lux Cream* liefert Stora Enso, Finnland.